Gunnar Heinsohn

Die Erschaffung der Götter

Das Opfer als Ursprung der Religion

Rowohlt

Umschlaggestaltung Walter Hellmann
Die Abbildung zeigt eine Frau oder Göttin vor
jugendlichem Hermesgott, dessen opferliche Kastration
beweint wird (Szene auf goldenem Siegelring aus
Knossos / Kreta), und Abbildung eines
Opfersteins der Inka

1. Auflage Juni 1997
Copyright © 1997 by Rowohlt Verlag GmbH,
Reinbek bei Hamburg
Alle Rechte vorbehalten
Lektorat Rüdiger Dammann
Satz Aldus (Linotronic 500)
Gesamtherstellung Clausen & Bosse, Leck
Printed in Germany
ISBN 3 498 02937 1

Inhalt

Vorschau und Danksagung
9

I Einführung: Wird Göttern geopfert, oder werden Opfer vergöttert?
13

II Was erscheint leicht verständlich am Opfer und was wirkt rätselhaft? Die Aufgaben der Religionstheorie
16

III Der Gelehrtenstreit um das Verständnis des Blutopfers
26

IV Das plötzliche Auftauchen der großen Opferkulte und des Priesterkönigtums am Beginn der Bronzezeit
35

V Die globalen Katastrophen im «Zeitalter des Opfers» zwischen Stein- und Eisenzeit
49

VI Tempel und Opferplätze auf Katastrophenschichten
64

VII Das Opfer als spieltherapeutische Kollektiv-
«Heilung» für die kosmisch «umdüsterten»
Gemeinwesen
73

VIII Die Entstehung der *professionellen* Künste
95

IX Wie kommt es zu Göttern in Tier-, Menschen-
oder Mischgestalt?
100

X Die Verwerfung des Opfers, die Entstehung
des Monotheismus und die Isolation der Juden
unter den Völkern
124

XI Der sohnesopfernde Gott der Christen
gegen den sohnesverschonenden Gott Abrahams
152

Anmerkungen
169

Literaturliste
213

Register
238

Im KUKUK
für Anja, Ariane und Heike sowie
Jutta, Frau Falke, Torsten und Maike

Vorschau und Danksagung

«Das Menschenopfer ist am schwersten
zu verstehen. / Hier – mehr als irgendwo sonst –
scheitern die schönsten Theorien.»[1]

Die moderne Forschung steht zerstritten vor den Blutopferkulten und den Göttern in Menschen- oder Tiergestalt. Etliche Gelehrte beharren sogar darauf, daß man diese Kernelemente der Religion niemals begreifen werde. Die Völker des Altertums hielten von solcher Ratlosigkeit nichts. Ihre Texte und Darstellungen berichten von aufwendig geschmückten Spielern, die zerstörerische Himmelskörper darstellen und im Blutopfer gegeneinander antreten. Die Götterbilder seien aus den Opfern selbst entstanden. Sintfluten und Weltenbrände hätten Menschen und Tiere im Opfer aufgeführt. Durchbohrt, enthauptet, zerstückelt oder kastriert habe man die Geopferten, um sie einem explodierenden Schweifstern gleichzumachen. Auch das Herabregnen von Asche und Meteoritenmaterial hätte man durch das rituelle Einreiben mit Ruß und das Werfen von Steinen und Körnern wiedergegeben. Selbst das unerhörte Erschrekken der Menschen, die den Kataklysmen entkamen, sei in die Rituale eingegangen. Ihre Teilnehmer hätten panische Schreie ausstoßen und erwachsene Männer – nach vorheriger Einnahme von Abführmitteln – in ihre Kleider machen müssen.

Weil der vor allem von Charles Lyell und Charles Darwin im vorigen Jahrhundert durchgesetzte Glaube an eine Welt kleinster und harmloser Veränderungsschritte bis zum Ende der siebziger Jahre des 20. Jahrhunderts die Wissenschaften beherrscht hat, mußten die ganz anders klingenden Aussagen der Alten als Phantasiegebilde abgetan und die Entstehung der Hochreligionen dann als unlösbare Rätsel ausgegeben werden. Nur Außenseiter beharrten auf der Evidenz und wurden dafür oft genug verlacht oder totgeschwiegen. Erst mit den neokatastrophistischen Thesen vom Herbeiführen der geologischen Zeitalter durch kosmische Katastrophen (seit 1977) und vom Auslöschen der Dinosaurier durch Meteoriten (seit 1979) kommt das herrschende Denken vom Verdrängen der evidenten Stoffe allmählich ab. In den renommierten naturwissenschaftlichen Zeitschriften wird mittlerweile die Geschichte «unseres asteroidengesteinigten Planeten» mit großem Einsatz rekonstruiert. Was gestern – je nach Blickwinkel – belächelte Abseitigkeit oder kühnes Vorreitertum war, ist längst zum täglichen Brot geworden.

Die heute verbreiteten Theorien des Opfers und der Götter stammen jedoch aus der Zeit vor dieser Wende hin zu einer tatsachenorientierten Wissenschaft. Erst unter Berücksichtigung der Kataklysmen der Antike werden die religiösen Vorgänge durchschaubar. Weder durch Angriff oder Flucht noch durch Verhandlung konnten die Menschen auf die ungeheuren Ereignisse der Bronzezeit reagieren. Ihre maßlose Panik wurde traumatisierend in sie zurückgestoßen, äußerte sich als lähmende Starre oder unkontrollierter Aggressionsausbruch. In dieser Situation fanden die Kühnsten zu den Ritualen und wurden so zu den ersten Priestern. Wie Kleinkinder ließen sie ganze Gemeinwesen die überwältigenden Eindrücke heilend abspielen. Für das Wiedergewinnen der seelischen Balance durch Abfuhr der gestauten Wut beim Töten eines oder mehrerer Darsteller von Himmelskörpern zahlten die Erlösten allerdings mit Schuldgefühl. Die Leichen der Opfer wurden in vollem Astralkostüm erhöht, damit vor ihnen Beweinungs-, Verneigungs- und Versöhnungsgesten vollzogen werden konnten. Mit dieser «Anbetung» erschufen die Menschen sich Himmelsgötter, die nun Tier-, Menschen- oder Mischwesengestalt angenommen hatten. Als diese schlachtfrischen Himmelskämpfer in Holz oder Stein abgebildet wurden, waren die Götterstatuen fertig.

Für zahlreiche Ergänzungen und Hinweise zu diesem Buch[2] danke ich Benny J. Peiser (Liverpool). Uta Stolle (Bremen) hat Kommentare zu einer Frühfassung des Manuskripts beigetragen. Dietrich Neuhaus (Arnoldsheim) gab indirekt den Anstoß, das Buch überhaupt zu schreiben. Fragen und Einwände kamen überdies von Herbert Huber (München). Gelegentliche Literaturfunde haben Klaus von Münchhausen (Bremen) und Hannes Stein (Jerusalem) beigesteuert. Ariane

Rouff (Bremen) hat das Manuskript kritisch durchgesehen und die Schlußkorrektur besorgt. Gabriele Gelis (Bremen) ist für die Fotovorlagen der Abbildungen zu danken. Urs Widmer (Bremen) hat die Registertechnologie besorgt.

Gunnar Heinsohn, *Universität Bremen*,
1. Mai 1997

I
Einführung:
Wird Göttern geopfert, oder werden Opfer vergöttert?

«Die Hintergründe für Menschenopfer
lassen sich nur erahnen.»[3]

Menschen und Tiere, die im Blutritual als Darsteller von Götterwesen – also als Stellvertreter für etwas noch zu findendes – um das Leben gebracht werden, stellen die Religionswissenschaft vor ihre schwersten Aufgaben. Da in den großen Ritualen der Bronzezeit solche Wesen rituell getötet werden, statt selbst Opfer zu empfangen, verschwimmt das Verständnis von den Göttern noch mehr. In der Tat mag die Hoffnung auf das Verständnis solcher Blutakte gering erscheinen. Die Aufklärung der Gottesopfer (Kapitel VII) und der Götter in Menschen-, Tier- oder Mischgestalt (Kapitel IX) muß deshalb im Mittelpunkt dieses Buches stehen. Andere Kulturelemente, die man gemeinhin ebenfalls als Opfer bezeichnet, werden in den Kapiteln II und III kursorisch analysiert, um Gemeinsamkeiten und Differenzen zwischen ihnen und den Ritualen der Götteropfer besser im Blick halten zu können.

Nun gibt es auch sekundäre Blutopfer. Sie wirken auf den ersten Blick weniger rätselhaft. Versuche etwa, ein tobendes Meer oder einen brodelnden Vulkan durch die Übergabe von Menschen oder Tieren zu beruhigen, erscheinen den meisten Forschern durchaus nachvollziehbar. Dasselbe gilt für das vorbeugende Friedlichstimmen einer bebenden und aufreißenden Erde durch Bauopfer. Wir werden in den Kapiteln IV bis VII sehen, daß die katastrophische Seite der sekundären Blutopfer auch für das Verständnis jener besonderen Götter unverzichtbar wird, deren Darsteller im irdischen Ritual geopfert werden und die dennoch himmlisch sind. Das Übergehen, Weginterpretieren oder gar Leugnen dieser kataklysmischen Aspekte muß als entscheidender Grund für das Scheitern der Religionstheorie an ihrem wichtigsten Gegenstand angesehen werden.

Der Autor selbst fühlt sich in seinem Zugang zum Opfer einem ausgeprägten Konservativismus verpflichtet. Die im Rückblick atemberaubende Kühnheit, mit der die Gelehrten seit Durchsetzung des Evolutionismus die opferreligiösen Stoffe nicht mehr ausgelotet, sondern ihren eigenen Schreibtischprinzipien unterworfen haben, um dann die dazu nicht passenden Funde als Absonderlichkeiten der Alten herauszuwerfen, hat der Autor sich nie zu eigen machen können. Die massiven Hinweise auf grundstürzende Naturkatastrophen, die – an den allerdings erst in der Neuzeit systematisch untersuchten – geologischen und archäologischen Schichten so deutlich zu sehen sowie in den Schriftdokumenten der frühen Hochkulturen eindeutig zu lesen sind, wurden nunmehr in unplausible Konstruktionen verpackt, verrätselt, allegorisiert, übergangen, lächerlich gemacht oder – seit Beginn des 20. Jahrhunderts – bestenfalls noch als Ausflüsse verwirrter Seelen psychoanalysiert.

Im Verlauf dieses Buches wird deutlich, daß es dem sanften Evolutionismus der Lyell-Darwin-Schule gelungen ist, das wissenschaftliche Forschen und Denken für bald eineinhalb Jahrhunderte tiefgreifend zu blockieren. In van der Leeuws achthundertseitiger Schlußversion der *Phänomenologie der Religion* (1956), die 1970 zum letztenmal aufgelegt wurde, kommen die Termini «Katastrophe» oder «Kataklysmos» schlicht nicht vor. Der religionshistorische Darwinismus hatte mit diesem Werk seinen Höhepunkt erreicht. So gut wie alles, was für das Verständnis der antiken Religionen fundamental ist, wurde dabei wortlos übergangen.[4]

Die Aufklärung von Mythos, Ritual und Religion muß nun fast ganz von vorn beginnen. Dafür ist es notwendig, gerade die bestürzenden Inhalte der frühen Religionstexte wieder ernst zu nehmen. Sie werden hier deshalb neben die nicht weniger katastrophischen Zeugnisse der geologischen und archäologischen Funde gehalten und in ihrem Lichte neu eingeschätzt. Man kommt ja oft mit der Auflösung eines Rätsels – hier der Opferung von Himmelsgöttern – erst voran, wenn man es mit weiteren Rätseln aus verbundenen Feldern – hier den geologischen und archäologischen Zerstörungsschichten sowie den kosmischen Umstürzen in den Mythen der Alten – gemeinsam angeht. Bekanntlich ist das Festhalten am Gottesopfer als religiösem Kerngedanken und die Kritik daran bis heute nicht zum Stillstand gekommen. Exemplifiziert an Christentum und Judentum muß diese Kontroverse deshalb den abschließenden Kapiteln X und XI ihren Gegenstand liefern. Die Anmerkungen sind an das Ende des Textes (ab Seite 169) verwiesen worden. Da es sich fast durchweg um Herkunftsnachweise und nicht um abgetrennte Argumentationen handelt, erschien dem Autor diese Plazierung akzeptabel. Da die Anmerkungen durchnumeriert sind und jeder neue Kapitelbeginn im Anmerkungsteil durch Fettdruck gekennzeichnet ist, wird ihr schnelles Auffinden erleichtert.

II
Was erscheint leicht verständlich am Opfer und was wirkt rätselhaft? Die Aufgaben der Religionstheorie

«Jede Erklärung des Opfers
ist in der Tat eine
Theorie der Religion
en miniature.»[5]

Während unter den heiligen Handlungen die aufwendigen Blutopferkulte der Bronzezeit das hier zu lösende Rätsel aufgeben, verstehen wir recht gut in Ehrfurcht überbrachte Gaben, die aus Dankbarkeit erfolgen, obwohl für den zuteil gewordenen Glücksfall keine sichtbare Instanz wirklich etwas einfordert. Wir erfassen auch den psychischen Mechanismus der vorbeugenden wertvollen Gabe – unter Schmerz trenne ich mich von einem Wert, weshalb es unbillig wäre, wenn mich jetzt noch Schmerzhaftes heimsuchen würde –, die so viele Autoren mit dem Opfer schlichtweg gleichsetzen. Die Formel des *do ut des* (ich gebe, damit du gibst) wäre genauer gefaßt – und dann auch vom blutopferlichen Drama schon deutlich abgegrenzt – in einem «Ich gebe etwas Wertvolles her, damit nicht ich, der ich mir wertvoller bin als alles andere, selbst genommen werde».

Auch aufwendige Feierlichkeiten und Geschenke für Verstorbene befremden uns keineswegs, da diese Nahestehenden ja nicht nur geliebt, sondern auch gehaßt wurden und dafür versöhnt bzw. von einem Racheakt abgehalten werden müssen. Zu solchen Geschenken können auch Blutopfer des sekundären Typs gehören. Da dieser Opfertypus in der Bronzezeit zu den Ritualen der Gottesopfer hinzutritt, kann er diese nicht erklären. Diese Gefolgschaftsopfer begegnen

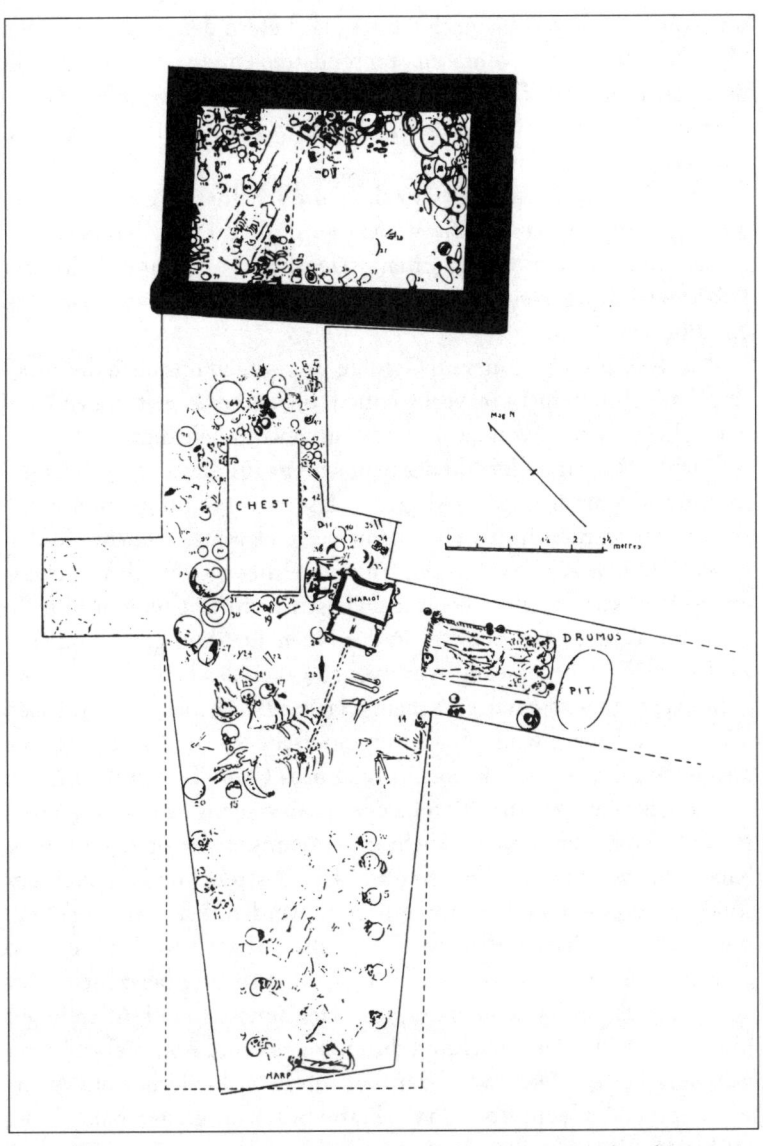

Abb. 1: Das frühbronzezeitliche Grab der Königin Puabi (oben) in der Stadt Ur (RT 800) mit Gaben, zu denen Gefolgsleute und Zugochsen gehören.[6]

uns von Westeuropa bis nach China und liefern der archäologischen Opferforschung die wohl imponierendsten Funde. Auf dem sogenannten Königsfriedhof von Ur wurden bis zu 74 Personen (Grabschacht 1237) gezählt, die den Herrschern ins Jenseits mitgegeben wurden.

Auch das bronzezeitliche Griechenland scheint das Gefolgschaftsopfer gekannt zu haben. Zumindest wird überliefert, daß der kostbarste Teil aus der trojanischen Kriegsbeute – Priamos' Tochter Polyxene – durch Neoptolemos auf dem Grab seines Vaters Achilles entleibt wird.[7]

Wie die Gaben bis hin zum Gefolge, so bringen uns auch die anderen Maßnahmen nicht in Verlegenheit, die einer Vergeltung vorbeugen sollen, die man von gewollt oder ungewollt beleidigten Mächten befürchtet. Bereits jeder Akt des Schlachtens für die bloße Nahrungsgewinnung enthält einen «Angriff», dessen Vergeltung schon vorab verhindert werden muß. Dies kann beispielsweise erreicht werden durch Verzicht auf das Blut der Tiere, welches als Sitz ihres Lebens angesehen wird: «Allein esset das Fleisch nicht mit seinem Blut, in dem sein Leben ist»[8], heißt es in der Noah-Erzählung. Wer auf das Blut verzichtet, begehe kein Verbrechen gegen das Leben.

Solche Äußerungen des Vorbeugens und Beschwichtigens müssen als uralt und daher wohl als anthropologische Konstanten gelten. Sie umfassen all das, was oft als ein religiöses Grundbedürfnis unserer Gattung bezeichnet wird. Bereits der *homo sapiens neanderthalensis* scheint sich in abbittender Pflicht gegenüber seinen Toten gefühlt zu haben. Sie werden mit Blumen und Farbe bestreut[9] und erhalten besondere Zeremonien[10]. Steinwerkzeuge werden den Toten ins Grab mitgegeben.[11] Gelegentlich wird auch ihr Gehirn verzehrt[12] und so eine ganz urtümliche Weise der Traditionsstiftung begonnen. Der Totenkult des *homo sapiens sapiens* (Jetztmensch) der Altsteinzeit hingegen macht der Forschung durch sogenannte Kopfbestattungen Schwierigkeiten. Der Streit darüber, ob es sich hierbei um Menschenopfer oder lediglich um rätselhafte Bestattungsriten handelt, ist bis heute unentschieden. Löcher in den Schädeln der Toten könnten wie beim Neandertaler für die kannibalistische Hirnentnahme, aber auch für Menschenopfer stehen.

Abb. 2: Darstellung der Opferung Polyxenes durch Neoptolemos auf dem Grab seines Vaters Achilles (adaptiert von einer Vasenmalerei).

Vielleicht führt ein Blick von der sich anschließenden Jungsteinzeit nach rückwärts in dieser Frage weiter. Diese Periode kennt erstmals die Wiedergabe hochrangiger – und wohl ehemals gefürchteter und beneideter – Stammesgenossen durch statuenhafte Sitzfiguren.[13] Nach Verwesung der Verstorbenen wird das Gedenken an sie vor den Bildmalen, die bis auf irdene oder metallene Masken reduziert sein können, weiter gepflegt. Dieser Denkmalsbrauch verschwindet auch später nicht und ist besonders für die etruskische Gräberkultur vielfältig belegt.[14] Heutzutage stellen in etlichen Mittelmeerkulturen Fotos der Verstorbenen auf ihren Grabsteinen die moderne Fortsetzung solcher Verewigung dar. Womöglich liefern die rätselhaften Kopfbestattungen der Altsteinzeit also lediglich die früheste Stufe des Totendenkmals, die unsere Gattung kennt.

Der Leichenhintergrund für die Schädeldenkmäler der Altsteinzeit und die jungsteinzeitlichen Gräberstatuen wird uns bei den späteren Götterstatuen, deren Herkunft wir aufzuklären haben, noch eingehend beschäftigen. Auch sie sind Denkmäler. Auch in ihnen geht es um eine Erinnerung an zu Tode Gekommene. Diese jedoch sind nicht an Altersschwäche oder bei einer Heldentat gestorben. Sie haben bei den ebenfalls aufzuklärenden Ritualen des Blutopfers ihr Leben gelassen.

Liebesgaben für unkörperlich oder übermenschlich gehaltene Kräfte, die als gefährlich oder gefahrabwehrend gelten – als böse bzw. gute Geister mithin –, dürften nicht weniger urtümlich sein als Ahnenkulte und ihre Bilder. Daß Geister in Menschen- oder Tiergestalt gedacht werden, hat – ganz im Sinne der animistischen Religionslehre Edward Tylors[15] oder seines deutschen Anhängers Erwin Rohde[16] – gewiß damit zu tun, daß Menschen und Tiere auch nach ihrem Tode in den Träumen ihrer Nächsten bzw. Herren auftauchen, diese also auf eine materielose bzw. seelenförmige Weise «heimsuchen». Die Vorstellung eines Fortlebens nach dem Tode bzw. eines Weiterexistierens von Seelen – das ganze Spektrum des Geister- und Gespensterglaubens mithin – erfährt durch den Hinweis auf die Traumbilder ein leicht nachvollziehbares Stück Aufhellung.

In den Zeremonien des Blutvergießens treten jedoch wirkliche Lebewesen und keine Geister auf. Die zu Tode Gebrachten können im nachhinein zwar auch im Traum wieder erscheinen und dann für Geister gehalten werden. Diese flüchtigen Erscheinungen reichen jedoch keineswegs aus, um die rituellen Tötungen selbst zu erklären. Zudem macht das bloße Erscheinen einer Person oder eines Tieres im Traum die Anbetung dieser Figuren noch nicht ausreichend verständlich. Die niederwerfende Übermächtigkeit der Götter – ihre Planeten- und Kometenhaftigkeit – folgt keineswegs einfach schon daraus, daß Verblichene in unseren Träumen auftauchen. Ebensowenig kann das bloße Dasein von Himmelskörpern ihre Vergottung oder gar den Schrecken erklären, den sie gemäß den Berichten der alten Völker erzeugen.

Bei den mannigfaltigen Zeremonien der Beschwichtigung bzw. der Abfuhr von Schuldgefühl können durchaus Spezialisten Hilfestellung leisten. Sie ähneln von Beginn an den Schamanen,[17] die in den Stammesgesellschaften noch bis ins 20. Jahrhundert hinein angetroffen werden und dort nicht nur heilen, sondern auch – zusätzlich beflügelt durch Rauschpilze und ähnliche Mittel – in andere Welten ‹fliegen› können. Sie machen also zu einer gezielten Beschäftigung, was ihren Mitmenschen nur gelegentlich und ungeplant im Schlaf gelingt, wenn sie ihr eigenes Traumbild in fremden Welten erleben. Die Schamanen stellen eine gezielte Verbindung zu Verstorbenen und anderen Kräften her, deren ‹Erscheinung› die Hinterbliebenen geträumt und als Kontaktsuche gedeutet haben.

Aus den zum Schamanentum Befähigten werden sich später – in der Bronzezeit – womöglich auch etliche der ersten Priester rekrutiert haben. Vor der Bronzezeit aber gibt es diese sakrale Gruppe als beständigen Berufsstand ebensowenig wie feste Kultdenkmäler.[18] Für die Erklärung der religiösen Regungen und ihres noch nicht professionalisierten Personals während der Vor- und Frühgeschichte genügt uns also im wesentlichen der Verweis auf das Schuldgefühl, das die menschliche Gattung aus ihrem Haß zu formen fähig ist.[19]

Da nun das vergossene Blut eines Menschen das sicherste Indiz dafür ist, daß eine Aggression ihn getroffen und seine Vergeltungsbereitschaft auf den Plan gerufen hat, gibt es gegenüber Blut wohl von Beginn an niemals Gelassenheit. Auch das Blut gebärender oder menstruierender Frauen dürfte nicht automatisch von gewaltsam verursachtem Bluten unterschieden und für harmlos gehalten worden sein. Die Männer mochten zu hören bekommen, daß diese weiblichen Blutungen nicht auf ihr Tun zurückgingen, doch konnten sie nicht umhin, solche gewiß denkbaren intellektuellen Entlastungen mit rituellen Versöhnungsgesten vor den Abbildungen weiblicher Geschlechtsteile oder auch vor kompletten weiblichen Figurinen abzusichern. Vaginalkulte gehören deshalb wie die Versöhnungsrituale gegenüber Verstorbenen und erjagten Tieren von Anfang an zum rituellen Repertoire des Jetztmenschen (*Cromagnon* bzw. *homo sapiens sapiens*).

Die bildlichen Beweisstücke für diese uralten Verrichtungen sind mithin nicht umstandslos einem Mutterkult[21] zuzuschlagen, der als Anbetung der Gebärpotenz ganz selbstverständlich wäre und deshalb keiner weiteren Erklärungen bedürfe. Sie könnten auch auf blutende und deshalb für verletzt gehaltene Frauen zurückgehen. Dabei wäre es gerade nicht die Fruchtbarkeit, sondern eine Kompli-

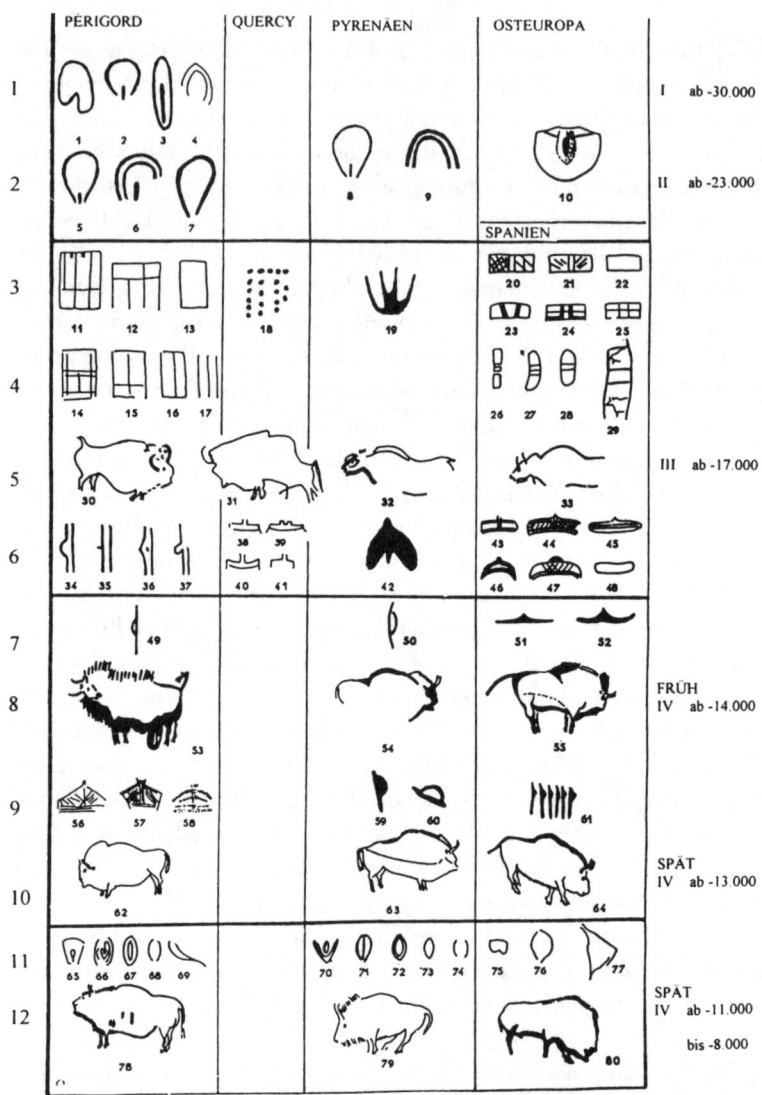

Abb. 3: Wirklichkeitsnahe (Zeilen 1 + 2) und abstrakte (Zeilen 3 + 4). Vulvaporträts als einzige erhaltene künstlerische Ausdrucksformen für die ersten 13 000 (konventionellen) Jahre des HOMO SAPIENS SAPIENS, *die auch anschließend (Zeilen 6, 7, 9 + 11) neben den Tierdarstellungen die wichtigste ästhetische Kost liefern.*[20]

kation bei der Geburt, die den Schrecken auslöste. Der natürliche und normale Ablauf der Dinge erzeugt nur selten Verstörung. Plötzliche Unregelmäßigkeiten hingegen bestürzen bei den Müttern nicht weniger als bei wasserführenden Strömen oder desaströsen Gestirnen.

Unter den religiösen Praktiken ist auch das gewöhnliche Bittgebet ohne sonderliche Schwierigkeiten nachzuvollziehen. Das «Gib mir» und das «Vergib mir» unterscheiden sich in ihrem Seelenhaushalt nur geringfügig. Der um Gaben Flehende vermutet häufig ja, daß er sie deshalb nicht längst erhalten habe, weil er für eine Nichtswürdigkeit bestraft werde. Das Versprechen, diese zu sühnen, wird der Bitte denn oft auch gleich hinzugefügt.

Nicht zuletzt das Knien und das Umschlingen der unteren Extremitäten eines Beknieten, mit dem Mächtige um Gnade bzw. vorbeugend um das Nichteintreten von Mißmut angefleht werden, muß als so alt wie die Menschheit gelten. Bis heute gehen solche Unterwerfungsgesten in das wirkliche Leben ebenso ein wie in das religiöse. Niemand erhebt jedoch den Anspruch, die komplexen Blutrituale selbst aus diesen Gesten ableiten zu können.

Gegenüber all diesen menschheitsgeschichtlich durchgehenden Formen sind es die erst in der Bronzezeit in vielen Erdregionen dominant werdenden zeremoniellen Tötungen von Menschen und Tieren, die vor ihrem gewaltsamen Ende geschmückt und mit Ehrenbezeugungen bedacht werden, also regelrechte Rollen übernehmen, die sich einem leichten Zugang entziehen. Zum Beispiel gelten rituelle Anweisungen aus der *Odyssee* wie «Einer heiße hierher den Meister in Golde Laerkes kommen, daß er mit Gold des [Opfer-]Rindes Hörner umziehe»[22], immer noch als schwer deutbar. Nach ihrem Tode gibt es auch für die rituell Geschlachteten oft die überkommenen Totenversöhnungen bzw. die Beweinungen des Leichnams. Sie werden sich für das Verständnis der Erschaffung von Göttern als ungemein aufschlußreich erweisen. Das heilig-heilende Töten selbst jedoch lebt aus Quellen, die noch nicht zureichend freigelegt sind: «Wie sollen wir es aber, trotz aller Opfertheorien, jemals begreifen, daß es einem Gott oder den Göttern wohlgefällig sein kann, daß ihnen zu Ehren Menschen oder Tiere geschlachtet und verspeist werden?»[23] Solche

Klagen aus der Religionswissenschaft ziehen sich wie ein Leitmotiv durch die gelehrte Literatur. Zum Trost für das eigene Unvermögen heißt es dann: «Es ist klar, daß die ursprüngliche Bedeutung des Tötens allmählich verlorengegangen ist.»[24]

Diese Ratlosigkeit gilt nicht allein für den schon seit der Antike erforschten Bereich Europas, Asiens und Afrikas. Auch die Enthauptungs- und Herzentfernungsrituale nach den altamerikanischen zeremoniellen Turnieren entziehen sich standhaft einer einvernehmlichen Erklärung: «Die mexikanischen Ballspiele erfüllten eine religiöse Funktion, aber es gibt keine Übereinstimmung darüber, wie diese Funktion zu interpretieren ist.»[25]

Kaum weniger als durch die Blutopfer läßt die Forschung sich durch Gottheiten in Tier-, Mischwesen- und vor allem in Menschengestalt verblüffen. Die meisten Autoren gehen immer schon mit der Vorstellung von gestalteten Gottheiten an den Stoff heran, projizieren ihren Gottesglauben also bis an den Beginn des Menschengeschlechts. Mehr als die Prämisse, daß der Mensch – aufgrund der kindlichen Unterlegenheit gegenüber mächtigen Elternfiguren[26] – ein psychisches Potential für Respekt vor Höherem mitbringt (wie auch für die Rebellion dagegen), darf jedoch nicht vorausgesetzt werden. Dieses generelle seelische Vermögen geht selbstredend in Gottesvorstellungen ein, aber der geformte «Gott ist ein Spätling in der Religionsgeschichte»[27]. Er sei «eines Tages» fällig geworden, weil es «ein Fortschritt» gewesen sei, daß die Menschen «im Anschauen ihres eigenen Bildes»[28] zu sich kamen. Das sind bedeutungsschwere Formulierungen. Überdies stammen sie von Klaus Heinrich, dem religionswissenschaftlichen Universitätslehrer des Autors. Dennoch wüßte man über die Umstände dieses Bildwerdens gerne mehr.

Angesichts der bisherigen Undurchschautheit von Göttern und Opfern kann es kaum verwundern, daß unter den Forschern auch ein trotziges «Beharren auf den unbegreiflichen»[29] Aspekten der Antike zunehmend Anhänger findet: «Die Unableitbarkeit des Religiösen, die in Wendungen wie der vom ‹Urerlebnis des Heiligen› wie unzureichend auch immer ausgedrückt wird, zählt ebenso wie die Realität des Blutvergießens zum Vorgegebenen, das die Wissenschaft wahrnehmen muß und nicht restlos abarbeiten kann.»[30]

Womöglich ist diese resignierte Hinnahme des «Vorgegebenen» noch nicht mehrheitsfähig, sie wird aber immer entschlossener vertreten. Für eine Professorenschaft mag das Auftrumpfen mit einem angeblich Unbegreifbaren und der Begrenztheit aller Erkenntnis verführerisch wirken. Der Wissenschaft jedoch bekommt solche Verhärtung nicht. Sie wird sich ihrem Erkenntnisauftrag auf Dauer nur schwer verweigern können. Und für sie bleibt nun einmal gültig, daß Blutopfer und Götterbilder das Herzstück der großen Glaubenssysteme bilden. Eine Erklärung dieser Elemente muß sich dem Doppelrätsel des Sakralen stellen. Der hier vorgelegte Text kann sich seiner Kürze wegen allerdings nur an einer Grundlegung der Religionstheorie versuchen.

III

Der Gelehrtenstreit
um das Verständnis des Blutopfers

«So ist uns im Opfer ein besonders großartiges Beispiel für den Konservatismus der heiligen Handlung gegeben. Gelänge es, auch seine Vorgeschichte aufzuhellen und bis zu seinem ursprünglichen Sinn vorzudringen, so wäre das für die griechische wie für die vergleichende Religionswissenschaft ein großer Gewinn.»[31]

«Seit der Entstehung der vergleichenden Religionsgeschichte in der zweiten Hälfte des 19. Jahrhunderts werden Versuche unternommen, die Ursprünge des Opfers aufzudecken. Obwohl diese Versuche zu einem besseren Verständnis des Opfers beitrugen, waren sie nicht überzeugend.»[32]

Zu den ganz frühen Darstellungen für kultische Tötungen von Menschen gehören Rollsiegel vom Beginn der mesopotamischen Bronzezeit. Bereits im Jahre 1887 ist vermutet worden, daß die mesopotamischen Siegelbilder (Abb. 4) Priester bei der – ihre Funktion konstituierenden – Arbeit des heiligen Tötens zeigen.[33] Dem ist entgegengehalten worden, daß auf den Siegeln keineswegs menschliche Priester, sondern kämpfende Götter zu sehen seien, für die es unstrittige Darstellungen gebe.[34]

Die Interpretation der Tötungsdarstellungen als Duell von Göttern – als «Opferkampf»[35] – warf umgehend die Frage auf, wie denn jemand darauf verfallen könne, eine Gottheit als tötendes Wesen darzustellen und obendrein mit Menschen- oder Tiergestalt auszustatten, wenn so etwas in der Wirklichkeit gar nicht anzutreffen ist.

Der Streit um die Existenz des Menschenopfers in Altmesopotamien verstummte schlagartig, als Sir Leonard Woolley im Winter 1927/28 den sogenannten Königsfriedhof von Ur[36] freilegte: «Das Begräbnisritual schloß Menschenopfer ein; die Zahl der Opfer

Abb. 4: Frühbronzezeitliche Siegel mit Menschenopferszenen.[39]

konnte zwischen einem halben Dutzend und siebzig oder achtzig variieren, aber eine gewisse Anzahl Menschen hatte den Eigentümer des Grabes zu begleiten.»[37] Auch für die erste Hochkulturdynastie Ägyptens sind Gefolgschaftsopfer in Abydos und Saqqara belegt.[38]

Der archäologische Beweis für das Menschenopfer vermochte den Streit um seinen Sinn allerdings nicht zu lösen. Das Opfern von Wagenlenkern, Frauen und Dienern ließ sich weder mit opfernden Priestern noch mit tötenden Göttern in Verbindung bringen. Die ins Grab gegebenen Lebewesen gehörten – wenn auch gewissermaßen überdimensioniert – zum Typus der Dankesgaben für die Abwendung von Rache bzw. von «schlechten Zeiten», die als Ausdruck einer

Abb. 5: Mesopotamische Darstellungen von verfolgenden und tötenden Himmelsgöttern.[40]

höheren Rache gedeutet werden konnten. In der Form von Erstlingsgeschenken des Nachwuchses von Herden sind solche Gaben auch in früherer Zeit schon mit einem Tötungsakt verbunden. Dieser muß aber keineswegs als ritueller Höhepunkt einer kultischen Handlung fungieren, sondern ist oft nur der Verzicht auf ein gutes Stück der

Beute – bei der Jagdtötung – bzw. des ersten Tieres oder eines Teils von ihm bei der Haustierschlachtung. Gefolgschaftsbegräbnisse sind also Rituale zur Beschwichtigung von Vergeltungsangst, die durch Dankesgaben Entlastung sucht. Die Menschen werden ganz anders – und häufig nach Betäubung – getötet als die Figuren auf den Siegeln. Und daß auch die Siegel wirkliche Tötungen zeigen, wird seit zwei Jahrzehnten nicht mehr ernsthaft bezweifelt.[41] Überdies liegen mittlerweile auch für den nahöstlichen Bereich archäologische Befunde für das Menschenopfer vor,[42] das in seiner Komposition dem kretischen[43] geähnelt zu haben scheint. Auch für Altägypten ist die Lage mittlerweile unstrittig.[44] Dort gehört die zeremonielle «Tötung von Feinden im Verlauf eines Rituals» zu den religiösen Gegebenheiten. «Frevler wie etwa Grabräuber [konnten] als Feinde der Götter regelrecht wie Opfertiere geschlachtet werden ... und anstelle von solchen.»[45]

Es herrscht jedoch noch Ratlosigkeit über den Sinn dieser blutigen Akte. Gesehen wird immerhin, daß dieses «häufig falsch beurteilte Phänomen»[46] etwas zu tun haben könne mit den «Zweikampfmythen von Göttern und Heroen, die Drachen, Monster, Dämonen und Giganten herausfordern und besiegen»[47]. Da solche Sagen und auch zugehörige Illustrationen weltweit überliefert sind und die wohltätigen oder zerstörerischen Gottheiten fast überall in Menschen-, Tier- oder Mischwesengestalt auftauchen, ist man verständlicherweise auf anthropologische Erklärungen verfallen. Was überall in bemerkenswerter Ähnlichkeit auftaucht, muß wohl allgemein menschlich sein.

Obwohl Elemente wie Sonne, Mond und Gestirne ebenfalls einen weltweiten Stoff für Bilder und Geschichten abgeben, ohne daß sie deshalb als Emanationen der Seele ausgegeben würden, hat sich eine psychoanalytische Forschungsrichtung nicht gescheut, die Mythen – die *Worte* im Sinne *wahrer* Worte – von kosmischen Duellen mit ihren Mitteln auszulegen: «Wir können den ganzen Komplex des Zweikampfes in allen seinen Formen als Konflikt zwischen Eros [Lebenstrieb] und Thanatos [Todestrieb] auffassen. Es ist dieser – zuerst und durchaus vorsichtig von Sigmund Freud formulierte – Gegensatz zwischen Lebenstrieben und Todestrieben, der allen lebenden Organismen von Beginn an das zentrale Prinzip liefert. Allerdings hatten ihm Dichter und Philosophen schon früher dramatischen oder metaphysischen Ausdruck gegeben. Im wirklichen Leben jedoch treten diese beiden – einander entgegengesetzten – Triebarten immer vermischt auf. Insofern stellen die *Phantasien der Mythen* die fundamentale Wahrheit des menschlichen Wesens in verkleideter Form dar.»[48]

Daß die Mythen und die ihnen entsprechenden Opferkulte auf bloße Phantasien über den Gegensatz von Liebe und Haß zu reduzieren seien, erweist sich zwar als simplifizierende Anwendung der Psychoanalyse, hat aber ungemeinen Erfolg gehabt. Das Publikum kann mittlerweile zwischen verschiedenen umfassenden Lehrgebäuden über die angebliche Universalität und Ewigkeit des von menschlicher Aggressivität angetriebenen Opfers seine Wahl treffen. Die Schule Walter Burkerts[49] etwa will im Töten der Opfer eine Umwandlung der nicht mehr durch Jagd und Großwildjagd[50] verausgabbaren Aggresssion erkennen,[51] obwohl doch Jagd und Blutopfer in ein und derselben Kultur nebeneinander existieren können. Die Jägertheorie des Opfers, die auch in der Ägyptologie vertreten wird,[52] ist insbesondere von Burkerts Lehrer Karl Meuli begründet worden: «Wir sind, um es kurz zu fassen, der Überzeugung, daß das olympische Opfer nichts anderes sei als ein rituelles Schlachten. Das Zeremoniell dieses Schlachtens hat seine nächsten Analogien im Schlacht- und Opferritus asiatischer Hirtenvölker; dieser Ritus selbst wiederum geht auf jägerischen Brauch zurück. ... Im olympischen Opferritual haben die Griechen ein angestammtes Erbstück aus eben dieser vorgeschichtlichen Hirten-, weiterhin aus der urzeitlichen Jägerkultur bewahrt.»[53]

Burkert, der sich mit Meuli am Ende seines Forschungsweges angekommen fühlt und das Ergebnis als «die Opfertheorie von Meuli/ Burkert»[54] kennzeichnet,[55] warnt ausdrücklich vor einem Nachdenken über die Anlässe für das Beginnen der großen Blutopfer. Auch die Reformbewegungen gegen die Fortsetzung dieser Großkulte in der Eisenzeit können die funktionalistische Überzeugung einer aus ferner Vergangenheit kommenden Opferunendlichkeit nicht irritieren: «Statt zu fragen, welcher Vorfall eine besondere Form der Religion hervorbringen konnte, sollten wir fragen, warum diese Erfolg hatte und bewahrt blieb. ... Die Gemeinschaft wird zusammengebunden durch die gemeinsame Erfahrung von Schock und Schuld [über die heilige Tötung]. ... So sind die Opferfeste die traditionellen Mittel, alle Arten der sozialen Krisen zu überwinden.»[56] Daß im Opfer Gemeinschaft gestiftet werde, weil der Haß gegen ein Drittes gehe und deshalb untereinander Frieden gehalten werde könne, hatte im vorigen Jahrhundert bereits William Robertson Smith vorgetragen.[57]

René Girard kann als weiterer Protagonist dieser Sicht gelten.[58] Er präsentiert sich nicht nur als ein Forscher, sondern zugleich als ein Heiler und Heilsbringer, der den mit Geheimwissen ausgestatteten Opferpriester reaktivieren will: «Damit die Gewalt endlich zum Schweigen kommt, damit sie ein Machtwort sprechen und als göttlich erscheinen kann, muß das Geheimnis ihrer Wirksamkeit unversehrt, der Mechanismus der Einmütigkeit stets unerkannt bleiben. Das Religiöse [= Opfer; G. H.] beschützt den Menschen solange, als sein Geheimnis nicht enthüllt wird. Wird das Ungeheuer in seinem letzten Versteck aufgescheucht, dann läuft man Gefahr, es ein für allemal zu entfesseln. Wer die Unwissenheit der Menschen zerstört, der riskiert, die Menschen einer erhöhten Gefahr auszusetzen; er beraubt sie eines Schutzes, der in der Unwissenheit besteht, und nimmt der menschlichen Gewalt den letzten Hemmschuh.»[59]

Die Funktionalisierung und Verkürzung der opferlichen Sachverhalte in der vor einem Vierteljahrhundert publizierten Burkert-Girard-Position[60] ist längst gesehen worden: «Wie Girard so postuliert auch Burkert das Heilige als transzendierte Gewalt und das Opfer als einen Gewaltakt, der diese Transzendenz ermöglicht. Während Girard die Gewalt aus einer trüben Metaphysik der Triebe[61] herleitet, begründet Burkert sie in genetischen Platitüden. Die während der Jäger- und Sammlerperiode vom Menschen erworbene genetische Ausstattung habe zur Entwicklung einer starken binnengemeinschaftlichen Gewaltbereitschaft geführt, die ursprünglich durch Auslassen der Aggression an den Jagdtieren abgeführt wurde. Opfer sei deshalb ein ‹ritualisiertes› Äquivalent der Jagd.»[62] Die bloße Polemik vermag selbstredend die tiefere Neigung Burkerts zu seinem Erklärungsmuster nicht aufzuhellen, so daß die Vermutung geäußert wurde, es diente «selbst der Angstabwehr»[63].

Zur Verteidigung Burkerts muß gesagt werden, daß er die Umsetzung der Jagdarbeit in eine genetisch verankerte Daueraggressionsbereitschaft zwar zur Basis seiner Theorie macht, dafür aber wohlweislich nur selten eine fachbiologische Beweisführung versucht. Das Zurücklassen des Schwanzes für die Rettung des eigenen Lebens durch eine gejagte Eidechse wird ihm da schon zum stärksten Argument für eine phylogenetisch verankerte Opferbereitschaft.[64] Burkert überläßt sich im wesentlichen einer populären Anthropologie, wie sie die Evolutionsideologie verbreitet hat, die sehr lange Zeit die Biologie zu beherrschen vermochte, bis sie in den siebziger Jahren des 20. Jahrhunderts einer wissenschaftlichen Betrachtung zu weichen begann (dazu mehr im IV. Kapitel unten). Bei genauerem Hinsehen würde gewiß auch Walter Burkert einräumen, daß die Antriebe zur Jagd doch schon vor jener Aggression vorhanden gewesen sein müssen, die er erst durch das Jagen ins Erbgut einfließen lassen will. Hätte der Mensch die Aggression für das Jagen erst über Jahrtausende hinweg ausbilden müssen, wäre er umgehend zur Beute der Raubtiere geworden, hätte selbst also zum Jagen niemals gefunden.

Im übrigen bleibt daran zu erinnern, daß viele Kulturen für eine Abfuhr von Aggressivität, woher immer diese kommen mag, gewaltfreie Wege gefunden haben. Schattenboxen und Stockfechten, Box- und Ringkämpfe, Bogenschießen und Speerwerfen erweisen sich als zivile Sublimationen von Krieg und Jagd, neben denen eine zusätzliche Jagdlustbefriedigung durch opferliche Haßabfuhr keinen Raum beanspruchen sollte. Auch gewaltgeladene Abfuhr von gefährlicher Aggressivität in Form der sozial extrem kostspieligen Blutrache kann *neben* dem Blutopfer existieren und es deshalb nicht erklären.

Wichtig an Burkerts Arbeit bleibt allemal, daß er das Blutritual genauer als andere Autoren[65] von dem *do ut des* (ich gebe, damit du gibst) abzugrenzen weiß: «Im Zentrum des Opfers steht weder die Gabe an die Götter noch die Gemeinschaft mit ihnen, sondern die Tötung des Lebewesens.»[66] Aufzuklären bleibt mithin, wofür dieses heilig-heilende Tun steht, wenn es nicht auf ewige Jagdgelüste reduziert werden kann.

Selbstredend steckt ein Stück Wahrheit in der Vorstellung vom Opferritual als gemeinschaftsstiftendem Akt. Alle nämlich, die dem heiligen Töten beigewohnt haben, sind Erregung losgeworden und stehen für diesen Akt *gemeinsam* in Schuld. Sie werden gewissermaßen zu Kumpanen, zu *partners in crime*. Sie fühlen sich deshalb in Verlegenheit gebracht durch alle anderen, die beim kollektiven Tötungsritual nicht mitmachen. Durch ihre Nichtteilnahme werden die Opferkritiker zu lebendigen Zeugen dafür, daß auch ohne Opfertöterei auszukommen ist. Sie stehen in der Tat außerhalb der blutvergießenden Gemeinde, stören diese und geraten oftmals in Gefahr, von ihr verfolgt zu werden. Darüber wird bei der Analyse des Hasses auf Juden in den Kapiteln IX und X noch zu sprechen sein. Robertson Smith, Girard und Burkert etc. sehen also etwas Unstrittiges, aber ihnen bleibt rätselhaft, ja nicht einmal fragenswert, was die Gemeinden so verstört, daß es monströser Heilmittel für ihre Rettung bedarf.

Wenn für das Verständnis des Opfers nicht mehr angeführt werden kann als eine unveränderliche anthropologische Konstante, stellt sich umgehend die Frage, warum dann nicht immer und überall die großen Menschen- und Tieropferkulte praktiziert worden sind. Schließlich entsteht menschliche Aggressivität mit und in jedem neugeborenen Kind. Die großen Kulte jedoch erscheinen am Beginn der Bronzezeit auf der historischen Bühne und geraten am Beginn der Eisenzeit in eine Krise. Gegen das zeremonielle Schauspiel des heiligen Schlachtens erheben sich radikale Bewegungen, als deren herausragende Vertreter das prophetische Judentum und der Buddhismus auch zweieinhalb Jahrtausende später ihren Einfluß nicht verloren haben. Eine rein psychoanalytische oder anthropologische Erklärung stößt deshalb vor einem historisch so veränderlichen Phänomen wie den Blutopferkulten schnell an ihre Grenze. Diese Theorien bleiben allerdings relevant für die Aufklärung der typischen seelischen Reaktionen gegenüber ganz und gar nicht menschengemachten Kataklysmen.

Vereinzelt – und kaum zur Kenntnis genommen – sind jedoch auch tiefergehende Überlegungen zum Opfer angestellt worden. Godfrey Lienhardt zum Beispiel ist überzeugt, daß in den Ritualen nicht nur allgemeinmenschliche Regungen «reflektiert werden»[67], sondern daß ihnen ungewöhnliche Umstände im Sozialen und der Natur vorhergehen, die gänzlich unabhängig vom Seelenleben existieren. Über solche Ausnahmeumstände würde man natürlich gerne mehr erfahren. Aus der Assyriologie, die mit den oben abgebildeten Siegeln konfrontiert ist, sind die Ursachen des Rituals in «einer Macht nicht von dieser Welt»[68] verortet worden. «Übernatürliche Kräfte [sowie] Wesen und Mächte jenseits gewöhnlicher menschlicher Erfahrung»[69] oder gar der Einbruch des «Chaos»[70] werden ebenfalls hinter der Entstehung der Opferrituale vermutet: «Der Vollzug des Opfers steht in einem kosmischen Rahmen»[71], und «die Opfer waren das effizienteste Verfahren für die Kommunikation mit übernatürlichen Kräften»[72].

IV

Das plötzliche Auftauchen der großen Opferkulte und des Priesterkönigtums am Beginn der Bronzezeit

«Welche rechtlichen oder frommen Vorstellungen oder welche ökonomischen und sozialen Drucksituationen diese Haltung [der Hinnahme des Königtums von Opferpriestern in Mesopotamien] hervorgebracht haben, werden wir wahrscheinlich niemals wissen.»[73]

«Die schwierige Frage nach dem Wesen der Schlacht- und Brandopfer im ägyptischen Kult harrt noch der Lösung.»[74]

«Wir haben bisher gesehen, daß die größten Feyerlichkeiten des Alterthums das Andenken der Sündfluth und die großen Revolutionen des Erdbodens zum Vorwurf gehabt haben. Wir werden eben diese Wahrheit wieder finden in den Spuren des Kummers und der Traurigkeit, die wir mitten unter der rauschenden Fröhlichkeit der meisten Feste der Alten wahrnehmen.»[75]

Mit der letzten der vorstehenden Ansichten über die großen Kulte trifft die Mythen- und Opferforschung des 18. Jahrhunderts noch ganz andere Aussagen als heutige Autoren. Unter den Gelehrten jener Hoch- und Blütezeit freier Wissenschaft ragt wiederum der Geologe, Soziologe sowie Brücken- und Festungsbaumeister Nicolas-Antoine Boulanger (1722–1759) heraus.[76] In modernen Werken taucht sein Name fast niemals auf. Sein Landsmann und Opferforschungskollege René Girard weiß nichts von diesem Mann, der für die *Encyclopédie* die Stichworte *Deluge*, *Corvée* und *Societé* geschrieben hat. Der darwinistische Glaube von einer extrem langsamen und alles in allem gleichförmigen Entwicklung von Natur- und Menschheitsgeschichte hat Boulangers Werk verdrängt. Zu seinen Lebzeiten steckt diese Ideologie erst in ihren Kinderschuhen.[77] Die Dogmatisierung des Darwinismus im 19. und 20. Jahrhundert, die die seriöse Forschung eineinhalb Jahrhunderte zurückwarf, behinderte das Denken noch kaum.

Boulanger ahnte nichts von den sehr viel später in Mesopotamien ausgegrabenen Texten, in denen tatsächlich die Entstehung des frühesten Priesterkönigtums mit seinen Tempeln und Opferritualen auf eine Flutkatastrophe zurückgeführt wird. In der sogenannten sumerischen Königsliste, deren erstes Fragment im Jahre 1906 publiziert wurde, heißt es (Verse 39–42):

«Die Flut fuhr darüber hinweg.

Nachdem die Flut darüber hinweggefahren war,

als das [Priester-]Königtum vom Himmel herabgelassen
    worden war,

war das [Priester-]Königtum in Kisch.»[78]

Da der Terminus «Königtum» verwendet wird, gehört der Text bereits einer Zeit an, in der Könige die Fluterzählung als Legitimationsbericht verwendeten. Es ist aber davon auszugehen, das ursprünglich nur die Funktion eines Priesters entstand, dem die weltliche Macht erst allmählich zuwuchs.[79]

Auf einer Keilschrifttafel späteren Ursprungs brüstet sich der konventionell[80] ins 7. Jahrhundert v. u. Z. datierte König Assurbanipal, daß «er Vergnügen daran habe, die Steine aus der Zeit vor der Flut»[81] zu lesen. In der Tat gab seine in Ninive gefundene Bibliothek archaische Schrifttafeln frei, die aus dem Beginn der Bronzezeit (konventionell zwischen 3100 und 2750 v.u.Z. datiert) stammen,[82] also in einer Periode entstanden, der noch Flutkatastrophen folgten (siehe auch die Übersicht am Ende des IV. Kapitels unten).

Bereits zu Boulangers Zeiten war bekannt, daß die zahlreichen Überlieferungen der klassischen Antike – festgehalten von Augustinus – die Entstehung des Priesterkönigtums auf einen Flutkataklysmos zurückführten: «Zu dieser Zeit [nach der deukalischen Flut] wurden von den Königen Griechenlands den heidnischen Göttern Kulte eingerichtet, die das Andenken an die Flut und an die Rettung

Abb. 6: Terrakotta-Plakette aus dem altbabylonischen Chafadschi. Ein mit Hörnerkrone als Himmelsgott verkleideter Mensch tötet einen anderen Menschen, der mit Sternenmaske und Schuppenrock die Himmelsschlange spielt (siehe auch Abb. 26).[86]

der Menschen sowie an das damals mühselige Leben der zuerst auf die Berge, dann in die Ebenen Ziehenden in alljährlichen Feiern erneuert haben.»[83] Auch Aristoteles' Meisterschüler Theophrast legt im 4. Jahrhundert v. u. Z. Überlegungen zur Entstehung des Blutopfers in Griechenland vor, die er keineswegs an den Anfang der Menschheit verlegt. Erst «in Zeiten, da ungewöhnliche Not unser Geschlecht befallen hatte, [weihte] man Lebendiges zum Opfer»[84].

Solange der Zusammenhang zwischen den – überall im Altertum erinnerten – Katastrophen und den Blutkulten dunkel bleibt, ist das Rätsel des Opfers nicht zu lösen. Auch zu den Zweikampfopfern fällt Boulanger sehr viel Konkreteres ein als Lebens- oder Todestrieb und Thanatos: «Ungeachtet auch alles Geräusches und aller Feyerlichkeiten dieser Spiele und dieser Feste, hat man doch angemerkt, daß sie Trauerspielen ähnlicher, als Freudenspielen gewesen. Und was konnte das Schlagen und Kämpfen der Fechter bey allen diesen Spielen für Grund haben? Ihr erster Zweck war ohne Zweifel gewesen, die Streite der Götter auf eine sinnliche Weise abzubilden. / Hier brachte man den Ungewittern, Blitzen, Donnern Opfer, und ahmte diese Lufterscheinungen mit großem Lerm und Gepolter nach. Von den kriegerischen Tänzen zur Ehre des *Castors*, glaubte man, daß sie eine Darstellung des Krieges der [Himmels-]Riesen wäre. / Athenaeus schreibt von einem Tanz, den man *Brand der Welt* genannt hat.»[85]

Wird in den Ritualen also wirklich *Sintflut* und *Brand der Welt* gespielt? Und wofür stehen diese bedrohlichen Worte? Sind die Teilnehmer etwa nicht als sie selbst aktiv? Sind sie vielmehr Schauspieler, die eine gefährliche, ja tödliche Rolle zu übernehmen hatten? Daran scheint es für Meuli keinen Zweifel zu geben: «Es ist freilich seltsam, aber es ist einwandfrei bezeugt, daß man ‹Sintflut› spielte.»[88] So wurden jedes Frühjahr – ähnlich wie in vielen anderen Gemeinden Griechenlands – auf Aegina die «Hydrophorien» (Wasserfeste) ausgetragen. Bei diesen Festspielen mußten die Wettläufer Wasserkrüge auf ihren Schultern tragen, also einen «agon amphorites» vollziehen.[89]

In Argos «steht ein Heiligtum des Poseidon Prosklystios [des Überfluters]; man sagt nämlich, daß Poseidon einen Großteil des Landes überschwemmt habe, als Inachos und seine Mitstreiter entschieden, daß das Land der Hera und nicht dem Poseidon gehören solle. Hera

Abb. 7: Darstellung des Gottes Assur außerhalb einer Opferszene, in der er von einem Menschen dargestellt wird (adaptiert von einem glasierten Ziegel aus der Stadt Assur).[87]

erreichte dann von Poseidon, daß das Meer zurückging. Die Argiver aber errichteten dem Poseidon Prosklystios ein Heiligtum an der Stelle, wo die Flut zurückzuweichen begann.»[90]

Im syrischen Hierapolis «machen sie zum Andenken an diese [Flut-]Sage folgendes: Zweimal jährlich kommt Wasser aus dem Meer in den Tempel hinein. Nicht nur Priester tragen Wasser, sondern ganz Syrien und Arabien. Und auch von den Gebieten jenseits des Euphrats kommen viele Menschen zum Meer, und alle tragen sie Wasser. Zuerst schütten sie es im Tempel aus, hernach läuft es in den Spalt hinunter, und der Spalt nimmt eine große Menge Wasser auf, wiewohl er nur klein ist. Das tun sie und sagen, daß Deukalion diesen Brauch im Tempel eingeführt habe, damit eine Erinnerung an das Unglück und die Wohltat bestehen bleibe.»[91]

Die moderne Geringschätzung über den Realitätsgehalt solcher Geschichten ist mittlerweile ein wenig ins Wanken geraten. Bei Ausgrabungen des Hera-Tempels im syrischen Hierapolis, über dessen Kult Lukian uns informiert, ist tatsächlich eine Erdöffnung freigelegt worden, «die das im Kult zur Erinnerung an die Sintflut ausgeschüttete Wasser hätte aufnehmen können»[92].

Bis in dieses Jahrhundert hinein wird auf Zypern jedes Jahr ein Flutfest begangen, das seit der Antike den Namen «Kataklysmos» trägt. Im christlichen Kalender auf Pfingsten verlegt, nehmen die Menschen im Meer ein rituelles Bad und übergießen sich auch zu Lande gegenseitig mit Wasser.[93] In Innerasien gab es Opferzeremonien, bei denen Tiere in Wasser ertränkt wurden.[94]

Schauen wir nun auf einen archäologischen Befund in der Zivilisationswiege Mesopotamien. An einem kleinen Neujahrstempel in der Stadt Assur aus dem 1. Jahrtausend v. u. Z. fand sich ein keilschriftlicher Text: «Die Gestalt des Assur, der gegen Tiamat in die Schlacht zieht, ist die des Königs Sennacherib.»[95] Im Ritual spielt somit der König den Himmelskörper Assur, der den flutbringenden Himmelskörper Tiamat auszuschalten hat. Ganz entsprechend wissen wir für das alte Ägypten, daß der König seine wichtigste – also seine priesterliche – Funktion dadurch erfüllte, daß er «Menschen, Tiere oder Gegenstände als Erscheinungsformen der Bedrohung» – oft der monströse Angreifer und Kosmosverwirrer Seth oder Apophis[96] – durch

Keulenschlag, Speerstich, Pfeilschuß oder Feuer auslöschte.[97] Der Pharao «erscheint nicht als der treue Versorger der Tempel oder als die gute ‹h›-Schlange oder Nil, der alles mit Speise überflutet, sondern als der grimmige Held, der den Feind ersticht, zermalmt und zerstückelt, ja seine Titel sind oft direkt den Kampfszenen des Mythus entnommen»[98]. Haben also doch diejenigen recht, die in den Siegelszenen kämpfende und tötende Götter erkennen wollen? Durchaus, aber die anderen haben deshalb nicht unrecht: Es sind wirkliche Menschen und Tiere, die als Götterdarsteller töten und getötet werden. Es ist diese Schauspielerei in den heilig-blutigen Szenen, die als so schwer verständlich gilt. Warum die Sternenmasken und die Hörnerkronen? Wenn – um von Mesopotamien nach Zypern zu springen – ein Stier den Himmelskörpergott Zeus darstellt, wen repräsentieren dann die Menschenopferer (*Kerastei* bzw. Gehörnte), die sich einen Teil dieses Stieres als Insignium anheften? Diese Frage bleibt von der Forschung unbeantwortet: «Besonders merkwürdig ist, daß aus Stierschädeln Masken hergestellt wurden, die die Priester beim Opfer trugen.»[99]

Wer steht da gegen wen im Opferkampf? Fiel ein Himmelskörper über einen anderen her, wobei im späteren Ritual der eine von einem Stier und der andere von einem Mann in Stiermaske gespielt wird? Ganz so schaut es aus. Was aber sollen kämpfende Himmelskörper bedeuten? Viele tausend Kilometer weiter westlich – im präkolumbischen Mexiko – wurden ganz ähnliche Rituale vollzogen. Wiederum spielten die Opfer und Priester nicht etwa sich selbst, sondern vergottete Himmelskörper: «Bei der Tötung der Gefangenen treten priesterliche Amtsträger auf, die in der Gestalt von Göttern, im besonderen in der von Xipe-Totec, den grausamen Akt vollziehen. So erscheint bei der Zeremonie ein Priester in der Gestalt des Gottes *Opochtli*, und die Tötung selbst vollzieht der ‹Nachttrinker› (ein Beiname des Gottes Xipe) in der Gestalt Totecs.»[100] Als Teilnehmer dabei ist aber auch der bemalte, geschmückte und dann geopferte Gefangene Xipe-Totec bzw. «unser Herr, der Geschundene»[101], denn seine abgeschälte Haut zieht sich derjenige Priester als Kostüm über, der den Xipe spielt.

Noch besser belegt als die Xipe-Darsteller sind die Jünglinge, die den

Abb. 8: Für die Hinopferung durch Herzentfernung vorbereiteter Jüngling im Himmelskörperkostüm des Tezcatlipoca aus dem 2. Buch des Florentiner Codex (16. Jh.).[102]

toltekisch-aztekischen Himmelskörper Tezcatlipoca[104] spielen (siehe Abb. 8), bis ihnen im Monat Toxatl das Herz entnommen wird: «Zu diesem Fest wählten sie einen jungen Mann von sehr gelehrigem Temperament, den sie während eines ganzen Jahres mit angenehmen Aktivitäten beschäftigt hatten. ... Sie achteten genau darauf, daß es

Abb. 9: Durchführung eines Herzentfernungsopfers im klassischen Veracruzstil. Ballspielplatz von El Tajin, 4. Paneel.[103]

sich um den fähigsten und wohlerzogensten Mann handelte, den man finden konnte, und daß sein Körper ohne jeden Fehl war. ... Sie ließen seine Frauen und die übrige Menge zurück. ... Nur die acht Pagen blieben noch bei ihm, die ihn das ganze Jahr über begleitet hatten. Dann nahmen sie ihn zu einem kleinen und spärlich möblierten Tempel, der ... von jeder Siedlung weit entfernt war. ... Nachdem man die Stufen des Tempels erreicht hatte, kletterte er sie selber hinauf, und auf der ersten Stufe zerbrach er eine der Flöten, auf denen er in der Zeit seines Wohllebens gespielt hatte. Auf der zweiten Stufe zerbrach er eine weitere, auf der dritten wiederum eine und so zerbrach er alle Flöten, während er die Stufen hinaufkletterte. Als er die Spitze erreicht hatte, den höchsten Teil des Tempels, standen dort paarweise die Priester, die ihn töten würden. Sie nahmen ihn, banden seine Hände, hielten seinen Kopf und bogen ihn rücklings über den Block. Der Priester mit dem Steinmesser trieb dieses mit großer Wucht durch seine Brust. Dann zog er es fort, griff mit der Hand in die Öffnung, die das Messer hinterlassen hatte, riß das Herz heraus und wies es umgehend der Sonne entgegen.«[105]

Hören wir hier in der Neuen Welt womöglich von einem Darsteller eines am Firmament hochsteigenden merkurischen Pangottes, dessen Flötenverlust mit einem ikarischen Sturz in die Sonne endet? «Scheiterhaufen» oder «Feuerstelle»[106] lauten keilschriftliche Namen für Merkur.

Assur gegen Tiamat, Xipe-Totec gegen seinesgleichen, «Enki gegen Kur»[107], «Ninurta gegen Asag»[108], «Marduk gegen Tiamat»[109] oder auch «Gilgamesch gegen Huwawa»[110] stellen wohl nur verschiedene Überlieferungen für ein und dasselbe kataklysmische Ereignis dar. Eine kosmische Zerstörungskraft trifft auf einen – oft und sogar von ihr selbst jungfräulich geborenen[111] (vgl. dazu auch Abb. 6) – kosmischen Retter.

In der Vorstellung der Geburt durch eine himmlische Jungfrau steckt selbstredend keine anatomische Ignoranz, sondern die Anthropomorphisierung anorganischer Ereignisse. Es sieht so aus, als hätten die Menschen einen kosmischen Vorgang, bei dem ein kleiner Himmelskörper von einem größeren ohne Nähe eines dritten abgetrennt wurde, als Jungfrauengeburt mythologisiert. Falls in der Christusmythe ebenfalls dieser Vorgang erinnert wird, ehrt es den katholischen Klerus ein Stück weit, wenn er sich unter dem Spott über die biologisch natürlich abwegige «unbefleckte Empfängnis» zwar schmerzvoll duckt, aber nicht nachgibt. Die Priester ahnen womöglich, daß sie mit Christus als himmlischem Kind die nachdrücklichste Gottheit der Antike verteidigen, die selbstredend nicht von einer Frau geboren wurde. Als exemplarische Vertreterin für ein bloß amüsantes, aber die Sache niemals auslotendes Reiben am klerikalen Jungfrauenglauben gilt übrigens die Deutsche Uta Ranke-Heinemann, die vom Protestantismus zum römischen Glauben übergetreten ist.[112]

Wie bei den Christen Maria, die Mutter Gottes, die Madonna, die Schwarze Madonna, die Madonna von Soundso, die Heilige Jungfrau, die *Regina Coelis* etc. immer auf ein und dieselbe Gottheit verweisen, so sind auch für Venus zahllose Äquivalente gefunden worden, die in mehr oder weniger großen Variationen doch auf einen Urtypus verweisen. Oft kehren verschiedene Geschichten über ein und dieselbe Himmelsmacht als Geschichten über verschiedene Himmelsmächte wieder. Zu einer Auswahl vorchristlicher Madonnen gehören etwa:

Aedon, Agdistis, Anat, Aphrodite, Artemis, Astarte, Aschera, Atargatis, Athena, Baalat, Belti, Kybele, Dea Syria, Erion, Esther, Freia, Gorgo, Hannahannas, Hekate, Hera, Inanna, Inaras, Iris, Ischtar, Isis, Judith, Kore, Kubaba, Leto, Maia, Maria, Medusa, Meter, Nike, Orthia, Persephone, Phaedra, Potiphar, Schlange, Tanit, Tarpeia, Tiamat, Upis etc.

Auch der oftmals gerade durch sein Sterben zum Erlöser werdende Partner, Gegner, Bruder, Geliebter, Sohn dieser Gottheit, der von ihr Zerrissene, der Zerstückelte usw. erscheint unter vielen Namen, die wohl auf einen Ursprung zurückweisen: Absalom, Adonis, Apollo, Attis, Baal, Dionysos, Dumuzi, Hadad, Herakles, Hermes, Hypolitus, Itys, Jesus Christus, Jüngling, Kind, Melkart, Merkur, Nabu, Pan, Orpheus, Osiris, Plutos, Tammuz, Thot, Yahwe, Zeus etc. Auch kommt es vor, daß die in einem Mythos männliche Position (etwa der mesopotamische Humbaba) im nächsten eine weibliche (Gorgo, Medusa oder Sphinx) wird. Ebenso wechselt die Vorstellung, wer nun himmlischer Erlöser und wer himmlischer Verderber sei.[113]

Der schwerblessierte Sieger und damit kosmische Erlöser der Welt verhindert Sintfluten und hält die Bahnen der Himmelskörper in Ordnung. Besonders prägnant ist das im akkadischen Schöpfungsmythos *Enuma Elish* zum Kampf zwischen Marduk und Tiamat wiedergegeben (Tafel IV, 97–93, 137–140 u. V, 1–7):

«Tiamat öffnete ihren Mund, um ihn [Bel] hinunterzuschlucken,
sie ließ den Bösen Wind herein, so daß sie ihre Lippen nicht
    schließen konnte.
Die wütenden Winde drückten ihren Leib nieder,
ihr Inneres blähte sich auf, und sie öffnete ihren Mund weit.
Er schoß einen Pfeil ab und durchbohrte ihren Leib,
er riß ihre Eingeweide auf und löschte ihr Leben aus,
er warf ihren Leichnam nieder und stellte sich darauf. ...
Er teilte sie wie einen Stockfisch in zwei Teile:
eine Hälfte davon stellte er hin und breitete sie
    als Himmelsdach aus.
Er breitete die Haut aus und *setzte eine Wache ein*,
das Wasser nicht herauszulassen, wies er sie an. ...
Er schuf den himmlischen Standort für die großen Götter

und errichtete Sternbilder, die Muster der Sterne.
Er bestimmte das Jahr, bezeichnete die Grenzen,
und stellte für die zwölf Monate je drei Sterne hin.
Nachdem er das Jahr eingeteilt hatte,
bestimmte er den himmlischen Standort von Neberu
[Jupiter], um die Sternabstände festzulegen.
Damit keiner sündige oder nachlässig sei,
legte er die himmlischen Standorte von Enlil und Ea
mit ihm fest.»[114]

«*Damit keiner von ihnen [den Himmelskörpern] in die Irre gehe oder von der Bahn abweiche*»[115] wird der vorletzte Vers (Tafel V, 7) in wortgetreuer – statt allegorischer – Übersetzung von einer englischen Gelehrten gefaßt. Irregulär laufende und als Götter aufgefaßte Himmelskörper, die mit ihren katastrophischen Auswirkungen die Menschen auf der Erde bedrohen oder auch verschonen, stehen im Zentrum der großen Kulte. Da wir noch nicht wissen, warum das so ist, fragen wir: Warum spielen menschliche oder auch tierische Schauspieler anorganische Mächte? Welche Ereignisse sind überwältigend genug, damit Kollektive erwachsener Menschen ihre Eindrücke wie kleine Kinder abspielen, um ihre seelische Balance wiederzugewinnen? Warum werden Götterschauspieler in rituellen Zweikämpfen getötet? Was ist ein Gott? Wie findet er zu seiner Tier-, Menschen- oder Mischgestalt? Warum sind Könige auch Priester? Warum gibt es auf einmal fest bestallte Priester? Aus welchem Grunde finden sich Menschen aus den Stammesgesellschaften der Steinzeit am Beginn der Bronzezeit plötzlich bereit, Mitmenschen, die nun Priesterfürsten sind, als Herren über sich anzuerkennen und sie mit Abgaben zu versorgen? Wie also kommt es zur ersten – priesterfeudalistischen – Stufe der menschlichen Hochkultur?

All diese Fragen gelten der historischen und religionshistorischen Fachforschung bisher als nicht gut beantwortbar.[116] Die sozialwissenschaftlichen Überlegungen zur Entstehung der ersten Hochkulturstufe nach der Stammesgesellschaft befinden sich ebenfalls in einer Sackgasse: «Obwohl die Gelehrten über die Anfänge der Zivilisation nachgedacht haben, seitdem es ein Interesse an Geschichte gibt, befindet sich diese Forschung sowohl empirisch wie auch theoretisch immer noch in ihrer Kindheitsphase.»[117]

Als unstrittig gilt, daß in der mesopotamischen Zivilisationswiege Priester und Tempel «für die Entstehung der Städte als Katalysatoren wirkten»[118]. Gleichwohl werden die in der Literatur vorgebrachten Ursachen für das plötzliche Auftauchen dieser Kultorte immer noch als «mannigfaltig und höchst zufällig»[119] eingeschätzt. Immerhin wird der kosmisch-astrale Ursprung der Religion zumindest vage verspürt: «Wir verstehen nicht, wovon die Sumerer und die Semiten ihre Repräsentationen des ‹Göttlichen› abgeleitet haben könnten. Die Keilschrift gibt uns allerdings einen interessanten Hinweis: Das Zeichen, das für die Kennzeichnung einer Gottheit gebraucht wird – das Symbol eines Sterns – ist dasselbe, das auch für ‹in der Höhe›, für das ‹Erhabene›, genauer für den oberen Sektor des ‹Universums›, des ‹Himmels› steht. Insofern wurde die göttliche Welt ganz fundamental als gegenüber allen Dingen hier unten ‹überlegen› vorgestellt, in gewisser Weise als ‹himmlisch›.»[120]

Für den minoisch-mykenischen Kulturraum bzw. die griechische Bronzezeit fällt die Ratlosigkeit kaum geringer aus als für das Zweistromland: «Ein allgemeines archäologisches Modell kultureller Entwicklung fehlt bis heute. Es bleibt schwierig, die wirklichen ‹ersten Beweger› des Wandels [zum Priesterkönigtum] zu identifizieren.»[121]

Ungeachtet aller Ratlosigkeit wird verstanden, daß es gerade die Blutopferkulte mit ihren Priestern und Tempeln sind, die eine Kultur (Neolithikum) in eine Hochkultur (Bronzezeit) verwandeln. Auch die Hindu-Historiker klassifizieren als «Zeitalter des Opfers»[122], was in der westlichen Geschichtsschreibung relativ unbestimmt als Bronzezeit firmiert. Noch dieser technische Terminus ist einem evolutionistischen Denken geschuldet, das an einer technologischen Verfeinerung der Metallurgie Sicherheit über historische Umbrüche gewinnen zu können glaubt.

Ein Blick über Indien hinaus nach China lehrt wiederum, daß ein Schmelzverfahren kaum ausreichen dürfte, um die Schritte der Menschheit nachvollziehbar zu machen. Auch dort zeichnet sich der Hochkulturbeginn neben den Innovationen von «Bronze-Metallurgie, Schrift und Pferdewagen durch das *Menschenopfer*»[123] aus.

In der Neuen Welt sieht es kaum anders aus: «So gut wie nichts ist über die frühesten paläoindianischen Bewohner Mesoamerikas bekannt.»[124] Die rituellen Ballspiele mit ihren anschließenden Tötungen von Spielern beginnen erst nach der Jäger- und Sammlerzeit mit der olmekischen Hochkultur: «Gegen 1200 v. Chr. passierte etwas Ungewöhnliches, nämlich ‹das plötzliche Auftauchen der olmekischen Kultur in voller Blüte› (Coe).»[125] Es sind gerade die entsprechenden Plätze und Sakralarchitekturen, die diese Hochkultur definieren. Die kolossalen Steinköpfe der olmekischen Frühkultur sind denn auch «als monumentale Symbole geköpfter Ballspieler»[126] gedeutet worden.

Noch in der Kupfersteinzeit (Chalkolothikum), die – nach stratigraphischem Befund – der Bronze- bzw. Hochkulturzeit weltweit simultan[127] und direkt vorausgeht, «waren Kulte und Heiligtümer auf den häuslichen Bereich beschränkt. Öffentliche Tempel mit einem Personal von Vollzeitpriestern gehörten noch der Zukunft an.»[128] Auch im abendländischen Raum sind für die Periode vor dem Palastfeudalismus spezielle Anlagen «für rituelle Aktivitäten und besonders für wiederholte Aktivitäten, wie man sie für eine gemeindliche Praxis assoziieren würde, ungemein schwer zu finden»[129]. Aber schon in den ältesten religiösen Überlieferungen des bronzezeitlichen Ägypten, in den sogenannten Pyramidentexten, übernehmen die Empfänger der Kulte und die Rezitatoren der Texte «die Rolle von Göttern»[130]. Der Grund für den weltweit beobachtbaren Bruch mit einer Zeit, deren Religion sich noch im wesentlichen auf Toten- und Jagdtierversöhnungsrituale beschränkt, muß aufgeklärt werden, wenn das Tötungsritual seine Rätselhaftigkeit verlieren soll.

V

Die globalen Katastrophen im «Zeitalter des Opfers» zwischen Stein- und Eisenzeit

«Wir wissen nicht, von wannen der Mythos kommt.
Aber eins ist sicher: im zweiten vorchristlichen Jahrtausend
ist eine astralmythische Welle um die Erde gegangen.»[131]

Für die antiken Historiker war der katastrophische Übergang von der Steinzeit zur Bronzezeit noch vollkommen unstrittig: «Nach Varros Bericht gibt es nämlich drei Zeitalter der Geschichte, das erste reicht vom Beginn der Menschheit bis zum ersten Kataklysmos, und da man über diese Zeit nichts weiß, heißt sie die ‹ungewisse› [modern: Steinzeit]. Das zweite Zeitalter geht vom ersten Kataklysmos bis zur ersten Olympiade [zugleich letzter Kataklysmos], und weil aus dieser Zeit viel Sagenhaftes berichtet wird, nennt man sie ‹mythische› [modern: Bronzezeit]. Das dritte Zeitalter dauert von der ersten Olympiade bis auf unsere Zeit, von dem man als ‹historischem› [modern: Eisenzeit bzw. abendländische Zivilisation] spricht, da die Ereignisse dieser Zeit durch echte historische Überlieferung erfaßt sind.»[132]

Plato berichtet «über eine gewaltige Überschwemmung, die dritte vor der Deukalionischen Verheerung»[133], weist also der Bronzezeit insgesamt vier große Katastrophen zu. Bekanntlich erinnern sich auch die zentralamerikanischen Indianer an «vier Weltalter» bzw. vier «Sonnen» vor der gegenwärtigen Sonne (modern: Eisenzeit).[134] Die Archäologie hat Platos und Varros Aussagen über die kataklysmische Bronzezeit auf verblüffende Weise bestätigen können. So heißt es für den Mittelmeerraum und den Nahen Osten: «Archäologische Forschungen bringen Katastrophen ans Licht, können uns aber nicht sagen, was dazu geführt hatte oder wer beteiligt war.»[135]

Wiederum hätte man bei Boulanger, aber natürlich auch bei Autoren des Mittelalters[136] und vom Beginn der Neuzeit[137], fündig werden können. Allerdings mußte auch der große Franzose bereits die Evidenz gegen ihre zunehmende Leugnung in Schutz nehmen: «‹Was? ihr glaubt die Sündflut?› schreyet[138] heut zu Tage ein gewisser Haufe; und dieser Haufe ist sehr zahlreich. / Das Auge des Naturkundigen hat die unstreitigen Denkmale dieser alten Erdveränderungen entdeckt: ... wenn er in der Erde gegraben, hat er gehäufte Trümmer von Schiffen an unrechten Orten gesehen: er hat ungeheure Mengen von Muscheln und Schaalfischen auf den Gipfeln der jetzt vom Meer entfernten Berge gefunden: er hat in den Tiefen der Erde ungezweifelte Überbleibsel von Fischen getroffen: ... ja er hat in den Tiefen des Erdbodens, den er bewohnet, Knochen und Überbleibsel von Thieren gefunden, die heut zu Tage nur auf der Erdfläche oder im Wasser leben. Diese ... bekannten Dinge zwingen den Physiker, zu erkennen, daß die ganze Oberfläche unserer Erdkugel einen Wandel gelitten, daß sie andere Meere, anderes festes Land, eine andere Geographie gehabt, und daß das feste Erdreich, welches wir jetzt einnehmen, ehedessen Meer gewesen. An der Wahrheit hiervon zweifeln, würde heissen, die Natur Lügen strafen, die selbst an allen Orten Denkmale errichtet hat, welche Zeugnis davon sind. ... Die große Veränderung also, die ein Stück unseres Erdbodens unter Wasser gesetzet, um ein anderes blos und trocken darzustellen, oder was man die allgemeine Sündfluth genennet hat, ist eine Begebenheit, die man nicht leugnen kann, und die man würde glauben müssen, wenn uns auch keine Traditionen davon etwas gesaget hätten. / Genaue Nachforscher der Natur wissen, daß unsere Erdkugel nichts als eine Zusammenhäufung von Ruinen ist, und in allen ihren Theilen die Spuren von einem allgemeinen Umsturz in sich hat.»[139]

Schon im Altertum wurde solche Naturforschung betrieben. Xenophanes berichtet, «daß mitten auf dem Land und auf den Bergen Muscheln gefunden werden; in den Steinbrüchen von Syrakus seien der Abdruck eines Fisches und von Robben gefunden worden, auf Paros der Abdruck eines Lorbeerblattes mitten im Stein, auf Malta flache Formen aller Meerestiere und -pflanzen. ... Alle Menschen würden vernichtet, wenn immer die Erde, abgesunken zum Meer, Schlamm wird; darauf begänne das Entstehen abermals; und das sei der Beginn für alle Weltordnung.»[140]

Verdrängt, ja regelrecht akademisch unterdrückt wurde dieser klare Blick durch die Überzeugung des Evolutionismus, daß die Natur- und Menschheitsgeschichte in kleinsten Schritten und über extrem lange Zeiträume von Anfang an nur durch solche Kräfte sich weiter ausdifferenziere, die wir auch heute kennen. Aufgrund der alleinigen Zulassung der heutigen bzw. aktuellen terrestrischen Erosionskräfte wie Wind, Sonne, Flüsse, Meeresbrandung und Regen sowie gelegentlichen Erdbeben und Vulkanausbrüchen firmiert die darwinistische Lehre auch als *Aktualismus* oder Uniformitarismus.

Im Jahre 1833 hatte der schottische Rechtsanwalt Charles Lyell mit seinen *Principles of Geology*[141] die Erde diesem Gesetz kleinster Kräfte unterworfen und den bis dahin in den Naturwissenschaften dominierenden kosmischen «Katastrophismus»[142] verdrängen können.[143] Der letzte Titan dieses Katastrophismus, der Franzose George Cuvier, hatte im Jahre 1825 seinem *Discours sur les révolutions de la surface du globe, et sur les changements qu'elles ont produits dans le règne animal*[144] die letzte eigene Fassung gegeben. Mit Lyells begeistertem Anhänger Charles Darwin und seinem Buch *On the Origin of Species by Means of Natural Selection* (1859)[145] wurde der aktualistische Glaube an minimale Veränderungen in den Naturwissenschaften weltweit dogmatisiert. Das geschah übrigens durch dasselbe Verlagshaus (John Murray), das 1823 das letzte große englischsprachige Kompendium des kosmischen Katastrophismus – William Bucklands *Reliquiae diluvianae*[146] – verlegt hatte.

Wer nunmehr eine akademische Prüfung bestehen wollte, mußte das neue Credo auswendig hersagen können: «Zurückgewiesen werden alle Theorien, die mit der Annahme plötzlicher und gewaltsamer Katastrophen und Umwälzungen der gesamten Erde operieren.»[147] Die Universalität der Sintflut wurde am Ende nur noch psychoanalytisch betrachtet und aus dem nächtlichen Harndrang der Menschen erklärt, der sie zu Überschwemmungsträumen führe.[148] Die Kosmologien aus der Zeit vor dem 19. Jahrhundert[149] galten jetzt als kindliche Phantastereien. Altertumswissenschaftler behaupteten nunmehr, daß die Opferspiele erst im nachhinein mit – in sich selbst allerdings rätselhaft bleibenden – Flutphantasien in Verbindung gebracht worden seien.[150] Die ersten Namen unter den Religionsforschern wollten bis weit in die siebziger Jahre des 20. Jahrhunderts hinein nicht einmal irdische Überschwemmungskatastrophen sicher in Rechnung stellen. «Möglicherweise» habe es sie gegeben: «Es wäre jedoch unklug, einen so weit verbreiteten Mythos durch Phänomene erklären zu wollen, die keinerlei geologische Spuren hinterlassen haben.»[151] Die bloß seelische Eingebung eines «vorkosmischen Chaos»[152] habe die Mythen von am Himmel kämpfenden Mächten hervorgebracht. Der Kosmos selbst wird dabei seit Äonen als ruhevoll darwinisiert.

Hartnäckige Außenseiter, die auf der sichtbaren archäologischen Evidenz bestanden, hat es immer gegeben. Hier sind – unter vielen anderen – vor allem Ignatius Donnelly mit *Ragnarok*[153] aus dem Jahre 1883, Comyns W. Beaumont mit *The Riddle of the Earth*[154] und *The Mysterious Comet*[155] aus den Jahren 1925 und 1932, Otto Schindewolf mit *Fragen der Abstammungslehre*[156] aus dem Jahre 1947 sowie der Beaumont-Fortsetzer Immanuel Velikovsky mit *Welten im Zusammenstoß*[157] und *Erde im Aufruhr*[158] aus den Jahren 1950 und 1956 zu nennen.[159] Diese Erben Boulangers fanden im akademischen Gehäuse kaum Gehör, wurden wegen ihrer fehlerhaften und auch abwegigen Anteile gleich ganz verworfen und zum Angriffsziel regelrechter Verleumdungskampagnen.[160]

Insbesondere die damals verlachten und auch heute meist für unmöglich gehaltenen Postulate Velikovskys von einer für das Sonnensystem gänzlich untypischen und überdies geologisch hochaktiven Venus haben in der Raumforschung erst in den neunziger Jahren eine gewisse Unterstützung gefunden. Die Venus gilt mittlerweile auch in der herrschenden Lehre als «der ungewöhnlichste Himmelskörper im gesamten Sonnensystem»[161]. So lautet das Ergebnis der Auswertung der Daten, die von der Magellan-Sonde zwischen 1990 und 1994 zur Erde gelangten. Donald Turell – Geophysiker an der *Cornell University* – ist seither vor allem über die ungeheure Hitze innerhalb unseres Nachbarplaneten besorgt. Diese müsse irgendwann und irgendwie heraus: «Nach meiner Ansicht kann sie zu einem neuerlichen Überschwemmen des Äußeren durch das Innere [total resurfacing] führen.»[162] Diesem «neuerlich» sei vor 300 bis 500 Millionen Jahren bereits einmal ein ungeheures Ereignis vorausgegangen, mit dem ein bisher unerklärliches Rätsel der Venus seine Lösung erhalten haben soll.

Dieses Rätsel besteht in ihrem glatten Gesicht, das gerade 900 Einschlagkrater aufweist, während Merkur, Mars und Mond von Myriaden solcher Narben gezeichnet sind. Wegen dieser Differenz wird vermutet, daß die Venus*oberfläche* nur ein Zehntel des Alters der übrigen Planeten aufweise, deren Verkraterungen auf drei bis vier Milliarden Jahre veranschlagt werden. Die Vorstellung, daß die Venus als Ganzes jünger sein könnte als das übrige Sonnensystem, wird von ihrer Oberfläche und Hitze zwar nahegelegt, aber immer noch für zu radikal gehalten. Deshalb haben sich Gerald Schaber und seine Kollegen vom *United States Geological Survey* in Flagstaff/Arizona überlegt, wodurch das Antlitz der Venus, das einmal ebensoviele Einschlagkrater wie die übrigen Planeten aufgewiesen habe, geliftet worden sein könnte. Ein gewaltiger Meteorit sei in unsere himmlische Nachbarin gerast, habe sie durch seine Einschlagenergie zum Überkochen und dadurch zum Aufplatzen gebracht. Das aus der Venus herausexplodierende glühend-flüssige Magma habe ihre gesamte Oberfläche überschwemmt und sie dadurch wieder jugendlich glatt gemacht. Da an sehr vielen der ca. 930 – nichtvulkanischen – Venuskrater aus den letzten 360 Millionen Jahren Magma herausgeschwemmt wurde, zeige sich, daß der Planet immer noch bis knapp unter die Oberfläche flüssig heiß ist. Jeder weitere Einschlag könne diese dünne Haut von neuem aufreißen und stelle deshalb eine Gefährdung des gesamten Himmelskörpers und seiner kosmischen Nachbarn wie Merkur und Erde dar.

Merkwürdigerweise werden für die Erde etwa 200 000 Einschlagkrater mit der Mindestgröße des auf 40 000 Jahre datierten Arizonakraters (1,2 km Durchmesser) für die letzten 400 Millionen Jahre gezählt.[163] Ob dieser um den Faktor 200 höhere kosmische Beschuß der Erde zu einer jüngeren Datierung der Venusexplosion zwingt, bleibt abzuwarten. Die amerikanischen Luftwaffendaten vom *Los Alamos National Laboratory* zeigen, daß die für die Erde «beobachtete Bombardierungszahl ungefähr zwölf Ereignisse [von Körpern mit 2–3 m Durchmesser] pro Jahr aufweist, die im Minimum eine Explosion erzeugen, die einer Nuklearwaffe von einer Kilotonne, also von tausend Tonnen hochexplosivem Sprengstoff entspricht.»[164] Diese Einschläge liegen selbstverständlich weit unter dem Arizonaformat, aber jährlich erreicht einer immerhin einen Durchmesser von 6 bis 7 Meter und die Sprengkraft einer Hiroshimabombe mit 15 000 Tonnen hochexplosivem Sprengstoff. In 400 Millionen Jahren läge man immerhin bei 400 Millionen Hiroshimaeinschlägen – vierhundertmal mehr als die jetzt gezählten Arizonakrater –, so daß sich auch von daher die Frage nach einer Verkürzung des Zeitraumes stellen könnte. Einmal in 15 Jahren wurden Körper von 15 bis 25 Meter Durchmesser und einer Sprengkraft von einer Million Tonnen gezählt. Diese Zahlen stellen Minima dar. In 400 Millionen Jahren können mithin schon bei durchschnittlicher – also nicht wirklich katastrophischer – kosmischer Aktivität etwa 30 Millionen Einschläge im Megatonnenbereich die Erde getroffen haben.

Fach*intern* hat der vorurteilsfreie Blick auf die Natur sich erstmals im Jahre 1972 wieder vorsichtig bemerkbar gemacht, als die noch darwinistisch geprägten amerikanischen Biologen und Geowissenschaftler Niles Eldredge und Stephen Jay Gould einräumten, daß man Darwins *missing links* niemals finden werde, tatsächlich also punktschnelle Entwicklungen für Veränderungen in der Natur zuständig seien, deren Ursachen mit Regen, Wind und Sonne allein unmöglich zu fassen seien.[165]

Erst Ende der siebziger Jahre haben die Arbeiten über die plötzliche Auslöschung der Dinosaurier durch kosmische Katastrophen[166] einen unverstellten Blick auf die Tatsachen noch entschiedener ermutigt. Beflügelt von der Forschung über das Verschwinden dieser Tiergattung,[167] wagten sich jetzt auch etablierte Astrophysiker an das Ernstnehmen der Evidenz. Dabei taten sich vor allen Victor Clube und William Napier hervor, die sich selbst vor einem Außenseiter und astrophysikalischen Laien wie Velikovsky nicht fürchteten und uns noch beschäftigen werden.[168] Am Ende der achtziger Jahre schließlich hat die Quintessenz dieses Umbruchs unter der Formel «Darwin hatte unrecht»[169] die Standardlehrbücher für Biologie und Geologie erobert. Schon 1986 resümierte der amerikanische Geophysiker David Raup auch für die Erd- und Himmelswissenschaftler, daß «Lyells ‹Uniformitätslehre› zugunsten der Katastrophentheorie Cuviers wird abdanken müssen»[170]. Erst ein Jahrzehnt später jedoch ereichte die Auskunft, daß im vordarwinistischen Denken die Tatsachen noch berücksichtigt wurden, die allgemeinbildende Presse. Seitdem wird kühn von einer neuen Lehre berichtet, «nach der die Erde immer wieder verheerenden Umwälzungen ausgesetzt war. Diesem Katastrophismus huldigte auch der französische Zoologe Georges Cuvier (1796 bis 1832), der die Wirbeltier-Paläontologie und die vergleichende Anatomie begründete.»[171] Daß diese Lehre von Außenseitern immer gegenwärtig gehalten und weiterentwickelt wurde, bleibt vorsorglich verschwiegen, so daß auch der Journalismus noch ein gutes Stück Weges vor sich hat.

Wäre es im akademischen Gehäuse nicht von Beginn an um Ideologie,[172] sondern um Wissenschaft gegangen, hätte man den neocuvieristischen Erkenntnisstand auch schon 1947 oder spätestens am 2. September 1961 diskutieren können, als Otto Schindewolf vor der 113. Hauptversammlung der *Deutschen Geologischen Gesellschaft* einräumte: «Die Annahme von Faunenschnitten in der Erdgeschichte wurde neuerdings etwas geringschätzig als Neokatastrophismus bezeichnet und als Rückfall in längst überwundene Gedankengänge CUVIERS und seiner Zeit hingestellt. Eine erneute Überprüfung der Fragen führte zu dem Ergebnis, daß an den Wenden der großen erdgeschichtlichen Ären, in kleinerem Ausmaße auch an den Formations-Grenzen, durchgreifende Umschichtungen in der Zusammensetzung der Tierwelt vorliegen, die durch gehäuftes *gleichzeitiges Aussterben* zahlreicher Stämme und das Hervortreten neuer erzeugt wurden. Dieses *universelle Phänomen* ist als Realität ins Auge zu fassen und erheischt zu seiner Kausaldeutung die Annahme *universell wirksamer Faktoren*. Eine zulässige Deutungsmöglichkeit wird in Einflüssen gesehen, die durch Einbrüche kosmischer Höhenstrahlung ausgeübt wurden.»[173]

Spätestens nach dem Sturz des Levy-Shoemaker-Kometen in den Jupiter und den gewaltigen Explosionen auf diesem Planeten im Sommer 1994 begann der fachwissenschaftliche Neokatastrophismus aus Biologie, Geologie und Astrophysik[174] die Laienöffentlichkeit und die Professorenschaft zu erreichen. Nunmehr stehen Spezialisten und populäre Medien[175] in einem regelrechten Wettlauf um die Neuetablierung eines furchtlosen Blicks auf die Tatsachen. Seine Verdrängung zwischen 1825 (letzte Fassung von Cuviers *Erdumwälzungen*) und 1972 (Eldredge / Goulds «Punctuated Equilibria») hat die Fortsetzung der Aufklärung – außer bei den erwähnten Außenseitern – für eineinhalb Jahrhunderte so gut wie unmöglich gemacht.[176] Innerhalb der Geowissenschaften verläuft die katastrophistische Frontlinie jetzt zwischen Langzeitdatierern und sogenannten Rezentisten,[177] die auch die darwinisierend langen, viele Millionen Jahre umfassenden Zeiträume[178] der Natur- und Menschheitsgeschichte an der Evidenz überprüfen, also die massiven Anzeichen für erdformende Kataklysmen in historischer Zeit[179] bzw. im Bereich von Jahrtausenden anerkennen.[180] Im Minimum gegen 1500 v. u. Z. werden beispielsweise die drei bis 18 Kilometer breiten Krater von Aorounga im nördlichen Tschad datiert, die ein «mit der Erde kollidierender Miniplanet»[181] hervorgerufen hat. Paläoökologen datieren das katastrophische Ende der Bronzezeit in das 7. Jahrhundert v. u. Z.[182]

Ehemals verlachte Querdenkerpositionen vom Schlage eines Donnelly (1883) oder Velikovsky (1950) verlieren gegenüber der herrschenden Lehre den Anstrich des Sensationellen. Dagegen stehen jedoch auch weiterhin die ‹konservativen› Neokatastrophisten,[183] die mit großer Ernsthaftigkeit behaupten, daß aus der Erde ragende Fossilien von Dinosaurierskeletten, die fast keine Erosionsspuren aufweisen und überdies unversteinertes DNA in sich tragen sollen,[184] dennoch 80 bis 120 Millionen Jahre lang von Sandstürmen geschliffen worden seien.[185]

Insgesamt jedoch ist das evolutionistische Leugnen von globalen Katastrophen einem regelrechten Wettrennen[186] gewichen, als erster den nächsten großen Einschlag auf der Erde vorauszusagen.[187] Von 1991 bis zum Zeitpunkt der Niederschrift dieses Textes hat ein Dutzend internationaler Konferenzen von Astronomen und Astrophysikern stattgefunden, die ausschließlich kosmischen Katastrophen und dem Risiko weiterer Einschläge auf der Erde gewidmet waren. Eine jüngere Veröffentlichung trägt die entsprechenden Beiträge von 185 Fachgelehrten zusammen.[188] Wie man früher herzlich oder auch bösartig dafür verlacht wurde,[189] wenn man auf den massiven Befunden für Katastrophen in der Vergangenheit bestand, weil doch von Beginn an alles von Klassenkämpfen verursacht worden sei – der Autor erinnert sich noch lebhaft an entsprechende Ermahnungen in den siebziger und achtziger Jahren durch liebenswürdige Hausfrauen und Professoren oder Journalisten und Studienräte –, so gilt heute als wissenschaftsfremd, wer sich nicht an der Voraussage von Katastrophen durch «Killerkometen»[190] in naher Zukunft beteiligt.[191] Der Hinweis auf jene der Vergangenheit ruft vielerorts schon Gähnen hervor.

Im Januar 1996 hat mit den USA zum erstenmal eine Staatsregierung Luftwaffe und Raumfahrtbehörde (NASA) damit beauftragt, innerhalb von wenigen Jahrzehnten einen Katalog aller Himmelskörper zu erarbeiten, die mit der Erde kollidieren könnten. Bis Mai 1996 hatte man bereits vier bisher unbekannte Asteroiden entdeckt, deren Bahnen die Erdbahn kreuzen und von denen der größte drei Kilometer Durchmesser aufweist, was ihn als «Killerkometen» qualifiziert.[192]

Doch kehren wir zu den antiken Überlieferungen über kosmische Katastrophen in historischer Zeit zurück. In hebräischen Quellen lesen wir von kosmischen Zusammenstößen mit einer Gottheit namens Sisera, die höchstwahrscheinlich nur ein weiteres *alter ego* Ischtars darstellt: «Vom Himmel her kämpften die Sterne, von ihren Bahnen stritten sie wider Sisera.»[193]

Der griechische Philosoph Aristoteles berichtet ähnlich: «Von den Alten und den Vätern aus uralter Zeit ist in mythischer Form den Späteren überliefert, daß die Gestirne Götter sind.»[194] Die heute als Bronzezeit bezeichnete Periode sieht er von regelmäßigen Katastrophen unterteilt, in denen die Zivilisationen zerstört wurden.[195] Sein Vorgänger Plato bezeichnet ebenfalls irreguläre Himmelskörper als Ursache der vier Katastrophen,[196] die er der Bronzezeit anweist: «Viele und mannigfache Vernichtungen der Menschen haben stattgefunden und werden stattfinden, die bedeutendsten durch Feuer und Wasser, andere, geringere, durch tausend andere Zufälle. Das wenigstens, was bei euch erzählt wird, daß einst Phaeton, der Sohn des Helios, der seines Vaters Wagen bestieg [=Bahn kreuzte], die Oberfläche der Erde, weil er die Bahn des Vaters einzuhalten unvermögend war, durch Feuer zerstörte, selbst aber, vom Blitz getroffen, seinen Tod fand, das wird wie ein Märchen berichtet; das Wahre daran beruht auf der Abweichung der am Himmel um die Erde kreisenden Sterne und der nach langen Zeiträumen stattfindenden Vernichtung des auf der Erde Befindlichen durch mächtiges Feuer.»[197]

Selbstredend konnte Plato die Universalität einer Naturkatastrophe nicht beweisen. Internationale Informationssysteme, die eine Globalität von Desastern hätten verifizieren können, existierten schließlich noch nicht. Erst die moderne Flutsagenforschung konnte die weltweite Verbreitung der Überlieferung bestätigen. Schon zu Beginn des 20. Jahrhunderts wurden unabhängige Flutsagen für folgende Gebiete verifiziert: Island, Wales, Litauen, Finnland, Transsilvanien, Savoyen, Persien, Indien, Mongolei, China, Malaysia, Indonesien, Australien, Melanesien, Polynesien, Mikronesien, Südamerika, Mittelamerika, Mexiko, Nordamerika und Afrika.[198] Bereits im Jahre 1891 legte Andree eine erste große Flutsagenstudie vor. Von Babylon bis nach Haiti fanden sich achtundachtzig Texte. Davon wurden vierzig als vollkommen unabhängig voneinander klassifiziert. Lediglich zwanzig ließen sich eindeutig auf Diffusion zurückführen. Der Rest entfiel auf echte Dubletten.[199] Ein Jahrzehnt später stieg die Zahl unabhängiger Flutsagen auf dreiundsiebzig.[200] Bald waren zweihundertachtundsechzig Sagen bekannt.[201] Im Jahre 1936 konnte Bellamy fünfhundert Sagen von insgesamt einhundertfünfundneunzig Völkern und Stämmen dokumentieren.[202] Spezialstudien wurden nun auch für Regionen vorgenommen, die bis dahin als flutsagenarm galten. Dabei fand man in Nordasien[203] zwanzig und in Afrika[204] zwei Dutzend Texte. Die Forschung zeigte überdies, daß die Herleitung überregionaler Flutkatastrophen aus kosmischen Impakten im 18. Jahrhundert noch durchaus gängig war.[205] Neben Boulanger[206] ragten vor allem William Whiston[207] und Giovanni-Rinaldo Carli-Rubbi[208] heraus.

Claude F. Schaeffer wurde im 20. Jahrhundert der Ausnahmearchäologe, dem die Forschung über die Großkatastrophen der Bronzezeit am meisten zu verdanken hat. Die Überlieferungen von «Sintflut» und «Weltbrand» verharmloste und neutralisierte er nicht zu bloßen Emanationen der Seele. Er nahm sie ernst. Schaeffer vermutete bereits Ende der zwanziger Jahre während seiner Ausgrabungen in Ugarit, daß etwas Ungeheures in der Bronzezeit vorgefallen sein muß. Übereinander liegen dort vier Zerstörungsschichten, zwischen denen die Stadtkulturen sich jeweils weitgehend ungestört entwickelten. Ausgeprägte Brandspuren an den Lehmbauten und von der Hitze geborstene Steine und Mauern waren zu gewaltig, um als Folge menschlicher Zerstörung verbucht werden zu können. Kriege der damaligen Zeit lassen sich durch Funde von Pfeilspitzen, Reste von Rüstungen, gezielte und später wieder verschlossene Durchbrüche in Mauern recht gut erkennen. In den besagten Zerstörungsschichten jedoch findet sich nichts davon. Deshalb dachte Schaeffer zuerst an Erdbeben. Sehr schnell jedoch kamen ihm daran Zweifel. 900 Kilometer Luftlinie entfernt, in Troja, fand Carl Blegen Zerstörungsschichten, die zeitgleich mit denen in Ugarit lagen. Kein gewöhnliches Erdbeben kann Städte dem Erdboden gleichmachen, die fast 1000 Kilometer auseinanderliegen. Das mit Alt-Ugarit II gleichzeitige Troja II «verging in einer ungeheuren Feuersbrunst, die nicht ein einziges Gebäude verschonte. Was wirklich geschehen ist, um die Verbrennung der gesamten Siedlung herbeizuführen, ist immer noch ein ungelöstes Rätsel.»[209]

Am St. John's College in Oxford studiert Schaeffer zwischen 1942 und 1944 eine Liste von fast vierzig Ausgrabungsberichten. Er arbeitet als Leutnant des *Freien Frankreich* Charles de Gaulles bei der *BritishAdmirality* in Bletchley an der Entzifferung deutscher Marinecodes. Als Elsässer hatte er gegen Ende des Ersten Weltkrieges noch in der Reichskriegsmarine gedient. In der freien Zeit saß er in der Bibliothek. Das Ergebnis seiner Studien – die berühmte *Stratigraphie Comparée*[210] – erschien im Jahre 1948 als das einzige Buch, das *Oxford University Press* jemals auf französisch verlegt hat.

Die Autoren vieler der herangezogenen Berichte verzeichneten ebenfalls Zerstörungsschichten, die sie lokalen Feindeinwirkungen oder Erdbeben zuschrieben. Sie hatten gut gearbeitet, aber keiner war auf den Gedanken gekommen, seine Zerstörungsbefunde mit denen von Kollegen in Beziehung zu setzen. Schaeffer tat das jetzt. Die längste Luftliniendistanz zwischen zwei simultan zerstörten Städten – Troja und Tepe Hissar – beträgt 2300 Kilometer: «In der Tat gibt es für uns nicht den leisesten Zweifel, daß die Verbrennung von Troja II mit der Katastrophe korrespondiert, die den frühbronzezeitlichen Siedlungen Alaca Hüyük (Schicht III), Alissar (Schicht IA), Tarsus (Schicht III, 12 bis 13 Meter unter der Oberfläche) und [ca. 2300 Kilometer östlich von Troja] Tepe Hissar (Schicht IIB) das Ende gebracht hat. In Syrien verbrannte diese Katastrophe Alt-Ugarit II, die Stadt Byblos ... und die gleichzeitigen Städte in Palästina.»[211]

Schaeffer hatte sich immer wieder gefragt, «was die Natur dieser Ereignisse war, denen die großen Städte vom anatolischen Troja ... bis zum Kaukasus zum Opfer»[212] gefallen waren. Menschliche Einwirkung schloß er aus. Heute verzeichnete Erdbeben kamen ebenfalls nicht in Frage. Vage entschied er sich für seismische Aktivitäten, die «allerdings viel stärker als moderne Erdbeben»[213] ausgefallen waren. So faßte er seine gigantische Arbeit folgendermaßen zusammen: «Unsere Untersuchung hat erbracht, daß die aufeinanderfolgenden Verwerfungen, welche die Epochen des 3. und 2. Jahrtausends einleiteten und beendeten, nicht durch Menschenhand herbeigeführt wurden. Im Gegenteil: Verglichen mit dem Ausmaß dieser allumfassenden Krisen und ihren tiefgreifenden Folgen wirken die Großtaten militärischer Eroberer und die Anschläge politischer Führer geradezu nichtig.»[214]

Für Griechenland sieht der Bronzezeitbefund[215] ganz ähnlich aus: «Diese Jahrhunderte verliefen keineswegs friedlich. In regelmäßigen Abständen ereigneten sich Katastrophen, daher die fünf Schichten, die sich deutlich voneinander abgrenzen.»[216] Auch der Klimaforschung[217] sind die naturgeschichtlichen Umwälzungen an Beginn und Ende des «Zeitalters des Opfers» nicht verborgen geblieben.[218] Veränderungen in Temperatur und Meeresspiegelhöhe werden zwischen Jungsteinzeit und Bronzezeit, also genau an der kritischen Stelle der Opferkultentstehung konstatiert.[219] Ein weiterer Klimabruch wird zu Beginn des Eisengebrauchs, also genau an der Epochenschwelle festgestellt,[220] in der radikale Bewegungen gegen das Blutopfer in Erscheinung treten.

Zwei Jahre nach Schaeffers *Stratigraphie Comparée*, das sein wohl am wenigsten gelesenes Buch geblieben ist, erregte Immanuel Velikovsky mit seinem Buch *Welten im Zusammenstoß*[221] Aufsehen, wonach die Berichte der alten Völker über am Himmel kämpfende

Kometen und Planeten im wesentlichen als naturgeschichtliche Überlieferungen in anthropomorphisierender und bestiomorphisierender Einkleidung zu lesen seien. Die meisten Details seiner astrophysikalischen Rekonstruktionen von Planetenkollisionen mit ihren indirekten, aber massiven Auswirkungen auf die Erde sind mit starken Argumenten angegriffen worden und womöglich in der Hauptsache nicht haltbar. Insbesondere seine Vorstellungen einer Art Planetenbillard sind als abstrus verworfen worden. Ihre heute vorfindlichen Bahnen schlössen Veränderungen über extrem lange Zeiträume von Hunderten von Millionen, wenn nicht gar mehreren Milliarden Jahren absolut aus. Diese herrschende Position ist erst jüngst von dem Physiker Robert Bass angezweifelt worden. Nach der dem Titius-Bode-Gesetz unterliegenden Dynamik würden die Planeten nach gewaltsamen Bahnveränderungen innerhalb allerkürzester Zeit auf ihre jetzigen Bahnen regelrecht zurückspringen, so daß aus dem jetzt beobachteten ‹harmonischen› Verlauf der Bahnen kein Schluß auf ein hohes Alter dieser Bahnen gezogen werden könne.[222] Der Astrophysiker Philip Morrison (*Massachusetts Institute of Technology*) beschreibt diesen Vorgang in der Modellierung für ein Dreikörpersystem im Januar 1997 wie folgt: Die Planeten «vollziehen ihre mehr oder weniger unveränderten Bahnen über lange, lange Zeiträume von... ‹Jahrtausenden›. Dann, in einer einzigen schlechten Saison, verläßt jeder Planet seine angestammte Bahn, bewegt sich nah an den anderen heran, bis beide wieder an ihren Herkunftsort zurückkehren. Etwas später wird die Anziehung unwiderstehlich; die zwei sausen aufeinander zu und fusionieren.»[223]

Miniplaneten, Meteoritenschwärme und Kometen dominieren momentan die Ansichten über die Verursacher der zahllosen Einschläge auf der Erde. Die zerstörerischen Aktivitäten dieser vergleichsweise kleinen Himmelskörper seien in späterer Zeit – nach ihrem Verglühen, Verschwinden etc. – auf die sichtbaren Planeten und Monde des Sonnensystems übertragen worden, um die früheren Überlieferungen auch weiterhin materiell anbinden zu können. Noch ist jedoch nicht gut verstanden, warum solche Umleitungen von Meteoritengeschichten nicht nur hier und dort, sondern weltweit immer wieder auf ganz bestimmte Planeten – vor allem Venus und Merkur – erfolgt sein sollen.

Die Geburtsstunde des professionellen Neokatastrophismus für die historische, also mit Schrift versehene Zeit erfolgte im Jahre 1982 durch die britischen Astrophysiker Victor Clube und William Napier (beide damals am *Royal Observatory Edinburgh*) mit ihrem Buch *The Cosmic Serpent: A Catastrophist View of Earth History.*[224] Sie suchten darin – wie sie später formulierten – nach «einem astronomisch abgesicherten Rahmen für die alten Sagen über kosmische Katastrophen»[225], d. h. nach einer wissenschaftlich plausibleren Lösung für Velikovskys Himmelskollisionen: «Kurzlebige Kometen haben eine charakteristische Lebensdauer zwischen einigen hundert und wenigen tausend Jahren. Sie brechen nicht nur auseinander, sondern werden auch durch planetarische Kollisionen abgetrieben. Zur Zeit gibt es etwa einhundert Mal zu viele kurzperiodige Kometen im Verhältnis zu der Menge langperiodiger Kometen, die von Jupiter eingefangen und dann in den beobachtbaren Stamm der Apollo-Asteroiden abgegeben werden. Diese aktuelle Überschußmenge stammt wahrscheinlich aus der Geburt neuer kurzperiodiger Kometen, die vor einigen Jahrtausenden geformt wurden. Sie stammen aus einem einzigen großen Kometen, der beim Einfangen durch oder beim perihelischen Vorbeiflug an Jupiter fragmentiert wurde. Etliche Mythen der Menschheit sind als allegorische Beschreibungen des Auseinanderbrechens eines großen Kometen zu lesen, der die Erdbahn schnitt. Etliche Fragmente schlugen im 3. und 2. Jahrtausend v. Chr. auf der Erde ein. Eine Reihe biblischer Episoden, vor allem die Exodusereignisse und die Sintflut beschreiben die Folgen eines größeren Einschlags.»[226]

Im Jahre 1993 schloß sich der britische Astronom Sir Fred Hoyle seinen beiden Kollegen mit eigenen, alles in allem jedoch vageren kosmischen Katastrophenszenarien für die Religionsentstehung an.[227] Nun kann es in dieser Arbeit nicht darum gehen, den Streit um das astrophysikalische Wie der historischen Kataklysmen zu entscheiden. Die fachinterne Debatte verläuft in einer solchen Hektik und mit so schnellen Positionswechseln, daß ein plausibles und konsensfähiges Bild noch auf sich warten lassen wird. Gleichwohl darf der Stoff aus den Mythen nicht zugunsten einer bestimmten astrophysikalischen Position verbogen oder gar verleugnet werden. Wenn die Mythen immer wieder von der Venus sprechen, so muß die hier anzustellende Analyse diesem Umstand Rechnung tragen. Sie braucht sich jedoch nicht darauf zu versteifen, ob die alten Völker mit Merkur und Venus die heutigen Planeten derselben Namen oder nur damals aktive und dann gänzlich verschwundene Himmelskörper gemeint haben.

Selbst eine vermittelnde Position scheint nicht ausgeschlossen. Wenn die Forschungen der NASA-Sonde *Magellan* eine kosmische Direktkollision der Venus nahelegen, so kann diese vor allem deshalb nicht einfach mit den mythischen Berichten identifiziert werden, weil die Venusexplosion momentan zwischen Silur und Devon, also gegen 360 Millionen Jahre alt datiert wird. Als die drei Einschlagkrater von Aorounga (Tschad) aus dem Weltraum identifiziert wurden, hat man sie ebenfalls zwischen Silur und Devon, also gegen 360 Millionen Jahre alt datiert.[228] Die französischen Fachgeologen, die nicht aus dem Weltraum, sondern vor Ort datierten, haben den Einschlag des Miniplaneten dann allerdings ins Holozän und dabei auf ein Minimaldatum von 1500 v. u. Z. gelegt.[229] Selbst zu ihrem Maximaldatum von 8000 v. u. Z. läßt die herrschende Lehre schon Menschen auf der Erde leben und gerade die neolithische Revolution beginnen. Mythenbildung zu diesen Zeitpunkten wird nun von niemandem mehr ausgeschlossen.[230] Ob allerdings ein mit der Erde kollidierender Miniplanet aus der Venusexplosion stammte, kann hier selbstredend nicht entschieden werden. Aber die Vermittlung eines Eindrucks über die Beweglichkeit der Debatte ist durchaus erwünscht. Schauen wir nun, wie die Menschheit mit den himmlischen Einschlägen auf der Erde fertig geworden ist.

VI

Tempel und Opferplätze auf Katastrophenschichten

«Die verschiedenen Cosmogonien, die ich gefraget habe, behaupten einstimmig, der Erdboden sey durch Feuer und durch Wasser zerstöret. Es scheinet, daß die Verschiedenheiten der Traditionen blos von der Verschiedenheit der Länder, welche die Völker bewohneten, hergerühret ist. / Wir haben noch weiter angemerkt, daß diese alten Feste [Rituale] mit einer Theologie in einer allegorischen Sprache verknüpfet sind, die wir die Mythologie nennen. In derselben sind die Unglücksfälle des Erdbodens gemeiniglich durch Symbole und Bilder vorgestellet, in welchen man nur glückliche und unglückliche Vorfälle der Götter, ihre Kriege, Treffen, Siege, und gutes und böses siehet, das sie den Menschen erwiesen haben.»[231]

Wenn das Königtum der Opferpriester auf die mesopotamische Erde gekommen ist, nachdem die Flut über sie hinweggegangen war,[232] sollte diese Spur auch archäologisch verfolgt werden können. Überdies sollte der Zusammenhang zwischen Katastrophe und Opferentstehung, wenn er denn nachweisbar ist, durch weitere Quellen belegbar sein. Die sogenannte Flutgeschichte in akkadischer Keilschrift, die erstmals im Jahre 1914 publiziert wurde, kann als Beleg für diesen Zusammenhang herangezogen werden:

«Meine Menschheit, in ihrer *Zerstörung*, will ich ...,
Nintu will ich zurückgeben die ... meiner Geschöpfe,
Ich will die Menschen zurückbringen zu ihren Wohnplätzen.
Aus diesen Städten werden sie ihre *[Kult-]Orte der göttlichen Gesetze bauen.* /
Nachdem das ... Königtum vom Himmel herabgelassen worden war,
Nachdem die erhabene Tiara und der Thron des Königtums vom Himmel herabgelassen worden war,

   machte er die Kulte vollkommen und die erhabenen
     göttlichen Gesetze ...,
   er gründete die fünf Städte an ... reinen Orten,
   gab ihnen ihre Namen und teilte sie als *Kultzentren* zu.»[233]

Die «Zerstörung» durch «Flut», auf die überlebende Menschen mit Kultplätzen und ersten Opfertempeln reagieren, war nicht die einzige Katastrophe der Bronzezeit. Mehrfach wurde Mesopotamien heimgesucht. Nach einer weiteren solchen Katastrophe etwa verlegte man «das Priesterkönigtum nach Kisch»[234]. Als diese Stadt in den Jahren 1922 bis 1933 ausgegraben wurde, entdeckte das anglo-amerikanische Archäologenteam eine Überflutungsschicht. Auf dieser fanden sie die Überreste der sogenannten frühdynastischen Periode I, also der ersten nachsteinzeitlichen bzw. bronzezeitlichen Phase mit königlichen Opferpriestern, die archäologisch den Beginn der menschlichen Hochkultur definiert.[235] Seitdem haben etliche Ausgrabungen «gezeigt, daß die altsumerische bzw. frühdynastische Zivilisation des frühen dritten Jahrtausends in verschiedenen wichtigen Städten auf ansehnliche Flutschichten folgt – unter anderem in Shurrupak, Kisch und Uruk. ... Diese Schichten beenden die letzte prähistorische [kupfersteinzeitliche] Periode.»[236]

Die erste Untersuchung des von Woolley freigelegten Materials, das die jungsteinzeitlichen Siedlungen erstickt hatte, wird von Watelin, einem Ausgräber von Kisch, an den Flutsedimenten von Ur vorgenommen: «Süßwasser-Silt, der lediglich die Elemente enthält, die man vom Euphratwasser erwarten muß»[237], lautet das Ergebnis. Allerdings alarmiert die «Abwesenheit der Gehäuse von Süßwasserweichtieren wie auch das Fehlen von Meeresorganismen und die Anwesenheit lediglich eines einzigen Festlandweichtieres»[238].

Die Sterilität der Flutschicht wirkt so unbegreiflich, weil eine Überschwemmung, die 370 Zentimeter Silt hinterläßt, umfassend gewesen sein und viele Lebewesen mit sich gerissen haben mußte. Noch beunruhigender wird der geologische Befund aufgenommen, daß die Wasser des Schatt-el-Arab, um den die überfluteten Siedlungen gelagert sind, praktisch keinerlei Silt enthalten.[239] Daraufhin muß die Theorie eines ungewöhnlich starken, aber ansonsten doch ganz natürlichen Hochwassers als Grund für die Siltschichten aufgegeben werden. Selbst wenn Silt vorhanden wäre, müßte doch die hohe Fließgeschwindigkeit des reißenden Flusses «die Ablagerung von Silt gerade verhindern»[240]. «Die enorme Dicke der Ablagerungen in Ur, mehr als 3 m, und in Schurrupak, wahrscheinlich 60 cm, ist signifikant, da für ihre Bildung sehr lang andauernde lagunenartige Bedingungen erforderlich wären.»[241] Warum hier dann keine Weichtiere auftauchen, kann nicht verstanden werden.

Angesichts dieser Sachlage mußte die Überschwemmungstheorie aufgegeben werden. Statt dessen wurde eine Theorie der Siltablagerung durch Wind ins Auge gefaßt. Dagegen spricht jedoch, daß der Silt sich «vom gegenwärtigen Wüstensand»[242] unterscheidet, aus dem er herangeweht sein soll. Außerdem verstört «die vollkommene Abwesenheit etwas größerer runder Partikel, die gewöhnlich in Windablagerungen vorkommen»[243].

Damit war die Sintflutforschung zum Stillstand gekommen. Die Wissenschaftler begannen von vorne. Sie spekulierten nun mit einem «Einfangen des [Ablagerungen liefernden] Wassers durch die Operation eines bisher nicht identifizierbaren Phänomens»[244]. Auch ein Herunterpressen Mesopotamiens «von zehn bis hundert Meter in vertikaler Richtung» unter den Meeresspiegel, dem «eine Erhebung folgt»[245], liefert ein Szenario für die Ablagerungen. Solch eine gewaltige geologische Katastrophe könnte die Dicke der Ablagerungen erklären. Dann müßten in ihr aber Meeresorganismen nachweisbar sein, was ja gerade nicht der Fall ist. Deshalb wurde die These als «nur eine von vielen Erklärungsmöglichkeiten»[246] mit sehr viel Vorsicht vertreten. Von der angeblichen Vielzahl möglicher Erklärungen ist aber keine mehr mitgeteilt worden. Das Pendel der Siltforschung könnte in die zwanziger und dreißiger Jahre zurückschwingen, als der kosmische Ursprung dieser Erde unter Geologen[247] und Astronomen[248] sehr wohl für möglich gehalten wurde. Aus einem Kometen vom Typus «schmutziger Schneeball» darf man sich schließlich massive und einigermaßen sterile Ablagerungen versprechen.

Ein meist weiblich aufgefaßter Himmelskörper namens Inanna, Ischtar, Nintu etc., der als Himmelskönigin oftmals von der großen Himmelsschlange nicht zu unterscheiden ist und zugleich «mit

Abb. 10: Assyrische Darstellung der Inanna / Ischtar in Kriegerinnenpose mit Sichelschwert beim Besteigen des Löwen.[250]

Venus, Abend- und Morgenstern»[249] gleichgesetzt wurde, erscheint in den frühen Mythen als Mit- oder auch Hauptschuldige für das Sintflutdesaster, dem die technologisch bemerkenswerte Kultur der Jungsteinzeit mit ersten Siegeln und Kupfermetallurgie zum Opfer fällt.

Im Epos «Atra-Hasis» heißt es: «Wie konnte ich in der Versammlung der Götter totale Vernichtung befehlen, weinte sie, nachdem die Macht der Flut [wie eine Schlachtordnung] über die Menschen gekommen war.»[251] Im ägyptischen Mythos erschien die Göttin als Hathor «und erschlug die Menschheit in der Wüste» oder auch als löwenleibige Sachmet «und stampfte in der Finsternis ihr Blut wie Maische»[252].

Noch im V. Buch der *Sibyllinischen Orakel*[253] wird die Prominenz von Venus-Morgenstern im Finale des Götterkampfes herausgestellt (Verse 512–516):

«Einer glänzenden ‹Sonne› Drohung unter den Sternen sah ich
und eines ‹Mondes› schrecklichen Zorn in Blitzen.
Die Sterne waren kampfgebärend. Gott ließ sie kämpfen.
An Stelle der ‹Sonne› lange Flammen fuhren durcheinander.
Der Morgenstern lenkte die Schlacht, indem er den Rücken des
    Löwen bestieg.»[254]

Franz Xaver Kugler, zu seiner Zeit und wohl auch danach der erste Name in keilschriftlicher Astronomie und babylonischer Himmelskunde, befand im Jahre 1927 über die *Sibylle*: «Das ‹wahnsinnige Finale› enthüllte sich als eine hübsche Einkleidung wirklicher Naturereignisse nach einem vollkommenen einheitlichen Plan. ... Zwei gewaltige Meteore von scheinbarer Größe und Gestalt der Sonne und des Mondes zeigen sich drohend am Himmel mit ihren charakteristischen Begleiterscheinungen. Darüber gerät die Sternenwelt in Aufruhr, und es beginnt der eigentliche Sternkampf. Der Morgenstern (Venus), auf der Rückseite des Löwen stehend, leitet ihn ein. ... Die Gestirne, die beim Beginn des Kampfes den dämmernden Morgenhimmel beherrschten, fahren schließlich in den Okeanos hinab und setzen dabei die Erde in Brand.»[255] Mehr als ein halbes Jahrhundert verging, bis innerhalb der Altertumswissenschaft eine Annäherung an diese Sicht erfolgte.[256]

Kaum eine Gottheit des altorientalischen Götterhimmels war prominenter und zugleich furchtbarer als Ischtar. Im Gilgamesch-Epos (Tafel XI, 103–130) wird sie besonders hervorgehoben:

«Die Annunaki hoben die Fackeln,
um mit deren Schreckensglanz das Land in Brand zu setzen.
Adads Totenstille überzieht den Himmel,
alles Helle wurde in Finsternis verwandelt.
Das [weite] Land zerbrach wie ein Topf,
einen ganzen Tag lang [toste] der Südsturm,

eiligst wehte er und [...].
Wie ein Kampf kamen über [die Menschen die Wasser]:
der eine kann den anderen nicht sehen,
nicht sind erkennbar die Menschen im Regen.
Die Götter selbst fürchteten die Sintflut,
sie wichen zurück und stiegen hinauf in den Himmel des Anu.
Die Götter sind wie Hunde, die draußen lagern, zusammengekauert.
Ischtar schreit wie eine Gebärende,
es brüllt die Götterherrin, die schönstimmige:
Die einstige Zeit ist fürwahr zu Lehm geworden,
weil ich in der Versammlung der Götter Böses befahl.
Wie konnte ich in der Versammlung der Götter Böses befehlen!
Ich selbst gebäre meine Menschen,
dann füllen sie wie Fischbrut das Meer.
Die Annunaki-Götter weinen mit ihr, /
sechs Tage und sieben Nächte
ging der Wind, die Sintflut, der Südsturm (und) wirft das
    Land nieder.
Als der siebente Tag herankam, ließ der Südsturm, die Sinflut ab von
    der Schlacht.
Das Meer, das um sich geschlagen hatte wie eine Kreißende,
wurde ruhig, still wurde der Sturm, die Sintflut hörte auf.»[257]

Eine Hymne auf Ischtar möge hier genügen, um ihre kataklysmische Ausnahmerolle für den Alten Orient zu unterstreichen:
«Stolze Königin der Erdgötter, Höchste unter den
    Himmelsgöttern
Laut donnernder Sturm, der seine Wasser über alle Länder und
    Völker ergießt.
Du läßt die Himmel erzittern und die Erde beben. /
Du strahlst wie ein Blitz über die Hochländer; deine Fackeln
    schleuderst du auf die Erde.
Deine betäubenden Kommandos, die wie der Südwind heulen,
    reißen hohe Berge auf.
Du zertrampelst die Ungehorsamen wie ein wilder Stier; Himmel
    und Erde erzittern. /

Dein fürchterliches Brüllen vom Himmel herab verzehrt seine
Opfer. /
Heilige Inanna, die Flußufer werden überschwemmt von den
Flutwellen deines Herzens.»[258]

In Uruk zum Beispiel sind die frühesten «Inanna-Symbole in Form von Tierfigürchen»[259] direkt über einer Zerstörungsschicht im Eanna-Komplex ausgegraben worden und verweisen darauf, wie intensiv die Überlebenden sich mit ihr beschäftigt haben. Schauen wir nun (siehe Auflistung Seite 71) auf einen Überblick zu den archäologisch faßbaren Katastrophen der Bronzezeit, um uns dann der Frage zuzuwenden, wie die Menschen mit den Kataklysmen fertig wurden bzw. warum sie Opferkulte, Tempel und Priester hervorbrachten.

Nach der Bronzezeit sind Katastrophen globalen Ausmaßes auf der Erde nicht mehr überzeugend nachzuweisen. Das Ende der Bronzezeit mit seinem dramatischen Klimaumschwung durch «einen plötzlichen und scharfen Anstieg von Kohlenstoff 14 in der Atmosphäre»[264] wird in einem der am genauesten untersuchten Territorien – den Niederlanden – auf 2650 Jahre vor heute, also in das 7. Jahrhundert v. u. Z. datiert.

Gemäß der erhaltenen zeitgenössischen Berichte wurde erst im Jahre 1178 u. Z. wieder ein kataklysmisches Großereignis von der Erde aus beobachtet, als ein Asteroid in den Mond einschlug und dadurch möglicherweise den Krater Giordano Bruno erzeugte.[265] Im frühen 14. Jahrhundert, das nach der sogenannten kleinen Eiszeit (ab 1301/03) dem Schwarzen Tod (1348–52) anheimfiel, berichteten die Zeitgenossen in auffallender Massivität von schrecklichen Himmelszeichen. Mehr als das Eintauchen der Erde in den Staubschweif eines Kometen dürfte aber kaum vorgefallen sein. Gleichwohl haben renommierte Astronomen aus chemischen Stoffen in diesem Staub die Anfälligkeit für die Pestepidemie zu erklären versucht.[266]

Der jüngste ernsthafte kosmische Schlag, dem die Erde ausgesetzt war, erfolgte im Jahre 1908 über dem sibirischen Tunguskafluß. Eine rätselhafte «Explosionsdruckwelle» der Stärke von zwanzig Wasserstoffbomben, die von einem über Westchina in die Atmosphäre eingedrungenen Boliden hervorgerufen wurde, der 2000 Kilometer

> Der *Mythos vom sterbenden Erlösergott*, der *Jungfrauengeburt* und der *Madonna mit dem Kind*[261] beginnt seine Popularität in der sogenannten spätsumerischen Kultur[262]
>
> *Letzte Zerstörungsschicht* mit Einsturz des Zikkurat-Turmes von Kisch («red stratum») und Untergang des altakkadischen Imperiums
>
> *Bronzezeit / Frühdynastisch IIIb und Altakkader* mit Eisenmessern[263] (Chagar Bazar, Tell Asmar)
>
> *Flut- bzw. Zerstörungsschicht* nachgewiesen in Ur und Kisch; sterile Ablagerung unter Kalksteintempel in Uruk
>
> *Bronzezeit / Frühdynastisch II / IIIa* mit Beginn archaischer Keilschrift
>
> *Flut- bzw. Zerstörungsschicht* nachgewiesen in Ur und Kisch
>
> *Bronzezeit / Frühdynastisch I* mit Fortsetzung von Priesterkönigtum und piktographischer Schrift
>
> *Flut- bzw. Zerstörungsschicht* nachgewiesen in Ur, Schurrupak (Fara) und Kisch
>
> *Bronzezeit / Urukperiode* mit Beginn der Tempelterrassen und des Priesterkönigtums, piktographischer Schrift und Ischtar-Symbolen
>
> *Flut- bzw. Zerstörungsschicht* nachgewiesen in Ur, Kharabeh Shattani und (wahrscheinlich) Kisch
>
> *Chalkolithikum / Ubaid* (letzte Steinzeitschicht, in der Siegel verwendet werden, Schrift und Priesterkönigtum jedoch noch fehlen)

Archäologisch nachgewiesene Katastrophenspuren im bronzezeitlichen Altmesopotamien.[260] (Die dargestellte Periode wird nach herrschender – vom Autor jedoch nicht durchweg geteilter – Lehre zwischen das späte 4. und das späte 3. Jahrtausend datiert; vgl. zur Vermeidung einer an dieser Stelle irrelevanten Chronologiedebatte die Anmerkungen 81 und 128.)

weiter nordöstlich niederging, hatte viele hundert Quadratkilometer Wald flachgelegt.[267] Ein «Zeitgenosse, der im Industriestädtchen Wanawara 60 km südlich vom Einschlag auf seiner Veranda saß, wurde ‹mehrere Meter weit geschleudert, fühlte einen Hitzestoß und wurde ohnmächtig›».[268]

Seit Beginn der neunziger Jahre wird das Sonnensystem systematisch nach Asteroiden, bzw. nach «Weltuntergangskometen»[269], abgesucht, die auf der Erde einschlagen könnten. Solche Körper mit einem Durchmesser von etwa einem bis zwei Kilometer werden für extrem selten gehalten; ein Erdeinschlag wird vorerst alle 100 000 Jahre erwartet. In den Jahren 1991 und 1992 haben Asteroiden die Erde jeweils in einer Entfernung von mehr als 170 000 Kilometer passiert, was allerdings bereits als «ziemlich scharfe Rasur»[270] gilt. Auch ohne Katastrophen wird geschätzt, daß jährlich bis zu 200 000 Tonnen kosmischen Materials auf die Erde stürzen.[271]

Seit dem Einschlag von Levy-Shoemaker in den Jupiter im Juli 1994 ist die Aufmerksamkeit noch größer geworden. Da dieser Komet nur 500 bis 700 Meter Durchmesser hatte, gleichwohl aber «gigantische Feuerbälle und ungeheure Staubmengen nach sich zog, die zum Teil bis heute [Oktober 1995] in Jupiters Atmosphäre sichtbar sind»[272], ist die Gefährdungsplanung mittlerweile weiter ausgebaut worden. Die gesteigerte Aufmerksamkeit rührt daher, daß Körper mit bis zu 500 Meter Durchmesser zehnmal so häufig vorkommen wie Brocken mit über einem Kilometer Durchmesser. Etwas kleinere Körper könnten alle 50 bis 100 Jahre einschlagen.[273] Deshalb sollen jetzt über die Erde verteilt vier lichtstarke Observatorien ausschließlich solche Einschlagkandidaten suchen.[274]

Zum Hale-Bopp-Kometen hat *Science* (28. 3. 1997, Bd. 275, Nr. 5308) sieben Artikel publiziert und mit der *New York Times* (1. 4. 1997, «Gifts of the Comet», W. Y. Broad) die Aufklärung der Öffentlichkeit über ein neues Bild der Erde arrangiert. Nicht mehr eine sich von innen nach außen und dann mirakulös wieder nach innen stülpende Erde habe aus sich selbst heraus für die Bildung geologischer Formationen sowie die Erschaffung und Mutation von Lebensformen gesorgt. Das hätten von Kometen getragene Elemente wie Wasser, Methanol, Kohlenmonoxid, Formaldehyd, Wasserstoffzyanid und -sulfid sowie Silikate sowie Meersalz geleistet. Die Bioastronomie trete an die Stelle von Biologie und Geologie. Außenseiter wie Keilhack, Penniston oder Zynman (siehe Anm. 247, 248 u. 179) wurden über Nacht zu Ahnvätern einer ideologiefreien Forschung befördert.

VII

Das Opfer als spieltherapeutische Kollektiv-«Heilung» für die kosmisch «umdüsterten» Gemeinwesen

«Welches aber ist dieses eine ‹geistige Element mehr› [Johan Huizinga], das bei den *kultischen* Handlungen im Spiele ist und das sich ‹nur sehr schwer genau beschreiben läßt› [Huizinga[275]]? Nach Huizinga ist es eine mystische Verwirklichung, aber er führt nichts Näheres darüber aus, und wir bleiben in bezug auf diese für die Kulturwissenschaft eigentlich entscheidende Frage ohne eine befriedigende Antwort. / Seinen heiligen Charakter erhält das Kultspiel aber gerade dadurch, daß es Erinnerung an einen elementaren Vorgang in der Urzeit und eine Wiedererweckung jener Ergriffenheit ist. In jener schöpferischen Urzeit aber ... muß sich dem Menschen die wirkliche Welt selbst oder ein Teil von ihr offenbart haben, dessen Wesen es in heiligen Handlungen darstellte, und nicht eine von Menschen bereits gestaltete Ordnung. / Wir müßten den Aspekt der Wirklichkeit begreifen, von dem die Naturvölker ergriffen waren, als sie das Töten zum Gegenstand ihrer so wichtig genommenen kulturellen Gestaltungen machten.»[276]

Schon Boulanger stellt die Frage, was in den Menschen vorgegangen sein mag, die den kosmischen Katastrophen entkamen. Da die modernen Religionsforscher diese Kataklysmen schlicht übergingen, mußten ihnen auch die bizarren Formen antiker Religion dunkel bleiben: «Sinnlos von ihrem Unglück erwarteten sie nur ihren Untergang, und es fehlte ihnen an Kräften, ihr ganzes Leiden zu fühlen. Dies sind die Züge, unter welchen uns Ovidus und Seneca das physische und moralische Bild der Sündfluth zeichnen: sie stellen uns die Menschen auf den Gipfeln der Berge versammelt, schüchtern, erstaunt, außer sich und von allem Unglück sinnlos vor.»[277]

Im Jahre 1931, über 160 Jahre nach Boulangers Buch, wird das keilschriftliche Epos über den König und Hirten Etana veröffentlicht. Er war einer der frühesten Herren von Kisch, das zu den ersten fünf Kultplätzen Mesopotamiens nach der Flut gehört. Die Einleitung bildet eine – gewiß priesterliche – Erklärung für die Entstehung des Priesterkönigtums. In ihr ist zwar nicht von «verschüchterten», aber doch von «umdüsterten» oder umwölkten, d. h. verwirrten oder konfusen Menschen die Rede, denen dann Hilfe, ja Heilung zuteil wird – und zwar durch das neuartige Mittel des Priesterkönigtums und seiner Veranstaltungen:

«Die großen Annunaki, die das Schicksal bestimmen,
setzten sich zusammen, um Rat zu halten über das Land.
Sie schufen die vier Gegenden der Welt und legten ihre Form fest.
Die Igigi waren zu erhaben für die Menschheit,
eine festgesetzte Zeit für die Menschheit bestimmten sie.
Für all die *umdüsterten*[278] Menschen hatten sie noch keinen
[Priester-]König erhoben.
Zu jener Zeit war weder eine Tiara noch eine Krone aufgesetzt.
Und kein Szepter war eingelegt mit Lapislazuli.
Die Heiligtümer waren noch nicht errichtet.
Die sieben Igigi hatten die Tore gegen die Siedler verriegelt.
Szepter, Tiarakrone und Krummstab
waren niedergelegt vor Anu im Himmel.
Da es für die Menschen *Rat und Hilfe nicht gab*,
kam das Königtum vom Himmel herab.»[279]

Über wohl keinen Text ist religions- und sozialtheoretisch ernsthafter nachgedacht worden als über das Etana-Epos. Was für ein Glücksfall! Der erste Schritt des Menschengeschlechtes in die urbane Hochkultur findet sich hier in uralte und einfache Worte gefaßt. Und doch fällt ihr Verständnis so schwer. Was soll man sich vorstellen unter «umdüsterten Menschen», die ohne «Rat und Hilfe», ja ohne «Heilung» («counseling») dastehen? Kein Geringerer als Henri Frankfort verzweifelt an dieser Frage: «Die Menschen waren verirrt, bewegten sich richtungslos wie in einem Nebel, *weil* es keinen König gab.»[280] Aber so steht es nicht im Etana-Mythos. Genau umgekehrt argumentiert der Text. Nicht «weil es keinen König gab», sind die Menschen verirrt, sondern *weil* die Menschen umdüstert und verwirrt sind, gibt es für ihre Hilfe dann das Priesterkönigtum.

Die Epen heben ausdrücklich hervor, daß *vor* dem Priesterkönigtum die «Menschheit in ihrer *Zerstörung*»[281] jammerte, «die Sintflut über sie hinweggefahren war»[282]. In der Tat ist es «eine Macht nicht von dieser Welt»[283], wie Frankforts Kollege Thorkild Jacobsen hätte sagen können, von der die Menschen in Umdüsterung versetzt worden waren. Für ihre Überwindung entsteht das Priesterkönigtum als eine Macht von dieser Welt.

Die Altorientalisten bezahlen für ihre evolutionistische Erziehung mit Verwirrung. Sie nehmen die Texte nicht ernst, sie deuten sie um. Schon Boulanger kritisiert diesen Denkertypus: «Ich weiß auch, daß der größte Theil der Schriftsteller diese Traditionen fahren gelassen, und auf einem anderen Wege zu dem Ursprung der Societäten zu gelangen versuchet habe. Der Philosoph, der Metaphysiker, der Rechtsgelehrte hat geglaubt, daß wo die Geschichte schweiget, man die Vernunft befragen müsse, und daß durch eine genaue Betrachtung des Charakters und der Natur des Menschen seine ersten Schritte ausgemacht werden könnten. Haben diese keine wahre Geschichte geliefert: haben einige derselben auch unsinnige und offenbar falsche Dinge gesagt; so hat man doch von vielen wahrscheinliche und mögliche Berichte gesehen.»[284]

«Die Geschichte schweiget» nicht einmal mehr, aber der neuzeitliche – mit Quellen reich beschenkte – Verstand hat vor strengen Prüfern zu bestehen, die der evolutionistischen Theorie Recht über die Tatsachen zu verschaffen wissen. Gegen alle Worte des Mythos beharren seine Erforscher deshalb ausdrücklich darauf, daß sie bei seiner Deutung lediglich «das Gewitter und das jährliche Hochwasser»[285] als Naturkräfte akzeptieren, die Sintfluten, Finsternisse und Weltenbrände nun einmal nicht verursachen können.

Die «Umwölkung» der Menschen kann nicht verbunden werden mit der «Schwarzen Wolke»[286] aus dem mesopotamischen Flutbericht oder gar der «Götterdämmerung» aus den nordischen Sagen. An eine durch gewaltige Staubmengen abgedunkelte Sonne, die mittlerweile zum Standardrepertoire des Katastrophismus gehört,[287] wird nicht einmal gedacht. Deshalb werden die Texte eben umgedeutet. Gewitter und von der Schneeschmelze anschwellende Flüsse gibt es jedoch auch vor der Bronzezeit, ohne daß die entsprechenden Mythen und Opferkulte geschaffen werden. Deshalb sind die historischen Besonderheiten dieser Periode nicht aus immer schon anzutreffenden Wetterverhältnissen erklärbar.

So weltweit wie die Flutberichte, so global sind auch die Aussagen darüber, daß anschließend außergewöhnliche Männer, heroische Figuren bzw. erste Priesterkönige das Opfer etablieren. In Chaldäa ist das Ziusudra[288], bei den Assyrern Utnapischtim[289] und bei den Altisraeliten Noah[290]. In Indien begründet der Heros Manu das Opfer nach der Flut.[291] In der griechischen Tradition stehen beispielsweise Perseus, Megaros, Aiakos und Deukalion in dieser Rolle.[292] Auch die Umwandlung der einfachen Hütte, die sich Philemon und Baucis teilen, in einen nachflutlichen Tempel[293] hält die Erinnerung daran fest, daß Katastrophe und Priestertumsentstehung verknüpft sind. Über Samothrake berichtet Diodor, daß Überlebende einer Naturkatastrophe «nach ihrer Rettung rund um die ganze Insel das rettende Niveau [markierten] und Altäre errichteten, auf welchen sie bis heute opfern»[294]. Ein altägyptischer Text über die Katastrophenbringerin Sachmet endet: «Und es sprach die Majestät dieses Gottes: ‹Eure Sünden seien euch vergeben! Denn die Schlachtopfer haben beseitigt die Hinschlachtung.› – Dies ist der Ursprung der Hinschlachtung von Schlachtopfern.»[295] Nicht zuletzt die Algonquin-Indianer Nordamerikas lassen ihrer Heros Nanaboush nach der Flut das religiöse Gebet etablieren.[296] In China werden am Himmel kämpfende Drachen für die Flut verantwortlich gemacht, nach deren Abflauen mit der Shang-Dynastie das Priesterkönigtum beginnt.[297]

Was bedeutet die Umdüsterung und was sind Rat und Tat bzw. die Heilungsmethoden derer, die sich mit ihren rituellen Einfällen zu den ersten Priesterfürsten machen? «Vor Unglück sinnlos» beschreibt Boulanger die postkatastrophische Stimmung und fährt fort: «Es ist demnach eine Zeit gewesen, da die unglücklichen Bewohner des Erdbodens für ihre in den schrecklichsten Veränderungen untergegangene Wohnstäte [sic!] und für ein elend- und furchtvolles Leben Ekel und Überdruß haben fassen müssen.»[298] Bis hierhin bleibt er klar.

Dann aber versagt sein Verständnis der Rituale, deren Schrecklichkeit und Traurigkeit er nicht versteht. Denn er glaubt, daß die «tausenderley Gebräuche» des religiösen Menschen dazu angetan sind, «sein Gemüth niederzuschlagen, seine Tage mit beständigen Thränen zu vergiften, und sich ein unglückliches Leben zu machen»[299].

Wir werden noch sehen, daß es neben dem Kinderspiel eine andere Beschäftigung des Menschen gibt, die oftmals erschreckend anmutet und dennoch gerne gemacht und ausdauernd wiederholt wird, weil man damit eine Not wendet. Das volle Verständnis dieser psychischen Aktivität des Spiels gelingt jedoch erst Sigmund Freud im Jahre 1920[300], weshalb Boulanger hier kaum zu schelten ist. «Vor Unglück sinnlos» heißt – modern gesprochen – traumatisiert bzw. seelisch so sehr verletzt zu sein, daß die Selbstheilungskräfte allein nicht ausreichen, um wieder realitätstüchtig zu werden.

Ein derart überwältigender Zustand tritt besonders dann ein, wenn die Bedrohung weder durch Angriff oder Flucht noch durch Verhandeln beeinflußt werden kann. Eben eine solche Situation müssen wir unterstellen. Ein anschauliches Beispiel dafür liefert der Prophet *Amos*: «Und wenn sie sich auch unten bei den Toten vergrüben, soll sie doch meine Hand von dort holen, und wenn sie zum Himmel hinaufstiegen, will ich sie doch herunterstoßen. Und wenn sie sich auch versteckten oben auf dem Berge Karmel, will ich sie doch suchen und von dort herabholen; und wenn sie sich vor meinen Augen verbärgen im Grunde des Meeres, so will ich doch der Schlange befehlen, sie dort zu beißen.»[301]

Versuchen wir nun, die seelischen Folgen der Kataklysmen zu rekonstruieren. Selbst Menschen, die im Angesicht der Katastrophe nicht von der Angst in den Tod getrieben werden, sondern die Angst in Wut umwandeln können, bleiben gegen eine kosmische Katastrophe dennoch ohnmächtig. Die dem Geschehen entkommen wollen, können es gleichwohl nicht abwenden und verfallen in Erstarrung. In Panik verlieren auch erwachsene Menschen die Kontrolle über ihre Exkremente. Mangels bewältigbarer Gegner schreien die Menschen zum Himmel. «Verrückten» oder Kindern gleich fordern sie die gesamte Natur heraus. Selbst Schimpansenmännchen stürmen bei Gewitter, Blitz und Donner hügelan, um von dort mit Knüppeln gegen die Elemente zu wüten.[302] Auch mit obszönen Entblößungen gen Firmament versuchen die Menschen ihrer grenzenlosen Erregung Erleichterung zu verschaffen. Wiederum von den Primaten kennen wir die drohende Erektion als Mittel der Feindesabwehr.[303]

Eine sinnvoll-gezielte und geformte Abfuhr der Abwehraggression mißlingt. Sie tobt im Innern der Menschen oder entäußert sich asozial. In all der Aussichtslosigkeit ihrer Erregung gehen die Menschen schließlich auf ihresgleichen los. Was die kosmische Gewalt den Gemeinwesen noch läßt, droht nun in kollektivem Ingrimm zerstört zu werden. Die Überlebenden werden zur Gefahr für ihre eigenen Leidensgenossen. Ohne kontrollierte Abfuhr dieser Aggression, ohne Erlösung von der maßlosen Furcht, die sich immer wieder – Aktivität zurückgewinnend – zu Wut fokussieren will, und ohne Abwendung eines chaotisierenden Massenwahns können die verbliebenen Menschen ihre Gemeinwesen nicht wieder aufbauen. Der soeben überstandene wie auch der für die Zukunft erwartete Kataklysmos bleibt ganz und gar außerhalb der Reichweite menschlichen Handelns. Gegen ihn läßt sich nichts ausrichten. Gegen die in Panik zerreißenden Seelen und auch gegen die Angriffe der Menschen untereinander allerdings kann von Menschen sehr wohl etwas unternommen werden.

Wenn ein schwerer Lastkraftwagen an uns vorbeidonnert, so daß wir erschreckt zur Seite springen, dann mögen wir den Drang verspüren, das laute Motorengeräusch mit unserer eigenen Stimme nachzuahmen. Kinder tun das ungehemmter und fühlen sich dann besser. Im Akte dieses Spiels anthropomorphisieren sie mit ihrer Menschenstimme das unbeseelte Verbrennungsgeräusch. Dieser spielerische Selbstheilungsmechanismus war es, den die Heroen umfassend und systematisch einsetzen mußten, um ihre Mitmenschen wieder zur Vernunft zu bringen. Wir verstehen sofort, daß ein nachgebrülltes Motorengeheul auf den Außenstehenden unangenehm wirkt. Es ist nicht schön, was er dort mitbekommt. Der Realeindruck wirkt schon schlimm genug. Reicht es nicht, wenn man ihn hinter sich hat? Warum wird das Unlustvolle wiederholt und so das Lustprinzip verletzt?

Dieses Kernrätsel des Spiels führte Sigmund Freud vor einem Dreivierteljahrhundert einer Lösung zu. Angeregt hat ihn das merkwürdige Gebaren eines eineinhalbjährigen männlichen Kindes: «Es weinte nie, wenn die Mutter es für Stunden verließ, obwohl es dieser Mutter zärtlich anhing, die das Kind nicht nur selbst genährt, sondern auch ohne jede fremde Beihilfe gepflegt und betreut hatte. Dieses brave Kind zeigte nun die gelegentlich störende Gewohnheit, alle kleinen Gegenstände, deren es habhaft wurde, weit weg von sich in eine Zimmerecke, unter ein Bett usw. zu schleudern, so daß das Zusammensuchen seines Spielzeuges oft keine leichte Arbeit war. Dabei brachte es mit dem Ausdruck von Interesse und Befriedigung ein lautes, langgezogenes o-o-o-o hervor, das nach übereinstimmendem Urteil der Mutter und des Beobachters keine Interjektion war, sondern ‹Fort› bedeutete. Ich merkte endlich, daß das ein Spiel sei, und daß das Kind alle seine Spielsachen nur dazu benutzte, mit ihnen ‹fortsein› zu spielen. Eines Tages machte ich dann die Beobachtung, die meine Auffassung bestätigte. Das Kind hatte eine Holzspule, die mit einem Bindfaden umwickelt war. Es fiel ihm nie ein, sie zum Beispiel am Boden hinter sich herzuziehen, also Wagen mit ihr zu spielen, sondern es warf die am Faden gehaltene Spule mit großem Geschick über den Rand seines verhängten Bettchens, so daß sie darin verschwand, sagte dazu sein bedeutungsvolles o-o-o-o und zog dann die Spule am Faden wieder aus seinem Bett heraus, begrüßte aber deren Erscheinen jetzt mit einem freudigen ‹Da›. Das war also das komplette Spiel, Verschwinden und Wiederkommen. / Das Fortgehen der Mutter kann dem Kinde unmöglich angenehm oder auch nur gleichgültig gewesen sein. Wie stimmt es also zum Lustprinzip, daß es dieses ihm peinliche Erlebnis als Spiel wiederholt? / Bei unbefangener Betrachtung gewinnt man den Eindruck, daß das Kind das Erlebnis aus einem anderen Motiv zum Spiel gemacht hat. Es war dabei passiv und bringt sich nun in eine aktive Rolle, indem es dasselbe, trotzdem es unlustvoll war, als Spiel wiederholt. / Man sieht, daß die Kinder alles im Spiele wiederholen, was ihnen im Leben großen Eindruck macht, daß sie dabei die Stärke des Eindrucks abreagieren und sich sozusagen zu Herren ihrer Situation machen. / Man macht auch die Beobachtung, daß der Unlustcharakter des Erlebnisses es nicht immer für das Spiel unbrauchbar macht. Wenn der Doktor dem Kinde in den Hals geschaut oder eine kleine Operation an ihm ausgeführt hat, so wird dies erschreckende Erlebnis ganz gewiß zum Inhalt des nächsten Spieles werden, aber der Lustgewinn aus anderer Quelle ist dabei nicht zu übersehen. Indem das Kind aus der Passivität des Erlebens in die Aktivität des Spielens übergeht, *fügt es einem Spielgefährten das Unangenehme zu, das ihm selbst widerfahren war, und rächt sich so an der Person dieses Stellvertreters.*»[304]

Ein starker Ein-Druck (Im-Pression) kann nur aus- und festgehalten werden, wenn sein Druck ausgeglichen werden kann. Kinder sind deshalb seelisch gezwungen, dauernd zu spielen. Wird ihnen das Spiel zerstört oder untersagt, werden sie seelisch krank. Die moderne Kindertherapie wird deshalb als Spieltherapie angelegt, deren Erfolg daran abgelesen wird, daß die Kinder wieder aktiv spielen können und dabei zum Regisseur ihrer Arrangements werden. An jeder neuen Information klebt mithin ein Druck, der abgeführt werden muß, damit Raum für die Aufnahme des bis dahin Unbekannten bleibt.

«Götter und andere Repräsentationen, die im Opfer verwendet werden, haben die Rolle von Begriffen, die es den Teilnehmern erlauben, Eindrücke zu klassifizieren und zu interpretieren»[305], vermutet Valerio Valeri in Anlehnung an Alfred Loisy.[306] Darum aber geht es bei der Entstehung eines Spiels nicht. Das Klassifizieren und Interpretieren mit Hilfe von Begriffen liegt jenseits dieses ja gerade zwanghaften psychischen Prozesses. Er macht zwar frei für die Analyse, ist diese jedoch nicht schon selbst. Auch die priesterlich arrangierte Wiederholung des einmal geschaffenen heilenden Opferspiels macht diese Inszenierung nicht zu einem System begrifflicher Analyse.

Vom Verständnis des kindlichen Spielzwangs her erfassen wir, warum in den frühen Kulten der Bronzezeit «Sintflut» und «Weltenbrand» gespielt werden. Ebendiese Ereignisse haben für die überwältigenden Eindrücke gesorgt, die zur psychischen Chaotisierung der Gemeinwesen führen müssen, wenn sie nicht geheilt werden können. Die ersten Priester werden zu Heroen für die Menschheit, weil sie das heilend-heilige *Agon* zu inszenieren verstehen. Wir sind nicht mehr überrascht, daß neben den Rollen der betroffenen Menschen auch Akteure vorhanden sein müssen, die als vernichtende oder errettende Himmelskörper auftreten: «Die Gestalt des Assur, der gegen Tiamat in die Schlacht zieht, ist die des Königs Sennacherib.»[307] Boulanger wußte das längst, konnte allerdings nicht erfassen, warum das im genauen Wortsinne notwendig ist: «Man siehet daraus, warum man sich einbildete, daß die Aufrechterhaltung der *Mysterien* von der größten Wichtigkeit für das menschliche Geschlecht sey. Man siehet daraus, warum alle Mysterien über dies ein astronomisches Ceremoniel hatten; denn es nannte sich wirklich bey den Ceremonien einer der Priester, der *Schöpfer der Welt*, ein anderer nannte sich *Sonne*, ein dritter spielte die Rolle des *Mondes*. In den Mysterien des *Mythras*[308] bei den *Persern*, führten die verschiedenen Classen der Geweiheten die Namen von den Zeichen im *Zodiacus*, und von den verschiedenen Constellationen des Himmels.»[309]

Lukian berichtet über die Ausbildung der in den spätklassischen Katastrophenspielen eingesetzten Künstler ganz ähnlich: «Ein Tänzer muß unter anderem folgendes darstellen können: Deukalion [den Flutheros], den großen ‹Schiffbruch› des Lebens seiner Zeit, eine Larnax, die den Rest des Menschengeschlechts bewahrt, und die aus Steinen wieder entstandenen Menschen.»[310]

Die großen Opferkulte erweisen sich als kollektive Heilungsrituale für Gemeinwesen, die durch globale Katastrophen halb wahnsinnig bzw. «vor Unglück sinnlos sind» (Boulanger). Die nicht konstruktiv durch Angriff, Flucht oder Verhandlung abführbare Wut auf die siegreich angreifende Natur wird den Menschen gewissermaßen in ihren Schlund zurückgestoßen. Im Ritual wird sie organisiert verbraucht. Nun fügt das der Heilung bedürfende Kollektiv menschlichen oder tierischen Darstellern der Naturgewalt «das Unangenehme zu, das ihm selbst widerfahren war und rächt sich so an der Person dieses Stellvertreters» (Freud). Im Hinschlachten der Stellvertreter stürzender Himmelskörper wird die krank machende Wut verdampft: «In der Mythologie ist der erste Mörder identisch mit dem Heilbringer.»[311] Diese heilig-heilende Seite des Rituals macht es zum Blutopfer, dessen Rätsel hier zu lösen ist: «Die Schlachtopfer haben beseitigt die Hinschlachtung» (Brugsch; ägyptischer Mythos «Vernichtung des sündigen Menschengeschlechts»). Den heilenden Effekt des Hinschlachtens belegt auch eine Mithraeumsinschrift (Santa Prisca/Rom) zum Mithras-Stieropfer, das als Duell zwischen Sonne und

Mond gedeudet wird: «Auch uns hast du gerettet, indem du das ewige Blut vergossest.»[312]

In anthropomorphisierender oder bestiomorphisierender Sicht sind die kosmischen Kollisionen anorganischer Materieklumpen oft als Zweikämpfe von Kriegern, Bestien oder Fabelwesen gesehen worden. Das Ende der Katastrophe wird als Sieg eines Himmelskämpfers oder einer Götterpartei gedeutet, wobei ein anderer oder eine Gegenpartei «verliert», «stirbt» bzw. vernichtet wird. Deshalb muß die kosmische bzw. «göttliche» Seite des überwältigenden Eindrucks in das heilende Spiel der Menschen als Zweikampf einbezogen werden: «Insofern repräsentiert natürlich das getötete Wesen – Mensch oder Tier – die Gottheit selbst in dem gleichen Sinn, wie bei uns auf der Bühne ein Darsteller etwa den König Lear repräsentiert und während des Spiels mit ihm identisch ist.»[313]

Für diese Rollen werden lebendige Menschen oder Tiere geschmückt bzw. maskiert und verkleidet, um diese beiden Himmelskörper zu spielen. Bei ihrem Duell gibt es – wiederum in vermenschlichender Sichtweise – einen Sieger und einen Unterlegenen. Zentral ist dabei oft ein Unterlegener, der gerade durch sein «Sterben» Erlösung für Himmel und Erde bringt, also die Katastrophenzeit beendet. Diese sterbenden Erlösergötter[316] bevölkern in Sage und Ikonographie die vorchristliche Zeit Eurasiens. Sie werden oft als himmlische Kinder[317] oder Jünglinge erinnert, die von einer Jungfrau geboren wurden.[318] Diese Vorstellung scheint durch eine kosmische Wahrnehmung vorgegeben zu sein, in der zwei unterschiedlich große Himmelskörper oder zwei unterschiedlich große Teile ein und desselben Himmelskörpers das Bild einer solitären Mutter inspiriert haben. Die christliche Ikonographie entlehnt bekanntlich viele ihrer Motive aus diesem Stoff.

Es ist schwer zu entscheiden, ob seit Beginn der großen Opferkulte festgelegt war, wer in der Rolle des stürzenden Himmelskörpers sterben und wer als seine Bahn beibehaltender siegen würde. Später jedoch werden die Opfer ausgewählt, vorbereitet und trainiert. Auch beim Verwenden etwa eines Stieres als Darsteller der Himmelskörper erhofft man, «daß das Tier gutwillig, ja ‹freiwillig› zum Opfer schreitet»[319]. In beiden Fällen kann die am großen Spiel teilnehmende Ge-

*Abb. 11: Oben: Die Himmelsgöttin Maia vor ihrem himmlischen Kind (hier Hermes), das zwischen Rindern (bestiomorphisierten Himmelskörpern) in einer sogenannten Schwinge liegt und zum Prototyp für die Krippengeburt des Jesuskindes wird.
Unten: Der himmlische Kindgott Hermes mit seiner jungfräulichen Mutter (hier Iris genannt) am Firmament. Dieses Motiv wiederholt sich in Darstellungen der Maria als Himmelskönigin mit dem Christuskind (beide Abbildungen aus dem 5. Jh. v. u. Z.).[314]*

Abb. 12: Athens mythischer Urkönig Pandion, der durch sein heroisches Sterben die Stadt rettet, wird von der Himmelsgöttin Athene davongetragen. Da Pandion mit Herakles gleichgesetzt wird und in Athen Tempel und Fest besaß, scheint in ihm eine ursprünglich vermenschlichte Himmelsgottheit später in einen menschlichen König umgedeutet worden zu sein. Seine himmlische Verbringung über das Meer stellt eine Szene dar, die zum Prototyp für die Pieta der christlichen Ikonographie wird (Bild von schwarzfiguriger Olpe um 500 v. u. Z.).[315]

meinde ihre aus Hilflosigkeit gegenüber der Katastrophe geborene Aggression im Tötungsakt herauslassen. Die Hinschlachtung des Opfers bildet deshalb den Abschluß und zugleich kathartischen Höhepunkt der Zeremonie. Die Menschen befreien sich bei dieser blutigen Handlung von der bis dahin nach innen gewendeten Wut, die sie in hilflose Erstarrung, psychosomatisches Leid oder ihre Mitmenschen gefährdende Angriffslust versetzt hatte.

Alles, was einen überwältigenden Eindruck gemacht hat, muß in den Zeremonien heilend abgespielt werden. Deshalb gehören die zerstörenden Naturereignisse ebenso wie das verstörende Extremverhalten der Mitmenschen in die Zeremonie. Als eines der peinlichsten Rätsel der Opferforschung gilt die Vergabe von «starken Abführmitteln»[320] an einige Teilnehmer des Rituals. Das Verständnis dieses Vorgehens macht nun keine Schwierigkeiten mehr. Zum eigenen und zum Entsetzen der Mitmenschen haben Erwachsene unter dem Eindruck der Katastrophe die Kontrolle über ihre Ausscheidungen verloren. Das «Vor-Angst-in-die-Hose-machen» gehört deshalb in das Opferspiel.

Erstaunt steht die Forschung auch vor der inszenierten Ekstase (*ekstasis*), in der ein Mensch «seine gewohnten Bahnen, seine Vernünftigkeit»[321] verläßt, sowie vor der einstudierten Raserei (*mania*). Mit diesen Techniken werden im Ritual die panischen und neurotischen Reaktionen der Menschen unter dem Eindruck der katastrophischen Ereignisse wiedergegeben. Da während der frommen Umzüge an Aggression gemahnende Erektionen nicht so einfach herbeizuführen sind wie Durchfälle, werden artifizielle *phalloi* mitgeführt: «In vielerlei Varianten gibt es Umzüge mit übergroßen künstlichen Phallen; die Träger müssen ihre bürgerliche Identität verstecken, durch Beschmieren mit Ruß oder Kleie oder eben durch Maskierung.»[322]

Die *phalloi*, die bis nach China gut belegt sind[325] und uns bei der heiligen Hochzeit und der zeremoniellen Kastration noch ausführlicher interessieren müssen, gelten – wie übrigens auch das Beschmieren mit Ruß oder Asche – als ebenso rätselhaft wie die Abführmittel. Sollte es unter dem Horroreindruck der Katastrophen zu spontanen Erektionen gekommen sein, dürften die Überlebenden davon so stark beeindruckt worden sein, daß diese Extremgebärden

Abb. 13: Links: Frau mit phallos *in einem rituellen Umzug (von Krater des Pan-Malers aus dem 5. Jh. v. u. Z.).*[323] *Rechts: Von Frauen betriebene Phallosverehrung, die möglicherweise aus einer ursprünglicheren Beweinungsszene entstanden ist, bei der das Drama eines kosmischen Schweifverlustes von den Bewohnern der Erde ganz handfest als Heilstat empfunden und blutig nachgespielt wurde; siehe auch Abbildungen 7 bis 11 sowie Kapitel IX unten (rotfiguriger Becher aus dem 5. Jh. v. u. Z.).*[324]

ebenso in die Zeremonie gehören wie das Einreiben mit Ruß oder Asche als Nachspielen des Ascheniederschlags.

Bereits im Jahre 1932 hatte der englische Exzentriker Comyns W. Beaumont auf die symbolische Assoziation zwischen dem Schweif der Kometen und den *phalloi* aufmerksam gemacht: «Es ist ausgesprochen instruktiv und auch merkwürdig, daß der Große Krieg von 1914 von einem enormen Kometen – Delevan's – in Form eines gewaltigen und beleuchteten *phallos* ‹angekündigt› wurde.»[326] Auch in seiner Untersuchung werden die Phalloskulte stärker durch himmlischen Schweifverlust als durch die Eindrücke panisch und öffentlich dargebotener Erektionen determiniert gesehen. Gleichwohl sollte dieser mögliche Hintergrund nicht unausgelotet bleiben. Gegen ihn spricht in erster Linie das voluminöse Ausmaß der kultischen *phalloi* im zeremoniellen Umzug und das Ritual der Kastration (dazu mehr in den Kapiteln VIII bis X).

Neben dem Einkoten und dem Aschebeschmieren ist der Opferforschung auch das Abschneiden und Verbrennen von Haaren[327] des zu opfernden Lebewesens rätselhaft geblieben. Könnte einmal mehr ein flammender Haarstern gemeint sein, dessen Schweif in Sonnennähe hell aufleuchtet? «Flehte dann viel zu Athenen und warf in die Flammen das Stirnhaar»[328], überliefert Homer. «Mit erstaunlicher Hartnäckigkeit haben Forscher nach Dämonen gefahndet, die nach Haaren verlangen»[329], spottet Burkert. Er selbst erkennt darin etymologisch einen verharmlosenden «Akt des Anfangens»[330] für den Opfervorgang. Zwar versehre das Abschneiden der Stirnlocke das Rind, verletze es aber noch nicht wirklich. Gegen einen beschwichtigenden «Anfang» ist wenig einzuwenden. Aber da sind auch die Hörnervergoldungen. Mit diesem Glänzendmachen seines Kopfschmucks spielt das Rind eine über sich selbst hinausweisende Rolle. Auch das Haar wird eben nicht nur abgeschnitten, sondern obendrein verbrannt. Dadurch wird der ganze Vorgang zu einer echten Szene, nach deren kosmischer Vorlage durchaus gefragt werden darf. Schließlich nimmt ja auch die Himmelsgottheit «Pallas Athene»[331] am Ritual teil. Aus hethitischen Quellen wissen wir überdies, daß die Hörnervergoldung abnehmbar sein kann,[332] beim nächsten Stier also wiederverwendet wird und so schon eine Vorstufe zur Stierstatue bildet. Im alten Ägypten sah man den kosmischen Zerstörer «Seth in einen roten Stier verwandelt im Kampfe gegen Horus»[333]. Im Ritual spielte dieses «Schlachttier den Feind des Gottes und Königs»[334].

Ging dem rituellen Haarverbrennen ein kosmischer «Haar»-Verlust vorher, der als Anfang des Endes eines stürzenden Himmelskörpers gedeutet wurde? Homers Athenebeschreibung spräche keineswegs gegen eine Astralszene: «Gleichwie ein Stern ... dem Heere gewaffneter Völker zum Zeichen strahlend brennt und im Flug unzählige Funken umhersprüht, also senkt hineilend zur Erde sich Pallas Athene zwischen die Heere hinab; und Staunen ergriff, die es ansahn.»[335] Aus der Astronomiegeschichte wird berichtet: «Glänzende Ströme oder Strahlen von Licht werden vom Kern [eines Kometen] emittiert, und ihre Aktivität ähnelt dem Verhalten von Gasen. Einige Ströme ähneln Widderhörnern, ... andere einem Bocksgehörn. ... Manchmal erscheinen sie ... als Figuren wie Scheiben, aufgerichtete Kegel, Pferdemähnen, Fackeln, Schwerter, Speere, bärtige Gesichter..., die an rotbärtige und mißgünstige Satyrn erinnern, die immer darauf bedacht sind, die Menschheit – die Anhänger des Dionysos, des Schlangengotts – zu beunruhigen. Kometen werden wie monströse menschliche Gesichter gesehen.»[336]

Selbst das Ganzbrandopfer (Holocaust) gilt als nicht gut verstanden. Könnte es ebenfalls als das erleichternde Nachspielen eines himmlischen Verbrennens gedeutet werden? Wiederum sind es die Seth betreffenden Texte und Rituale, die gerade das nahelegen. Stücke von Gänsen – sie versinnbildlichen «die Seele des Seth»[338] – oder Gazellen – sie stellen Seth selbst dar – «wurden aufs Feuer gelegt und verbrannt; daß es sich dabei nicht um ein bloßes Schmoren handelt, ist aus den Texten offenbar. Der Gott [Sachmet, Horus etc.] soll sich an der vollen Vernichtung seines Feindes weiden, und darum werden dessen Glieder zu Asche gemacht. ... Zur rechten Würdigung der Idee muß man wieder auf die Mythen zurückgreifen, die von der Vernichtung des Seth erzählen; da hören wir immer wieder, wie er ins Feuer geworfen und zu Asche gemacht wurde.»[339]

In Altägypten konnten die Seth/Apophis-Tiere – Gazellen, rote Ziegen, Gänse, Nilpferde, Schildkröten und Stiere – im Ritual auch durch Menschen ersetzt oder ergänzt werden, die zu einer Todesstrafe verurteilt waren. Vor allem Delikte wie die Entweihung von Gräbern, Tempeln, heiligen Bezirken oder anderen sakralen Einrichtungen führten dazu, im Ritual den «Bösen» spielen zu müssen und «verbrannt zu werden»[340]. Auch wer das Blutopfer in irgendeiner Weise

Abb. 14: Altägyptisches Opfer einer Gazelle, die
den Seth / Apophis darstellt und deren Teile dann in einem Ganzbrandopfer
zerstört werden.³³⁷

ohne Respekt behandelte, mußte dafür mit der Opferrolle bezahlen: «Durch seine Taten erwies sich der Verletzer selbst als eine Manifestation von Seth oder Apophis, den Verköperern der Unordnung. Der Verbrecher wurde also auf dieselbe Ebene gehoben wie die Tiere, die im Tempel oder im Totenkult als Symbolisierung für die Niederlage des Bösen geschlachtet wurden. Aus dieser Sicht war die Bestrafung nicht einfach ein Akt der Rache, wenn das auch häufig eine Rolle gespielt haben muß. Es war vielmehr eine Methode, kosmischer Unordnung zu begegnen.»[341] Wir werden noch sehen, wie die Verächter, Verwerfer oder auch nur Kritiker des Blutopfers durch die Zeiten hindurch auf blutige Verfolgung gefaßt sein mußten.

Auch das rituelle Werfen mit Gerstenkörnern[342] oder – im Tereus-Opfer zu Megara – «mit Steinchen statt mit Opfergerste»[343], verwundert die Opferforschung ebenso wie Abführmittel, Erektionen, Asche und Haarverbrennen: «Wenn man beobachtet, woraus die Riten bestehen [in den Wind geworfene Sandkörner] und wohin sie neigen, fragt man sich erstaunt, wieso die Menschen auf diese Ideen gekommen sind und vor allem wieso sie ihnen derart treu geblieben sind.»[344]

«Gleichzeitiges Werfen auf ein gemeinsames Ziel ist der uralte Gestus der Aggression»[345] und stimme in der Opferprozedur auf das Töten ein, glaubt Burkert und hält damit das Steinewerfen für erklärt. Derselbe Autor weiß jedoch, daß bestimmte «Steinhaufen»[346] bereits in minoischer Zeit (Bronzezeit) den Charakter von Heiligtümern tragen. Überhaupt kommt «die Verehrung von Steinen in allen Religionen der Alten Welt vor und ist im Nahen Osten bis in die Gegenwart bezeugt»[347]. Solche heiligen Steine – Masseben –, «in denen die Gottheit sich manifestiert hat»[348], kennt auch das alte Israel: «Er nahm einen Stein von der Stätte und legte ihn zu seinen Häupten. / Und ihm träumte, und siehe eine Leiter stand auf Erden, die rührte mit der Spitze an den Himmel. / Jakob stand früh am Morgen auf und nahm den Stein, den er zu seinen Häupten gelegt hatte, und richtete ihn auf zu einem Steinmal.»[349]

Zu den levantinisch-syrischen Heiligtümern der mittleren und späten Bronzezeit «gehörten *außer* dem Altar für den Opferkult die Masseben und Aschera zur Markierung des heiligen Ortes»[350]. Auch zur phönizisch-karthagischen Göttin Tanit gehört ein «heiliger Stein»[351]. Ebenso wird der vormonotheistische Yahwe der Altisraeliten als «Stein»[352] angesprochen. Der mesopotamische Ninurta – eine weitere kosmische Merkureinkleidung – «kämpft mit der Unterstützung ‹guter› Steine gegen ‹böse› Steine»[353]. Im größten Tempel der hellenistischen Welt ist ebenfalls ein Meteoritenstein zur Anbetung gelangt: «Wo ist ein Mensch, der nicht wisse, daß die Stadt Ephesus sei eine Hüterin der großen Göttin Diana und ihres Bildes, das vom Himmel gefallen ist?»[354] Zu einem vom Himmel gestürzten heiligen

Stein wenden sich noch heute eine Milliarde Moslems fünfmal täglich. Der Name Kaaba für den kubischen Bau, in dessen südöstlicher Ecke (*al-Rukn*) der nach der Überlieferung vom Erzengel Gabriel stammende schwarze Brocken eingemauert ist, könnte als Verschleifung des altsemitischen Wortes für Stern – *kakkabu* – gelesen werden. Das arabische Wort für Polarstern - *al-Rukaba* – weist in dieselbe Richtung.[355] Auch der feuerbegleitete Hagel (*barad*) der ägyptischen Plagen des Exodus steht nicht für Eiskörner, sondern für einen Hagel heißer Steine: «Der Herr ließ donnern und hageln, und Feuer schoß auf die Erde nieder. / Der Hagel war so schwer, wie er noch nie in ganz Ägyptenland gewesen war. / Und der Hagel erschlug in ganz Ägyptenland alles, was auf dem Felde war, Menschen und Vieh / und zerbrach alle Bäume auf dem Felde.»[356]

Läßt sich das rituelle Werfen von Gerste[357] oder Steinen durch seine Deutung als angstausagierendes Nachspielen des Einwirkens von Meteoritenschauern auf die Erde seiner Rätselhaftigkeit entreißen? Die Religionsforscher mögen sich dazu nicht verstehen. Bald 200 Jahre nach der Anerkennung dieser kosmischen Phänomene durch die Naturforscher sind sie immer noch in jener Zögerlichkeit verfangen, die auch damals die Anerkennung der Tatsachen so schwer machte: «Von den Tagen des Aristoteles, nach dessen Zeugnis ein beim Auftauchen eines Kometen in Aigospotamoi herabgestürzter Meteorit durch den Wind vom Boden in die Lüfte getragen und wieder fallen gelassen wurde, bis Biot, der im Jahre 1803 im Auftrag der französischen Akademie der Wissenschaften einen bei Aigle in Frankreich niedergegangenen Meteoritenschwarm untersuchte – in all dieser Zeit glaubte die wissenschaftliche Welt nicht, daß so etwas wie ein vom Himmel fallender Stein möglich sei, mochten inzwischen auch Kopernikus, Galilei, Kepler, Newton und Huygens gelebt haben. ... Noch kurz vor dem Jahre 1803 hatte bei einer anderen Gelegenheit die Akademie der Wissenschaften in Paris nicht glauben wollen, daß Steine vom Himmel gefallen waren. Der Meteoritenfall in Südfrankreich vom 24. Juli 1790 wurde als ein *physikalisch nicht mögliches Phänomen* (un phénomène physiquement impossible) bezeichnet. Seit dem Jahre 1803 haben die Gelehrten dann allerdings daran zu lernen geglaubt.»[358]

Die Menschen wissen Bescheid, aber die Wissenschaftler müssen erst informiert werden. Einmal mehr bezahlen sie für ihre akademisch-evolutionistische Einschnürung mit Ratlosigkeit und Beschämung. Sie haben alle Elemente für das Verständnis des Opfers vor sich, dürfen sich darauf aber keinen sinnvollen Reim machen. Für die einen «tanzen oder hüpfen oder fauchen Menschen bei irgendwelchen Ritualen durch den Busch»[359]. Aber auch bei jenen, die – wie etwa Walter Burkert – das Kataklysmische durchaus spüren, mißlingt seine Einordnung ins Ritual: «Was realiter im ‹unsagbaren Opfer› in Bewegung gerät, sind nicht die Ordnungen der Natur, sondern die des Gemeinschafts- und des korrespondierenden Seelenlebens. Die so ausgelöste Erschütterung ist freilich so gewaltig, das der Kosmos im gleichen Rhythmus mitzuschwingen scheint.»[360]

Diese Einschätzung liegt nicht sonderlich weit weg von den begeisterten Akademikern und Kunstschaffenden, die dem Autor über Jahrzehnte hinweg und in großer marxistischer Weisheitsgeste die globalen Katastrophen der Vergangenheit als Allegorien für Klassenkämpfe offenbarten, die womöglich doch bis in den Weltraum ausgreifen konnten. Mittlerweile gibt es im linken politischen Lager allerdings Bewegung. Die Bereitschaft zur Anerkennung der kosmischen Fakten ist merklich gestiegen: «Vom geologischen Standpunkt sind die Einschlagkrater funktionale Äquivalente für Kriege und Revolutionen in der Menschheitsgeschichte.»[361]

Ganz ähnlich wie Burkert – als erster Name in der Religionsforschung zu Altgriechenland – hat sich auch Thorkild Jacobsen – als erster Name in der Religionsforschung zu Altmesopotamien – für eine Erschütterung des Himmels durch das Ritual auf der Erde entschlossen, um den umgekehrten Gedanken nicht prüfen zu müssen. Aufgrund der kataklysmischen Sprache in der sogenannten «Verfluchung Akkades» – der ersten Großreichshauptstadt – spricht er der Zerstörung des Stufenturmes «kosmische Auswirkungen» und Einflüsse «auf die Natur»[362] zu, statt nach kosmischen oder anderen natürlichen Ursachen für das Einstürzen dieses gewaltigen Bauwerks zu fragen.

Die ursprünglichen Texte selbst sprechen keineswegs für eine Umkehrung von kosmischer Ursache und irdischer Wirkung zu irdischer

Ursache und kosmischer Wirkung. Zuerst kommt etwas vom Himmel, und danach geht es ans Ritual. In einem spätbronzezeitlichen Opfertext der ostanatolischen Hurriter (Vorfahren der Kurden) springt am Himmel ein Stern, woraufhin sein Spieler – in diesem Falle ein Vogel – getötet wird:

«Wenn aber an jenem Tage zur Nachtzeit
ein(e) Stern(schnuppe) springt, geht der Ritualherr
in den alten Tempel; er verneigt sich vor der Gottheit
und tritt hinter das Ritual des Blutes;
und andere vollziehen mit einem Vogel das Ritual des Blutes.»[363]

Auch Burkert kennt die Mythen von tobenden Himmeln und unruhigen Sternen, hat aber die Lehre verinnerlicht, daß so etwas astrophysikalisch undenkbar sei. Ihm ist auch die seelische Erregung der zum Opfer Schreitenden deutlich. Das Ritual – so sieht er durchaus – «schafft Angstsituationen, um sie zu überwinden, und gibt damit ein Modell der Angstbewältigung überhaupt»[364]. Es dient dazu, «von außen gegebene Angstsituationen zu bewältigen»[365]. Burkert will weder menschliche Besorgnisse noch den kosmischen Katastrophenstoff verleugnen, sondern beiden gerecht werden. Also müssen die angstvollen Seelen der Menschen imstande sein, das ganze Weltall zu erschüttern, dürfen aber nie und nimmer von entsetzlichen kosmischen Vorgängen verängstigt worden sein. Warum sie Sintfluten, Weltenbrände und nach Kollision verblutende Himmelskörper spielen, kann aus solcher Sicht nicht einmal mehr erahnt werden. Daß die Menschen durch fürwahr Übermenschliches – aber keineswegs Übernatürliches – regelrecht seelisch krank geworden sind und deshalb auf unkonventionelle Heilmittel sinnen, muß unausgelotet bleiben. Dabei kehrt noch im Wort Heilmittel – *pharmakeia* (vgl. Pharmazie) – der *pharmakos* wieder, der «inmitten der griechischen Zivilisation das Menschenopfer als Andeutung, als Möglichkeit, wenn nicht gar als feste Institution»[366] bezeugt, für die erst später ein Bocksopfer in Ersatz tritt.

Wenn die großen Blutopferrituale und die sie begleitenden Zeremonien als kollektive Heilungsspiele in die Welt gekommen sind, können sie vielleicht auch Licht auf die «zeremonielle Heilung»[367] werfen, die der Völkerkunde ein besonderes Rätsel aufgibt. Seelisch Erkrankte werden dabei nicht den lokal üblichen Heilern zugeführt, sondern für sie wird außer der Reihe das große religiöse Zeremoniell des Stammes veranstaltet. Bei den Navaho (Arizona und Neu-Mexiko) etwa wird der *Mountain Chant* aufgeführt. Die für ihn angefertigten Sandbilder, bei denen es sich um Darstellungen von «Naturgottheiten, vielleicht um Himmelskörper»[368] handelt, werden diesmal nicht nur für die – bis zweitausend Menschen starke – Gemeinde bereitet, sondern am Ende dem Erkrankten als Heilmittel verabreicht. Die farbigen Sände werden zusammengefegt und über ihn geworfen. Warum von diesem Vorgang seelische Genesung erwartet wird, gilt als schwer nachvollziehbar. Im Lichte der hier entwickelten Sicht müßten die Navaho aber lediglich noch vage gewußt haben, daß die religiösen Zeremonien vor langer Zeit für das Heilen erfunden worden waren. Eine uralte religiöse ‹Kollektivtherapie› in der Einzelbehandlung einzusetzen, mutet dann viel weniger dunkel an, als die Rede von einer «zeremoniellen» Heilung ausdrücken will. Solange die ursprüngliche Zeremonie unverstanden bleibt, kann selbstredend auch ihre moderne therapeutische Anwendung leicht für bloß abwegig gehalten werden.

VIII

Die Entstehung der *professionellen* Künste

«Die alten Göttersagen waren in den Tempeln der Spätzeit unvergessen; an bestimmten Festen wurden sie dramatisch dargestellt.»[369]

«Der König und die anderen Darsteller jahreszeitlicher Riten verkörpern lediglich Handlungen, die ursprünglich von den Göttern ausgeführt wurden. ... Die Präsentation wird zur Repräsentation; das Ritual wandelt sich zum Drama.»[370]

Nur streifen läßt sich an dieser Stelle der Gedanke, daß zusammen mit dem Opfer und dem Priesterkönigtum auch die *professionellen* Auftragskünste geschaffen werden. Das *Schauspiel* entsteht aus dem Bedürfnis, die Verhaltensweisen der Menschen und der kosmischen Mächte genau zu erinnern, damit die großen Spiele fehlerfrei wiederholt werden können. Was am Himmel gesehen wurde, dann aber doch verschwunden war, konnte erst einmal nur durch Sprache weitergegeben werden, deren Inhalt der Dichtung ihren Stoff gab. So sind etwa im «Dramatischen Ramesseumpapyrus», der mit Widder-, Ziegen- und Gänseenthauptung sowie Kastration und Blendung eine Himmelsschlacht behandelt, sogar die Sätze festgelegt, die von den Schauspielern der einzelnen Gestirnsgötter gesprochen werden müssen.[371] Der siegreiche Horus und seine Herrscharen, der von Seth zerstückelte Osiris, Thot, Isis, Nephthys, Geb, Sokar sowie der von Horus kastrierte Seth und seine Herrscharen sind alle im Prozessionsritual präsent: «Der König, der die Zeremonie vollführt, ist wieder der furchtbare Besieger der Unholde, der ihre Glieder in die Flammen wirft.»[372] In anderen ägyptischen Blutritualen spielt ein zu tötender Stier den Osiris.[373] Sein Schlächter Seth steht für die «Verwirrung des Kosmischen»[374]. Die zu spielenden überwältigenden Eindrücke stammen mithin von einem zerstörerischen Himmel und nicht von Saat und Ernte, Kälteeinbruch und Sommerhitze, Mond- und Sonnenfinsternis im Lauf der Jahreszeiten oder gar der Nilschwemme, wie der ansonsten so scharfsinnige Theodor Gaster vermutet hat. Von seinem irdisch verkürzten Zugang her konnte er dann nicht mehr erklären, warum die für ursprünglich gehaltene «Dringlichkeit der primitiven Jahreszeitenrituale zum Verschwinden tendiert»[375], obwohl doch die Jahreszeiten selbst die Menschen bis heute nicht wenig beschäftigen. In ferne Vergangenheit rückt mit den bestürzenden Katastrophen also etwas anderes als die Jahreszeiten. Es ist dieser beruhigende zeitliche Abstand vom Kataklysmos, der die übermütige Bearbeitung des alten Dramas hin zur *Burleske* herbeiführt, in der von der Kastration nur noch das Sexuelle als solches in phallisch-amüsanter Derbheit fortwirkt, also ein rechter Karneval wird.

Die Verbindung des Dramas mit den Geschichten von der himmlischen «Geburt» der Götter und ihren kataklysmischen Schicksalen wird auch in Herodots Bericht über das persische Stieropfer festgehalten: «Hat er dann das Opfertier zerteilt und das Fleisch gekocht, so legt er alles Fleisch auf sehr zartes Gras; meist ist es Klee, den man als Unterlage wählt. Nun tritt ein Mager heran und singt Theogonie [die Hymne von der Geburt der Götter], das ist der Name, den der Opfergesang führt. Ohne Mitwirkung des Magers darf kein Opfer stattfinden.»[376] Ganz ähnlich opfert man nach Auskunft des Tacitus übrigens bei den Germanen «von Staats wegen einen Menschen und feiert *schreckliche Weltanfänge* barbarischer Sitte»[377].

Die *Tänze* – wie auch die *sportlichen Wettkämpfe (agone)* – werden kreiert, um bestimmte, aber nur noch aus der Erzählung bekannte Naturvorgänge von Menschen darstellbar zu machen. Während des Rituals werden diese kosmischen Geschehnisse nachgetanzt. Dafür braucht es Choreographie und dauerndes Üben.

Daß Tragödie und Komödie der klassischen Zeit ganz eng an die Rituale angebunden, insofern also abgeleitete Formen sind, ist ohnehin nicht strittig.[378] Die griechische Tragödie entsteht aus dem «Gesang beim Bocksopfer», wobei nicht *tragoidia*, sondern *tragos* (der Bock) und *tragoidos* (Bockssänger) die primären Wortbildungen liefern: Die Tragöden «sind ursprünglich eine Gruppe maskierter Männer, die das im Frühjahr fällige Bocksopfer vollziehen; sie treten auf mit Klage, Gesang, Vermummung und dürfen zuletzt den Bock verspeisen»[379]. Die Bocksopfer waren Dionysosopfer. Die Tiere hatten mit ihrem Getötetwerden den stürzend-sterbenden Himmelskörper-Gott zu spielen.

«Nach und nach dringt die Bedeutung einer heiligen Handlung in das Spiel ein. Der Kult pfropft sich auf das Spiel auf, das Spielen an sich aber war das Primäre»[380], trauerte Huizinga. Gewiß liegen die psychischen Potenzen des Kinderspiels vor dem Kult der Erwachsenen und dem ihm folgenden Schauspiel. Der Kult wird aber kein Unterjocher des Spiels, sondern durch das Abspielen kataklysmischer Eindrücke kommt es überhaupt erst zum Kult. Er entsteht als therapeutisches Verfahren. Keineswegs dringt der Kult unerwünscht in etwas zweckfrei Unschuldiges ein. Vielmehr öffnet er die für eine kindliche Heilung immer schon beste Methode zusätzlich für die seelische Wiederherstellung ganzer Gemeinwesen.

Die *bildende Kunst*, selbst die Kleidermode, entsteht für die Anfertigung der Masken, Hörnerverkleidungen und Kostüme,[381] mit denen Tiere und Menschen zu Himmelskörpern ausstaffiert werden. Bei dieser Gestaltung von *Requisiten* arbeiten die Künstler nicht direkt nach der Natur. Was habt ihr gesehen, befragen sie die Menschen und die Literatur, die auf den mündlichen Überlieferungen der Zeitzeugen aufbaut. Am Anfang der bildenden Kunst steht insofern das Wort, dem allerdings die kataklysmische Natur seine gewaltigsten Kreationen abgerungen hat.

Brigitta Bergquist ist aufgefallen, daß die bronzezeitlichen Konstruktionen, die von der Forschung gewöhnlich als Altäre oder gar Ganzbrandaltäre gedeutet werden, ganz anders aussehen als die unstrittig für das Brandopfer verwendeten kleinen Altäre der Eisenzeit. In der Bronzezeit handelt es sich um erhöhte Plattformen, die als Rechtecke – wie im kretischen Kato Syme – 150 Quadratmeter groß sein können und als ovale Anlagen – wie im israelischen Megiddo – bis zu 10 Meter Durchmesser aufweisen. «Irgendein ritualisiertes Schlachten, dessen Eigenschaften und Formen uns vollkommen unbekannt sind»[382], habe dort stattgefunden. Nach der hier vertretenen Sicht dienten diese Plattformen als *Bühnen* für den irdisch nachgespielten Himmelskampf, der fürwahr in Tötungen endete.

Die professionelle *Musik* schließlich hat systematisch für die Geräusche zu sorgen, die das Grollen der Naturgewalten ebenso simulieren wie die Panikschreie der auf der Erde Betroffenen: «Es gibt fast keinen Kult ohne Musik»[383], weiß auch die evolutionistische Opferforschung. Was sie ausdrücke – darauf besteht etwa Burkert – seien jedoch nicht die unerträglichen Töne berstender Natur, niedertobender Himmelsbrocken und unter diesem Eindruck aufheulende Menschen. Vielmehr rühre «die überwältigende Macht der Musik von der Verwandlung und Überwindung des Todes her»[384].

Das schrille Aufschreien der Frauen, das die unerhörten Angstschreie unter der Katastrophe wiederholt, muß für das zyklische Ritual auf zeitgenauen Einsatz hin geübt werden und begründet – wahrscheinlich unter Rückgriff auf die Schreie der Gebärenden – den *Chorgesang*: «Es stand der kriegerische Thrasymedes, eine geschliffene Axt in der Hand, die Kuh zu erschlagen. Perseus hielt ein Gefäß, das Blut zu empfangen. Der Vater wusch zuerst sich die Händ' und streute die heilige Gerste, flehte dann viel zu Athenen und warf in die Flamme das Stirnhaar. Als sie jetzo geflehet und die heilige Gerste gestreuet, trat der mutige Held Thrasymedes näher und haute zu; es zerschnitt die Axt die Sehnen des Nackens und kraftlos stürzte die Kuh in den Sand. *Und jammernd beteten jetzo alle Töchter.*»[385] Später bei Aischylos sagt Eteokles: «Beginnet des frommen Bittgangs Feierlied in der *opferweih'nden Weise* des Hellenenvolks.»[386]

Nicht rechtzeitig fertig zu sein mit den vorzubereitenden Werken für das Blutfest der Gottheit, führt zu Angst vor ihrer Rache, die womöglich nur noch durch das Opfer des Künstlers selbst zu besänftigen wäre. Auch die professionellen Künstler beteiligen sich – psychisch vergleichbar den über das Vergessen eines mütterlichen Geburtstages erschrockenen Kindern – mit ihrem Tun am Wenden einer Not.

Die Lage der Berufskünstler während der Bronzezeit darf nicht verwechselt werden mit den Schwierigkeiten der *ersten* Künstler in dieser Epoche des Opfers. Noch weniger haben diese ästhetischen

Pioniere mit den Künstlern der vorangegangenen Steinzeit gemein, deren Tier- oder Schamlippenbildnisse doch nur relativ wenig Ratlosigkeit provozieren können. Was habt ihr gesehen? Was habt ihr gehört? Wie habt ihr gebebt? So wurde in die Überlebenden der Kataklysmen gedrungen. Die Antworten handelten vom Himmel und mußten doch die Sprache der Erde zum Gleichnis nehmen. Sie wirkten immer unglaublich und damit ein Stück weit auch unglaubwürdig – nicht weil sie falsch waren, sondern weil die passenden Worte fehlten. Vermenschlichende und vertierende Bilder waren unvermeidlich, und doch wußten die Maler, daß ihre Tiere und ihre Menschen anders auszusehen hatten als die bekannten Lebewesen ringsumher. Schlangen zischen, Widder und Ziegenböcke knallen im Duell ihr Gehörn aufeinander. Das sind schon für sich genommen durchaus aufregende Vorgänge. Und doch stehen sie nur als schwache Andeutungen dessen, was die Künstler herüberbringen müssen. Die Anziehungskraft ihrer Zeichnungen lebt davon, daß sie durchaus den Eindruck zu vermitteln vermögen, daß göttliche Blitzeschleuderer mehr von interstellaren Entladungen haben als vom Allerweltsblitz eines Sommergewitters. Ihre Bilder konnten niemals so realistisch gelingen wie die Aufnahmen eines kosmisch plazierten Teleskops, das explodierende Sterne und rotierende Nebulae fotografiert. Aber man spürt doch, daß schon damals um solchen Ausdruck gerungen wurde.

IX

Wie kommt es zu Göttern in Tier-, Menschen- oder Mischgestalt?

«In historischer Sicht dürfte sich die anikonische Darstellung, das ‹Nicht-Bild›, als ursprünglicher erweisen. Hierfür sprechen, obwohl die Forschung auf diesem Gebiet noch keineswegs als abgeschlossen gelten kann, nicht allein frühe Primitivformen des Bildes, sondern auch die Beobachtung, daß auch in den Hochreligionen der ikonischen Darstellung des Stifters im allgemeinen eine symbolische Repräsentation voraus geht.»[387]

Das Blutopfer befreit die Mitglieder des Kollektivs von ihrer ohnmächtigen Wut und befähigt die Gemeinden, sich wieder praktischen Problemen zuzuwenden. Es bringt jedoch auch neue Probleme mit sich – nämlich die Leichen der Getöteten und das Schuldgefühl für ihre Hinschlachtung. Verfahren zum Abwälzen der Schuld – sogenannte «Unschuldskomödien» – begleiten bereits das Ritual, um die anschließende Bürde zu erleichtern. Das Tier habe durch Kopfnicken sein Einverständnis erklärt, das Messer wird beschuldigt und verurteilt, oder der Schlächter läßt das Beil fallen und rennt davon.[388] Beseitigt wird die Verstrickung in die Tötung damit jedoch nicht. Bei der Lösung dieser beiden Probleme – Umgang mit der Leiche und Abfuhr von Schuld – finden die Menschen zu einer besonderen Form von Religion: der Anbetung von Götterstatuen in Menschen-, Tier- oder Monstergestalt.

Die psychologisch so einfühlsamen Kultstifter – durch ihre erlösenden Inszenierungen werden sie der Menschheit Heroen und gute Hirten – agieren oftmals wohl selbst als «heilige Hinrichter»[389], wie die Priester am besten umschrieben werden. Sie bringen mit und vor der Gemeinde Lebewesen zu Tode, um die Menschen von ihrem

Trauma zu heilen, ihnen also die Abfuhr der eingeklemmten und deshalb innen tobenden Wut zu ermöglichen. Die Bilanz dieser seelischen Befreiung bleibt durchweg prekär. Das Heilmittel ist immerhin ein starkes und deshalb mit einer gefährlichen Nebenwirkung verbunden, der Vergeltungsangst. Ihre Bearbeitung setzt unmittelbar nach der heilenden Hinrichtung ein.

Für die Gemeinde ist schon viel erreicht, wenn sie nicht direkt mitgetötet hat. Einen Großteil der Schuld hat ihr der Priester dann abgenommen. Dafür steht sie in seiner Schuld und hegt ihm gegenüber eine distanzsetzende Scheu. Wenn diese durch Hochachtung und materielle Gaben abgetragen wird, ist der entscheidende Schritt zum Priesteradel bzw. zur ersten Stufe der menschlichen Hochkultur getan. Der mesopotamische En oder Lugal war König und zugleich opfernder Priester,[390] und dasselbe galt für den mykenischen Basileus.[391] Die Voraussage der nächsten Katastrophe durch eine frühe Astronomie in Form der Orakel wird eine weitere elementar wichtige Aufgabe der Priester. Die Organisation der Entwässerungsarbeiten schließlich wird zur dritten Großaufgabe dieser Heroen. Mit allen dreien gemeinsam ist das Königtum in der Welt.

Weder Betrug noch Gewalt führen am Beginn der Bronzezeit zur Herrschaft von Menschen über Menschen. Auf solche populären Vorstellungen über die Priesterkönige und ihre Gemeinden ist man nur verfallen, weil der Grund des Opfers nicht richtig untersucht wurde. Lediglich nachdenkliche Gelehrte sind in diesem Punkt mißtrauisch geblieben: «Hier von eroberten oder unterdrückten Volksschichten zu sprechen, gibt eine viel zu selbstgewisse Antwort, die überdies keinerlei Basis in der Geschichte der untersuchten [mesopotamischen] Region hat.»[392] Die Legitimation der Priester bestand in der Heilungsmacht für real erkrankte Kollektive. Diese Legitimation zerfällt, wenn am Beginn der Eisenzeit die Katastrophen aufhören und die starken Heilmittel nicht mehr gebraucht werden. Daß zwischen Bronzezeit und Eisenzeit ein Bruch erfolgt, haben auch evolutionistisch erzogene Opferforscher durchaus gesehen, sich jedoch nicht vorstellen können, was das war: «Man muß den Schluß ziehen – so denke ich –, daß in der frühen Eisenzeit etwas vorgefallen ist mit den Kulten im westlichen Vorderasien.»[393] Der in der oftmals benannten, aber in seiner Ursache nicht verstandenen «Achsenzeit»[394] einsetzende Kampf gegen das Opfer muß uns noch beschäftigen.

Den Opferpriestern nimmt – anders als der Gemeinde – niemand mehr die Schuld für ihr blutiges Treiben ab. Für sie müssen deshalb komplizierte Entsühnungsrituale entwickelt werden. Als wirksamstes Mittel werden dabei Selbstgeißelung und Selbstverstümmelung empfunden. Diese rätselhaften Praktiken stellen Bußen für die Ungeheuerlichkeit der heiligen und von niemandem entschuldeten Tat dar. Unter diesen Übungen ragen wiederum Bestrafungen im Sexualbereich hervor. Noch der heutige katholische Priester, der Fleisch und Blut des Herrn herrichtet, hält mit dem Zölibat ein Stück dieser radikalen Selbstbestrafung fest. Seine Vorgänger gingen viel weiter. Priesterkönige der Maya lassen sich vor den Augen des Volkes stark blutende Verletzungen an Lippen, Zunge und Genitalien beibringen.[395] Die Priester der syrischen Venus-Kybele[396] und des aztekischen Quetzalcoatl[397] gehen bis zur Selbstkastration.

Man möchte auch angesichts solcher Kastrationen die Frage stellen, wieweit in ihnen ebenfalls etwas nachgespielt wird. Wo anthropomorphisierend das Ergebnis eines kosmischen Zusammenstoßes als Abhandenkommen eines Schweifes aufgefaßt wird, das ein anderer Himmelskörper verursacht, könnte dieser Verlust auch in Weltenbrandspiele Eingang finden. Iasion, der nach antiken Traditionen als Gestirnsgatte und/oder Sohn der Kybele[398] gilt, findet durch einen kosmischen Blitz (des Zeus[399]) beim Sexualverkehr sein Ende.[400] Je nach Sichtweise des Betrachters mag bei diesem kosmischen Zerbersten einmal auf den Schweif und ein andermal auf den Kopf fokussiert worden sein. Im letzteren Falle könnte die von der Forschung bisher unter die «abstrusen Bräuche»[401] gerechnete Selbstenthauptung durchsichtig werden, die in indischen Höhlentempeln abgebildet ist.[402]

Rituelle Kastrationsszenen als Nachspielen eines himmlischen Schweifverlustes zu deuten setzt die Kastration als menschliche Handlung selbstverständlich voraus. Kastrationsimpuls und Kastrationsangst existieren mithin jenseits kataklysmischer Naturvorgänge. Sie müssen ihnen vorhergehen, damit sie in Himmelsereignisse hineingesehen werden können. Ein zureichendes Verständnis der Komposition des mythischen Stoffes ist ohne Kenntnis sexueller

Abb. 15: Bildhauer bei Fertigstellung einer Hermesstatue als hauptbekrönte Säule mit erigiertem phallos und vorstoßendem Bart.[403]

Aggression und der psychischen Projektion nicht zu haben. Zur Karikatur eines psychoanalytischen Zuganges kommt es erst dann, wenn höchst wirkliche Ereignisse der Naturgeschichte – wie schon bei der Erklärung der Flutüberlieferungen aus Harndrangträumen[404] – zu rein seelischen Gebilden erklärt werden.

Darstellungen von phallisch kämpfenden Himmelsgöttern fehlen keineswegs. Ob zu dem Szenario einer kosmischen Kastration die astrophysikalische Annahme passen könnte, daß Merkur einmal ein Venussatellit gewesen ist, der am Ende – und dabei verbrennend bzw.

Abb. 16: Phallische Himmelskämpfer.[405]

«sterbend» – von ihr abgetrennt worden sei, soll hier wenigstens als Frage festgehalten werden.[406] In Karthago wird die Göttin Tanit regelrecht als «Gesicht des B'l [Baal]»[407] bezeichnet, was bisher nicht verstanden werden kann: «Wie auch immer diese Benennung zustande gekommen sein mag – wahrscheinlich ist doch, daß mit ihr eine äußerst enge Verbindung zwischen B'L [Baal] und Tnt [Tanit] zum Ausdruck gebracht werden soll.»[408]

Unstrittig ist die Existenz der in kultischen Umzügen mitgeführten *phalloi*. Will man ihre Deutung nicht auf das oben beschriebene Nachspielen von panischen Abwehrerektionen beschränken, wird man an den Geschichten über den Jünglingsgott und Stabträger Hermes nicht vorbeikommen. Geopfert wird er als Widder, dessen Heiligung ebenso durch Kastration vollendet wird wie diejenige des Dionysos-Bockes.[409] Die Statuen des Hermes – anfangs nicht mehr als männerköpfige Vierkantpfähle – sind mit erigierten *phalloi* ausgestattet.[410] Männer, die noch zur Römerzeit den Gott Attis kultisch darstellen, werden einem Opfertod durch Kastration ausgesetzt.[411] Wird hier ein himmlischer Schweifverlust nachgespielt?

Abb. 17: Frau oder Göttin vor jugendlichem Stab- oder Hermesgott, dessen Haltung als schwebend, aber auch als hängend gedeutet wird und dessen Ende bzw. Opferung sich durch Kastration vollzieht (adaptiert von Szene auf goldenem Siegelring aus Knossos / Kreta).[414]

Schon die spätkretische Zeit kennt Abbildungen eines jungenhaften himmlischen Stabträgers. Sein *phallos*-Verlust gehört in eine Szene, die an die Verehrung bzw. Beweinung des zerstückelten, also kastrierten Osiris[412] durch Isis[413] in Altägypten gemahnt.

Noch in der – viel späteren – Beweinung Christi scheint etwas von dieser Szene wiederzukehren. Allerdings wird ihm – nach der nur vom Apokalyptiker Johannes behaupteten Geschichte – auf merkwürdige bzw. verschobene Weise lediglich die «Seite» aufgestochen: «Der Kriegsknechte einer öffnete seine Seite mit einem Speer, und alsbald ging Blut und Wasser heraus.»[415] Auch die womöglich älteste Kruzifixdarstellung des Christentums zeigt ja «den Gekreuzigten nackt auf einem Sedile mit abgespreizten Beinen sitzend, die durchgebogenen Arme an die Balken des T-Kreuzes gefesselt»[416].

Das Einstechen der Lanze aus dem Johannesevangelium könnte den Versuch darstellen, Jesus mit der Dignität des alten Yahwe = Merkur auszustatten, von dem es bei Deutero-Sacharja heißt: «Und sie [die Bürger Jerusalems] werden mich [den Herrn] ansehen,

Abb. 18: Antiker Graburnendeckel mit Darstellung der verheerenden, am Ende aber gefällten Himmelsgottheit Gorgo (Medusa, Hera[417]), die sich mit einem phallos krönt (Römisches Museum zu Assisi[418]; Umzeichnung S. Bollenhagen).

den sie durchbohrt haben, und sie werden um ihn klagen, wie man klagt um ein einziges Kind, und werden sich um ihn betrüben, wie man sich betrübt um den Erstgeborenen.»[420] Hier sind bereits alle Elemente der Verehrung bzw. Versöhnung oder Beweinung des geopferten Gottesspielers versammelt. Ausdrücklich wird «der Herr» gleichgesetzt mit einer anderen Gestirnsgottheit, für die ganz dasselbe «Durchbohrungs»-Ritual gepflegt wird: «Zu der Zeit wird große Klage sein in Jerusalem, wie die um Hadad-Rimmon in der Ebene von Megiddo war.»[421] Hadad wird als Variante des Baal aufgefaßt,[422] der als Melkart[423] wiederum eine Merkurgottheit repräsentiert.

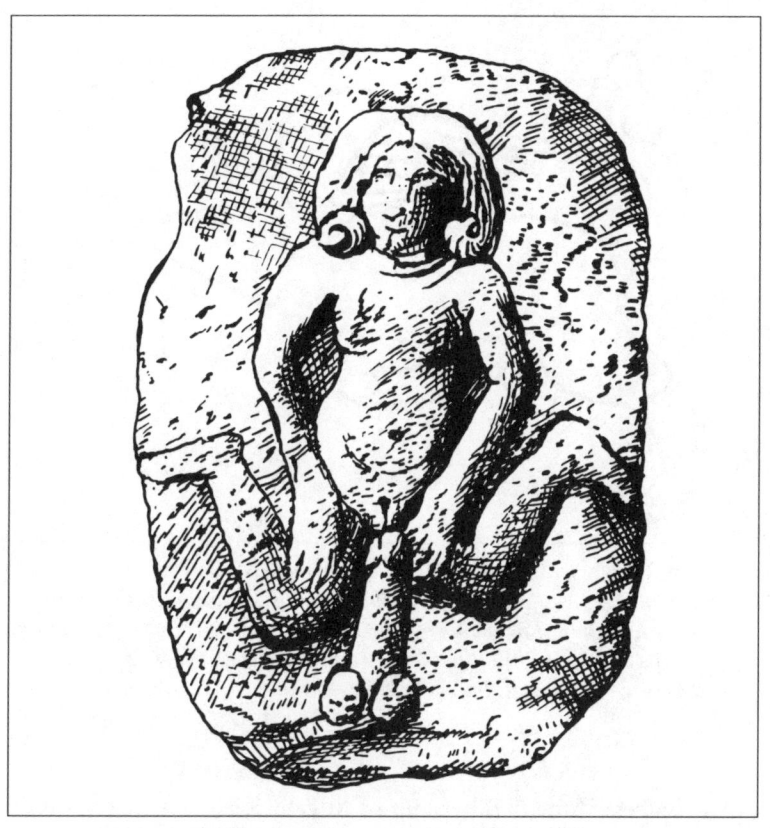

Abb. 19: Terrakotta aus dem altbabylonischen Nippur, die als Schlußszene einer heiligen Hochzeit gedeutet wird, in der die Göttin über dem abgetrennten Genital ihres himmlischen Geliebten dahinschwebt (Umzeichnung S. Bollenhagen).[419]

Sind die Kastrationen (oder Durchbohrungen) nicht nur an Ziegenböcken und Widdern vollzogen worden, sondern auch an männlichen Darstellern von sterbenden Erlösergöttern? Wird in den religiösen Beweinungsszenen ein himmlischer Schweifverlust beklagt, der ursprünglich ganz realistisch an männlichen Wesen und erst später lediglich mit Symbolen gespielt wird?

Abb. 20: Ein spätantiker geflügelter Hermes / Merkur in – zugleich karikierender – Reduktion auf den Flügelphallos, der als glücksbringender Talisman die Erinnerung an kosmische Erlösung bzw. das Ende kosmischen Unheils durch eine himmlische Kastration des Heilsbringers festhält (Bronze aus Trier, 1. Jh. u. Z.; Umzeichnung S. Bollenhagen).[424]

Die Entscheidung darüber fällt nicht ganz leicht, wird aber weiter unten an der heiligen Hochzeit (vgl. auch Abb. 29) noch einmal zu diskutieren sein. Auffällig bleibt jedoch, daß in antiken Grabbildern gerne eine schreckliche Gottheit dargestellt wird, die sich mit einer *phallos*-Trophäe schmückt. Auch der geflügelte *phallos* scheint nichts weiter als eine Hermesvariante darzustellen, der ja ohnehin gern mit Flügelhelm oder Flügelschuhen gezeigt wird. Wiederum wäre ein himmlischer Schweifverlust als segenbringende Erlösung gedeutet worden.

Kehren wir zum Umgang mit den Leichen der Opfer zurück. Die Bearbeitung des aus der aktiven Opferaggression entstandenen Schuldgefühls – die heilige Scheu – beschränkt sich keineswegs auf Bußen der Priester, denen die Hauptlast für die Tat zufällt. Religionsge-

Abb. 21: Opferung eines Gottesdarstellers bei den andinischen Antisindianern. Das bereits halb verweste frühere Opfer hängt statuenartig auf einem Hügel in einer Art hölzernem Tempel oder Schädelgerüst – nach Art des Tzompantli (siehe auch Abb. 25) – zur rituellen Versöhnung.[425]

schichtlich folgenreicher werden die Versöhnungs- bzw. Beweinungsrituale gegenüber den Kadavern der Menschen oder Tiere, die als geschmückte und maskierte Gottesspieler ihr Leben verloren haben.

Da die Leichen nach dem heiligen Akt – so dieser nicht von vornherein als absalomisches[426] Erhängen an Baum oder Pfahl erfolgte – wie ein Bündel aus Fleisch und Knochen auf der Erde liegen, werden sie in besonderer Weise rekonstruiert, um vor ihnen die Versöhnungsgesten vollziehen zu können. Vom Stier, der im ägyptischen Isisopfer als Darsteller des zerstückelten Osiris enthauptet wird, hören wir bei Herodot: «Nun wird der übriggebliebene Rumpf mit gereinigtem Brot, Honig, getrockneten Weinbeeren, Feigen, Weihrauch und dem übrigen Räucherwerk gefüllt, dann angezündet und eine große Menge Öl ins Feuer gegossen. ... Während das Feuer brennt, schlagen sich alle Anwesenden selber, und wenn des Schlagens und Wehklagens genug ist, bereiten sie aus den zurückgelassenen Teilen des Opfertieres das Mahl.»[427]

Die getöteten Opfer können auch mit Hilfe von Stützen in eine ansehnliche Position gebracht, also erhöht werden. Technisch bedeutet diese Aufrichtung, daß Teile der Leichen oder auch ganze Körper entweder aufgehängt oder durch Seile und Nägel an Pfählen, Bäumen u. ä. so fixiert werden, daß sie nicht wieder zusammensacken können. Diese erhöhten Leichen von Tieren oder Menschen – zeitweilig oder auch auf Dauer unter ihren Schreckensmasken – sind die ersten Götterstatuen. Sie bestehen – salopp gesprochen – aus Frischfleisch und verwesen deshalb sehr schnell. Aber Statuen von Göttern sind sie dennoch, denn die Leichen stammen von Lebewesen, die kosmische Naturgewalten und nicht etwa sich selbst repräsentiert haben. Damit unterscheiden sie sich von gewöhnlichen Verstorbenen, die schon jungsteinzeitlich in Gräberstatuen abgebildet werden konnten und heute durch Fotos auf den Grabsteinen für die Nachwelt zu Denkmälern werden.

Die Konstruktion zur Erhöhung des Opfers kann sogar selbst lebendig sein. Im aztekischen Kult der Chicomeocoatl (wörtlich «Siebenschlange») wird zum Beispiel dem Mädchen, das als Darstellerin der Göttin seinen Tod gefunden hat, die Haut abgezogen. Diese wird dann einem Priester umgelegt, der in dieser etliche Kilogramm schweren Einhüllung den Chicmeocatltanz wiederholt und so der Gemeinde Gelegenheit gibt, von der Verkörperin der Göttin in gebührender Verehrung und heiliger Scheu Abschied zu nehmen.[428]

In Mesoamerika ist die Praxis des Nachlieferns frischer Statuen von den europäischen Forschern noch angetroffen (Abb. 21), aber nicht verstanden worden. Unbegreiflich blieb den Gelehrten dabei einmal mehr, daß die Eingeborenen – hier der Andenstamm der Antisindianer – ihre Opfer «in die Reihe ihrer Götter aufnehmen»[429]. Die vorstehende europäisierende Darstellung zu einem Augenzeugenbericht stammt von Bernard Picart und findet sich in einem völkerkundlichen Sammelwerk des 18. Jahrhunderts.[430]

Man sieht gut, wie das neue Opfer an einem Pfahl zu Tode gebracht wird. Männer, Frauen und Kinder haben teil an Fleisch und Blut des

Abb. 22: Mittelalterliches sogenanntes Baumkreuz
(Scherenberg-Psalter, Straßburg um 1260).[431]
In dieser frühen Kruzifixdarstellung wird die Erinnerung an antike
Opfererhöhungsdarstellungen durch Fesselung der Leiche per Nagelung
noch festgehalten. Auffällig ist auch die Ausbildung der Hauptbekrönung.
Sie steht als Kreuznimbus für ein Himmelsfeuer, das antike
Sonnengottheiten, altpersische Großkönige und römische Gottkaiser
trugen und im 4. Jh. von Christen adoptiert wurde. Der Nimbus[432] verweist
darauf, daß hier nicht einfach ein Mensch – der Zimmermann Jesus –
hängt, sondern ein Jüngling, der für eine Himmelsgottheit steht.

Abb. 23: Löwenflankierte Säule der mykenischen Spätbronzezeit auf einem goldenen Siegelring (Ashmolean Museum / Oxford).[433]
Oben an der Säule – auch als Pfahl oder Kreuz anzusprechen – sind zwei Tierköpfe aufgehängt. Das ganze Ensemble gilt als rätselhaft. Dasselbe gilt für die wohlbekannte Heiligkeit der Säulen. Der Autor deutet die Köpfe der Tierleichen als Köpfe von Opfertieren, die im Ritual eine Gewalt kosmischer Natur dargestellt haben, also nicht als das Tier als solches von religiöser Bedeutung sind. Das Beweinen und das Bitten um Vergebung sowie die Versöhnungsgesten für den aggressiven Tötungsakt werden vor den erhöhten Leichen vollzogen. In diesem Prozeß kommt es zu dem, was man als religiöse Anbetung bezeichnen kann. Sie richtet sich an schlachtfrische Statuen und unterscheidet sich nur dadurch von den Gebeten vor künstlichen Statuen, die in den Vordergrund drängen, wenn die Schlachtopfer seltener oder gar abgeschafft werden. Die Anbeter können gar nicht umhin, auch vor den Säulen eine heilige Scheu zu empfinden, weshalb diese religiös auch dann bedeutungsvoll bleiben, wenn gerade keine Opferleiche an ihnen angebracht ist. Im Christentum etwa lebt diese Scheu auch vor Kreuzen fort, die nicht mit einem Jesusleichnam ausgestattet sind.

*Abb. 24: Links: Opferbaum der Diana auf Tauris
(Skizze eines Reliefausschnitts).*[434]
*Köpfe von geopferten Menschen und Tieren, die als Schauspieler von
Naturgewalten den Tod fanden, sind an einem Baum erhöht worden, damit
vor ihnen die Versöhnungsgesten der heilig-heilenden Tötergemeinde
vollzogen werden können. Im Hintergrund befindet sich eine Diana- oder
Artemisstatue, was auf eine spätere Entstehungszeit als den mykenischen
Siegelring (Abb. 23) schon dadurch verweist, daß schlachtfrische und
versteinerte Gottesbilder nun nebeneinander existieren. Das rechts der
Statue angebrachte Schwert verweist hier vielleicht auf eine weibliche
Exekutorin des Blutaktes.*[435] *Vgl. dazu auch in der Mitte die aus zwei
ähnlichen minoischen Siegeln zusammengezogene Altarszene.*[436]
*Rechts: Oscillum (Plakette mit Menschendarstellung) aus dem Jupiteropfer
auf dem Gipfel des Mons Albanus (ca. 20 km südwestlich von Rom): «Viele
antike Schriftsteller hielten die Figürchen für jüngere Substitutionen der
in primitiveren Zeiten praktizierten Menschenopfer.»*[437]

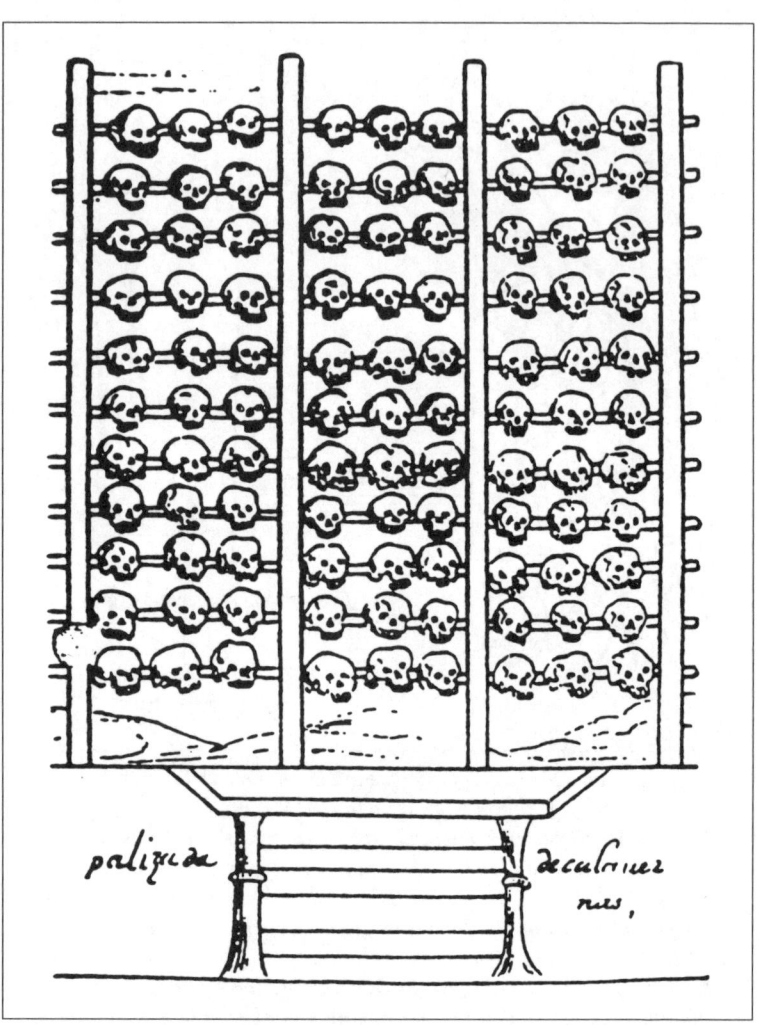

*Abb. 25: Aztekischer Tzompantli
(Schädelgerüst bzw. «Massenkruzifix»).*[438]
Die Azteken erhöhen – ganz wie andere Kulturen – die Schädel ihrer
Himmelskörper spielenden Opfer, um sie beweinen, verehren und
versöhnen zu können. Die getöteten Menschen werden zu einem Stern am
Firmament, weil sie im Ritual einen «sterbenden» kosmischen Körper
dargestellt haben (siehe auch Abb. 21 und Abb. 26).

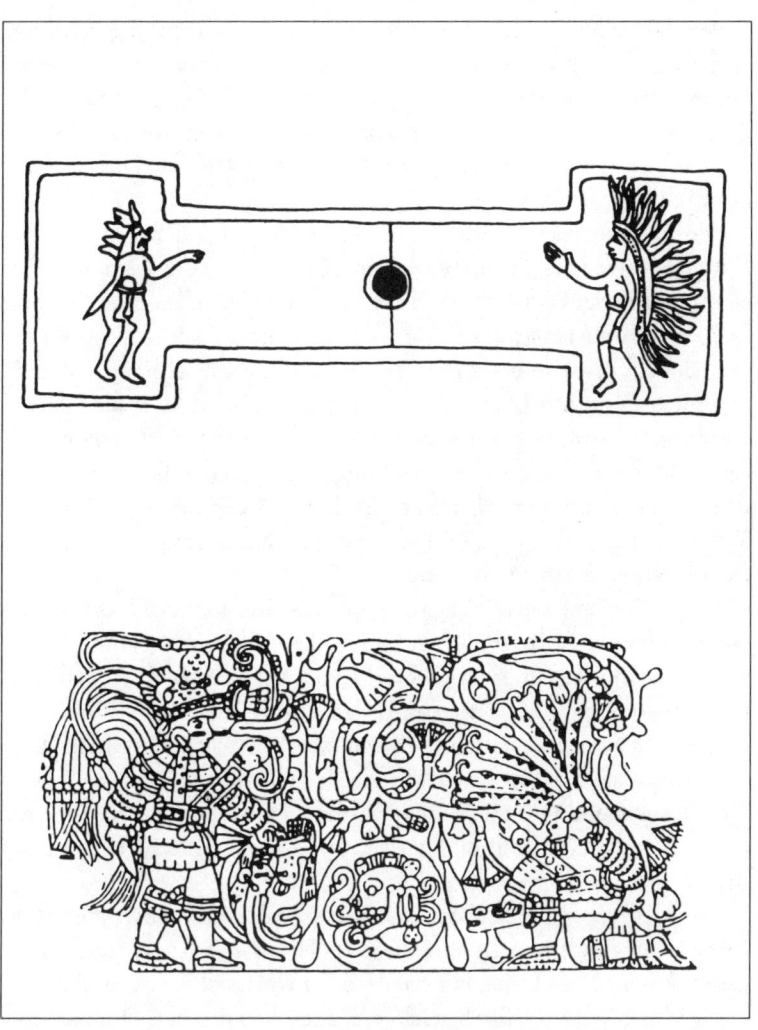

*Abb. 26: Oben: Toltekisches Duell von Ballspielern mit sternstrahligem Federkopfschmuck.[439]
Unten: Zwei rituelle Ballspielkapitäne in Kometenkostüm, von denen der linke das abgetrennte Haupt des rechten hält (Chichen Itza, großer Ballspielplatz).[440]*

Gottesdarstellers, indem sie sich mit einem von ihm abgeschnittenen Körperstück einreiben. Das vorige Opfer findet sich in einer besonderen Hügelhütte – einem Einzelstück-Tzompantli (siehe Abbildung 17) –, wo es für die versöhnende Anbetung bzw. für die Beweinung erhöht aufgehängt ist, bis es der nächsten Gottesverkörperung Platz zu machen hat.

Die Theorie des Götterbildes als Versteinerung oder sonstige Verfestigung eines frisch hingetöteten Gottesdarstellers wird auch bei Betrachtung der christlichen Ikone besonders leicht nachvollziehbar. Der «erhöhte Menschensohn»[441] steht nicht einfach für den Leichnam der Zivilperson Jesus mit dem Beruf des Zimmermanns. Was da an einem Pfahl mit Querbalken befestigt ist, hängt dort als Fleischwerdung (*incarnatio*) von etwas anderem. Dieser Jude aus römischer Zeit soll eine himmlische Jünglingsgottheit darstellen, die durch ihren – ebenfalls himmlisch angeordneten oder herbeigeführten – Tod die Erde erlöst beziehungsweise vor zukünftigen kosmischen Kalamitäten bewahrt haben soll.

In der Dornenkrone[442] begegnet uns die Sternenmaske wieder, die wir aus dem mesopotamischen Opfer ebenso kennen (siehe Abb. 5) wie aus dem mesoamerikanischen (siehe Abb. 26 oben[443]). Das kosmische Attribut wirkt keineswegs deplaziert, denn die Schlußinformation des Neuen Testaments entschleiert die Gottheit in ihrem kosmischen Aspekt ja ausdrücklich als den Großen der alten Götter: «Ich, Jesus, habe gesandt meinen Engel, solches euch zu bezeugen für die Gemeinden. Ich bin die Wurzel und das Geschlecht Davids, der *hell strahlende Morgenstern.*»[444]

Wir werden im Schlußkapitel sehen, daß der Morgensterngottheit Christus noch weitere Qualitäten eines Himmelskörpers zugehören: «Aus seinem Mund ging ein scharfes Schwert, daß er damit die Völker schlüge.»[445] Im irdisch nachgespielten kosmischen Drama ist es immer wieder ein Schwert- oder Schweifstern, der gegen seinesgleichen antreten muß.

Solange nach jeder Verwesung von neuem schlachtfrische Statuen anfallen, können dauerhafte Götterbilder durchaus fehlen. Sie sind fast durch die gesamte Bronzezeit des mykenischen Opferkönigtums, das für die Abhaltung von Ritualen zuständig ist,[446] nicht nachzuweisen.[447] Sie werden an ihrem Ende – am Übergang zur Eisenzeit also, die ja keineswegs durch ein dunkles Zeitalter von der Bronzezeit getrennt ist[448] – erstmals vereinzelt sowohl minoisch[449] als auch mykenisch[450] gefunden. Dafür treten während der Bronzezeit heilige Pfähle und Säulen häufiger auf.[451] Ein berühmter mykenischer Ring (siehe Abb. 23) könnte über ihre Funktion Auskunft geben. An ihm sind die erhöhten Tierköpfe immer für unbegreiflich gehalten worden. Sie werden in dieser Studie als erhöhte Köpfe von Opfern, mithin als frische Statue gedeutet. In etlichen Tempelpalastkomplexen der ägäischen Bronzezeit sind besondere Säulenkapellen ausgegraben worden. In einer von ihnen (Phylacopi / Melos) findet sich das Fresko eines Bekleidungsrituals,[452] einer Szene also, in der ein menschlicher Darsteller in die lebendige Statue einer Gottheit verwandelt wird.

Immer wieder sind die Religionsforscher in Ratlosigkeit darüber verfallen, daß Opfer und Götter identisch zu sein scheinen. Man setzt «den Gott und sein Opfertier gleich: Zeus verwandelt sich in den Stier.»[453] Im ägyptischen Ritual verblüfft «das Speeren von Feinden in Göttergestalt wie Krokodil, Nilpferd und Schildkröte»[455]. Beim altarabischen Material wundert man sich: «Wer einen Gott töten kann und eine Göttin heiratet, ist selbst – innerhalb der Märchenreligion – ein Gott.»[456] Auch der altisraelitische Jakob[457], der es als himmlischer Hinker[458] mit dem «Schrecken Isaaks, dem Gott seines Vaters»[459] zu tun hat, erweist sich als «Gotteskämpfer»(= «Israel»[460]). Wird also den Göttern geopfert – wie es der herrschenden Vorstellung entspricht –, oder werden ursprünglich Verkörperer von etwas geopfert, das wir heute als Gottheit bezeichnen? «Die spannungsreiche Fast-Identität von Gott und Opfer»[461] gilt als historisch unbegreifbar. «Ein Stier und sieben Schafe werden lebendig in eine Grube gestoßen: Sie *sind* Gott Kingu und seine sieben Söhne. Jemand wirft eine Taube in die Luft und schneidet sie mit seinem Schwert in zwei Teile: Die Taube *ist* Tiamat, die von Marduk gespalten wurde.»[462] Herakles verbrennt auf dem Scheiterhaufen und wird dann zum Gestirnsgott.[463]

Götter und Opfer sind keineswegs identisch. Die späteren Götter sind erst einmal nur Unheil anrichtende anorganische Naturgewalten, was immer wieder gesehen worden ist, wenn dabei auch vorrangig an die gewöhnlichen Erscheinungen wie Blitz, Sturzsee, Orkan,

Abb. 27: Zu einer Säule stilisierte und mit
eingekerbten Fesseln versehene Artemis Orthia aus Sparta
(archaische Periode, Knochenschnitzerei; gerastert).[454]
An diesem Stück ist die Umwandlung eines Opfers, das einen
Himmelskörper gespielt hat und nach seinem Tod für den Empfang
der Versöhnungsgesten an einen Baum fixiert wurde, zu einer künstlichen
Götterstatue leicht nachvollziehbar. Je mehr man vom realen Blutopfer
wegstrebt, desto wichtiger wird das vom Künstler geschaffene Idol, mit
dem die heilig-heilende Handlung transportiert wird. Die Parallele
zur christlichen Gottesikone ist wiederum evident.

Vulkan, Winterbeginn u. ä. gedacht wurde.[464] Die geformte Gottheit selbst ist – wie gesagt – «ein Spätling in der Religionsgeschichte»[465]. Gesehen wird gelegentlich auch, «daß die Macht einer Naturgewalt per Nachahmung oder Vertretung im Ritual durch einen menschlichen Schauspieler präsent gemacht wurde»[466] oder – umgekehrt – die «Gottheit ihre eigenen Ursprünge im Opfer haben muß»[467]. Für Altägypten gilt als unstrittig «wichtigste Aufgabe» des Pharaos, daß er durch Erschlagen, Erstechen und Verbrennen «Menschen, Tiere oder Gegenstände als Erscheinungsformen der Bedrohung vernichtet»[468]. Für das bronzezeitlich-minoische Kreta weiß man, daß in sogenannten Epiphanie-(= Erscheinungs-)Ritualen[469] Menschen die erscheinenden Götter spielen, dafür in besondere Gewänder gekleidet und so zu lebendigen Statuen werden.

All diese höchst aufschlußreichen Befunde werden mit imponierendem Forscherfleiß zusammengetragen. Weiter wird dann aber nicht gegangen. Selbst die eine überdeutliche Sprache sprechenden Ziegenopfer, die etwa in Sparta vor der Schlacht für den Sieg vollzogen werden und alle Bausteine für das Verständnis unserer Problematik enthalten, können theoretisch nicht fruchtbar gemacht werden. Nach einem Sieg der Spartaner erfolgt die «Wiederherstellung» einer geopferten Ziege, die der Venusgottheit Artemis/Athene zugehört: «Ein Eichenpfahl wird errichtet, behängt mit einem erbeuteten Helm, mit Schild und Speer.... Umkleidet man das Tropaion zusätzlich mit dem Fell der vor der Schlacht getöteten Ziege,... so steht das Bild der Göttin Athene da, mit Helm, Schild, Speer und Aigis, die ‹Jungfrau› ist erstanden aus der Schlacht, wie im Voropfer der symbolisierende Ersatz der Jungfrau vernichtet worden war.»[470] All das wird schön beschrieben, aber die Entwicklungslinie von der einschüchternden Himmelsgewalt über ihren zeremoniell getöteten Darsteller zur Vergottung seiner kostümierten Leiche durch die schuldbewußte Gemeinde tritt nicht ins Bewußtsein. Dabei laden die Texte selbst kaum zu Mißdeutungen ein. Aus dem altkappadokischen (hethitischen) Bereich etwa werden heilige Pfähle beschrieben, an die ein Widderfell gehängt wird, das im nächsten Jahr – nach dem neuen Opfer – durch ein frisches Fell ersetzt wird.[471] Die schlachtfrische Frühform der Götterstatue kann kaum klarer vergegenwärtigt werden.

Unter welchen Umständen kann ein gewöhnliches Tier wie die Ziege zugleich die Himmelsgöttin Athena sein, dennoch getötet werden und dann auch noch zu einem frischen Götterbild mutieren? Übermenschliche Mächte werden menschlich oder tierisch wahrgenommen und gehen dann als Tier- oder Menschenrollen in die Heilungsspiele ein. Dabei bekommen sie die Gestalt der Menschen oder Tiere, die diese Naturgewalten spielen. Auf verkehrte Weise schildert dies schon Hesiod: «Als Götter und sterbliche Menschen sich schieden,/wurde das Opfer geschaffen.»[472] Als kosmische Gewalten im Opfer von menschlichen Schauspielern nachgeschaffen wurden, entstanden die Götter, müßte es heißen. Und vom indischen Schöpfergott Prajapati hören wir ebendieses: «Darauf rief er ein Bild von sich selbst hervor, der das Opfer ist.»[473]

Die animalischen oder menschlichen Opfer werden oft mit zusätzlichen Attributen – Schuppenröcken, Sternenkronen, Hörnervergoldungen etc. – versehen, die an die zerstörerische Himmelserscheinung gemahnen. Werden die Tierfiguren wiederum von Menschen gespielt, können Mischwesen entstehen. Im kosmischen Drama, das nun im heiligen Bezirk gespielt wird, finden diejenigen Spieler der Himmelskörper, die in der Götterschlacht als ‹Verlierer› gesehen wurden, den Tod. Wenn dann die Beweinungen und Versöhnungsgesten vor den erhöhten Leichen vollzogen werden, nehmen diese Götterbilder eine Eigendynamik an. Der getötete Mitspieler wird als Mensch, der zugleich für eine Gottheit steht, um Vergebung angefleht. Damit ist das *gerichtete* Gebet geschaffen. Es ist die himmlische Funktion des Opferspielers, in der sich irdische Lebewesen und kosmische Naturgewalt zu Statuengottheiten amalgamieren.

Die Verbindung zwischen Leichen, die an Bäume gefesselt sind, und den frühesten Statuen der Himmelskönigin Artemis hat am ehesten wohl Karl Meuli erahnt.[474] Er hat sich aber nicht vorstellen können, wie eine Leiche an Baum oder Säule mit einer kosmischen Macht sinnvoll verbunden werden kann, obwohl Literatur darüber bereits vorlag[475] und auch der entsprechende hebräische Stoff längst bekannt war.[476] In seiner Not hat er dann die Himmelskönigin in einer Nebenrolle als Baumgöttin agieren lassen, aber auch von einer Baumbestattung der Artemis gesprochen. Wie sie jedoch zu Tode kommt und anschließend noch enthauptet wird, bleibt dunkel. Die doch erst im Anschluß an die Fixierung der Opfer erfolgende Heiligung der Bäume, Pfähle und Planken gerät Meuli unterderhand zu einer primären religiösen Qualität dieser ‹Säulen›.

Meuli ist es auch, der frühen Götterbildern angesehen hat, daß sie eingeschnitzte oder eingemeißelte Fesseln aufweisen, die der Erklärung bedürfen. Schon Pausanias berichtet, daß in Sparta «das Kultbild der Lygodesma [eine Variante der Artemis] mit Weidenzweigen umwickelt war. Die Göttin war also gefesselt. Die Statue war gefährlich und schreckenerregend: Als Astrabakos und Alopekos das Bild der Göttin fanden, wurden sie wahnsinnig.»[477]

Am Ende kommt Meuli mit seinem schönen Fund nicht zu Rande. Statt dessen schöpft er mit den «gefesselten Göttern» eine neue Kategorie im Pantheon, die allerdings mit der allgemein bekannten Götterwelt der Antike weitgehend identisch ist. Dabei sieht er viel: «Oft findet die Vorstellung von der Erneuerung der Welt ihren Ausdruck in Sintflut-Sagen und -Zeremonien. Es ist also verständlich, daß in den Berichten von gefesselten Göttern manchmal von der Sintflut die Rede ist.»[478] Einmal mehr darf einem evolutionistisch erzogenen Gelehrten von Ausnahmerang eine Sintflut nur als Sagenstoff, nicht jedoch als Naturereignis ins eigene Denken treten. Die nach den Katastrophenritualen tot daliegenden Opfer, die für ihre Beweinung und Versöhnung erhöht und dafür angefesselt werden, müssen dann außerhalb der Reichweite eines so ungemein ernsthaft und gedankenreich betriebenen Theoretisierens bleiben. Denn Meuli hat gesehen: «Wo Sühnezeremonien stattfinden, ist die Opfertötung eines Gottes vorhergegangen.»[479]

Erst mit der nachkatastrophischen Einschränkung oder gar Überwindung der großen Blutopfer kommt es zu einer schnellen Zunahme der künstlichen Statuen. Daß zu ihrer Pflege das Salben gehört[480] wie bei einem Menschen und einem Toten, dem die «Letzte Ölung» zuteil wird, unterstreicht einmal mehr die Herkunft des Gottesbildes aus der Leiche des Himmelsmächtespielers. In Ägypten sind es nachweislich gerade die kosmetischen Salben mit duftenden Zusätzen, mit denen im Ritual auch die Statuen eingerieben werden.[481]

Ist das Konzept der Statue einmal etabliert, können selbstredend

Skulpturen auch für Mächte oder selbst nur Vorstellungen geschaffen werden, die in den Blutritualen niemals eine Rolle gespielt haben, sondern nur in den mythischen Sagen erwähnt wurden. Das tragbare Gottesamulett als eine Miniaturisierung der Statue ist offensichtlich.

In seiner Verwendung ähnelt das Amulett dem an sich älteren Fetisch (vom portugiesischen *feitico* = künstlich), der ohne Bezug auf Naturgewalten gemacht wird und die in ihn geladene Energie seines besonders herausragenden Erzeugers übertragen soll. Der Fetisch wird von hochreligiösen Amulettnachfragern ebenfalls nicht verschmäht: «Auf der Missionsausstellung in Nizza im Jahre 1925 waren viele Fetische zu sehen. Zahlreiche Besucher wünschten diese für teures Gold zu erstehen, und als dieses selbstverständlich abgeschlagen wurde, sah die Ausstellungsleitung sich genötigt, die Gegenstände scharf bewachen zu lassen, da man versuchte, dieselben zu stehlen.»[482]

Vor den Skulpturen können nun Zeremonien der Schuldgefühlsabfuhr und des Erflehens von Hilfe und Gnade durch Menschen vollzogen werden, die von der überkommenen Erregungsabfuhr nicht lassen mögen. Gelegentlich – bei Kriegen, Mißernten, aber auch schweren Unwettern – werden sogar Opfertötungen vor den Statuen vollzogen. Diese Rückfälle auf Realtötungen machen die Analyse nicht einfacher. Die Blutakte *vor* den Gottesbildern werden für das Eigentliche der Religion gehalten. *Für* Götter werde da geopfert. So sieht man es. Aber dieses Tun leistet gerade nichts für das Verständnis der Rituale, in der Götter selbst zu Tode kommen. Wird *vor* Göttern geopfert oder werden *die* Götter geopfert, lauten dann die immer wieder Ratlosigkeit hinterlassenden Fragen. Werden die Götter von Menschen verfolgt, oder fühlen die Menschen sich von den Göttern bedroht? «Immer noch hassen wir unsere Opfer, wenn man so will, aber wir beten sie nicht mehr an. Das Verschwinden dieser in den Mythen überlieferten Umformung des Opfers trägt sicherlich dazu bei, daß wir Verfolgung in unserer gegenwärtigen Welt relativ klar erkennen können, während uns der Mythos *strictu sensu* unverständlich bleibt. Wir verstehen Verfolgung, weil das objektiv leichter ist. Und doch versagen wir vor dem

Mythos, obwohl – oder gerade weil – er letztendlich von nichts anderem handelt als von der zum Extrem getriebenen Gestaltveränderung des verfolgten Opfers.»[483]

Weil beim Opfern vor dem Götterbild eine Verdoppelung von frischen und versteinerten Statuen erfolgt, wird die Wahrnehmung des primären rituellen Aktes so schwierig. Das neue Bitt- oder Dankopfer entspringt ebenfalls einer Angst oder Sorge. Gefahren für eine Gebärende, die Erwartung einer schlechten Ernte, das Anrücken eines Feindes sind beunruhigend genug. Auch das alte Opfer entsprang seelischer Not. Diese Not aber war einer Gefahr geschuldet, deren überwältigende Dimension jetzt nicht mehr anfiel und so die Rätselhaftigkeit der alten Versteinerung nur erhöhte. Die kosmischen Angreifer waren nun inaktiv, wenn man so will, «tot», so daß ihre Versteinerungen zu Statuen durchaus doppelsinnig aufzufassen sind.

X

Die Verwerfung des Opfers, die Entstehung des Monotheismus und die Isolation der Juden unter den Völkern

«So wird es schier unbegreiflich, wie die Propheten hier den Aberglauben und das Heidentum bei den Hörnern zu fassen verstanden und wie sie im Opfer die Wurzel des Götzendienstes erkannten.»[484]

«Man sollte Überlegungen anstellen, warum und unter welchen Umständen das jüdische Volk so früh die Sterngottheiten abtat und die Bilderverehrung verbot, obwohl es dasselbe wie die anderen Völker erlebt und wie diese mit Astralreligion angefangen hatte.»[485]

«Ursprung, Ursache und (früheste) Begründung des [jüdischen] Bilderverbots sind schwer festzustellen.»[486]

«Wie bist du vom Himmel gefallen, du schöner Morgenstern! Wie wurdest du zu Boden geschlagen, der du alle Völker niederschlugst. Du aber gedachtest in deinem Herzen: ‹Ich will in den Himmel steigen und meinen Thron über die Sterne Gottes erheben.›»[487] Diese Jesaja-Verse[488] sind überwiegend als Allegorie auf die Niederlage Großassyriens im späten 7. Jahrhundert v. u. Z. gedeutet worden. Assoziationen zum Ende kosmischer Katastrophen können nicht aufkommen, weil die darwinistische Abstumpfung gegen den Stoff ungemein erfolgreich gearbeitet hat.

Für dieselbe Achsenzeit beobachtet eine Wissenschaftlerin gleichwohl bemerkenswerte Umwälzungen für Griechenland: «Eine neue Auffassung des Himmels entstand, die in den Naturvorgängen Symmetrie und Regelmäßigkeit betonte.»[489] Das feudalistische Priesterkönigtum weicht der eigentumsbestimmten *polis*.[490] Die Anhänger des Pythagoras (6. Jahrhundert v. u. Z.) wenden sich gegen die blutigen Stieropfer, was ihnen Verfolgung einträgt.[491] Auch der Aufklärer Pheredykes aus Syros (5. Jahrhundert v. u. Z.) verweigert sich dem Opferkult und wird der Sage nach dafür von Apollo mit einer Läusekrankheit bestraft.[492] Wenige Jahrhunderte später lehrt Theophrast Mitleid mit den Opfertieren und empfiehlt unblutige Göttergaben.[493]

Besonders aufschlußreich fällt der Bericht über die Bewegung gegen das Opfer im eisenzeitlichen Rom aus. Dieser Kampf scheitert bekanntlich. Erst im Jahre 97 v. u. Z. wird in Rom durch Senatsbeschluß das Menschenopfer generell untersagt. Das hindert jedoch Kaiser Augustus (31 v. u. Z. bis 14 u. Z.) nicht daran, 300 Menschen auf dem Altar des mittlerweile vergotteten Julius Caesar rituell schlachten zu lassen. Kaiser Neros (37–68 u. Z.) Wiedereinführung des Menschenopfers nach Sichtung eines Kometen wird uns noch bei der Schaffung des Christentums durch den Apostel Paulus beschäftigen (Bekehrung zwischen 30 und 40 u. Z.; Tod zwischen 64 und 67 u. Z.). Im früheisenzeitlichen Rom nun wird nicht nur das rituelle Blutvergießen bekämpft, sondern damit gleichzeitig das Aufstellen von Götterstatuen, die somit zumindest ahnungsweise als ein Ergebnis der Opferpraxis verstanden werden: «Numa [Pompilius; sagenhafter zweiter König Roms aus dem späten – ebenfalls legendären – 7. Jh. v. u. Z.] verbot den Römern, ein menschen- oder tiergestaltiges Bild eines Gottes zu errichten. Tatsächlich gab es bei ihnen früher weder eine gemalte noch eine plastische Darstellung eines Gottes, sondern in den ersten hundertsiebzig Jahren haben sie zwar stets Tempel und Kapellen errichtet, aber *kein Bild eines Gottes* herstellen lassen, weil es nicht erlaubt sei, das Höhere in minderwertigem Stoff nachzubilden, und nicht möglich, das Höchste anders zu erfassen als durch Denken. Auch mit den *Opfern* folgt Numa ganz dem pythagoreischen Gottesdienst, denn *sie waren zumeist unblutig* und bestanden in Mehl, Weinspenden und den einfachsten Dingen.»[494]

Weiter östlich wird für die indischen Historiker nach dem Ende globaler Katastrophen das «Zeitalter des Opfers» durch das «Zeitalter der Zwietracht»[495] abgelöst. Der Buddhismus überwindet das Blutopfer ganz.[496]

Im medo-persischen Kulturraum geht es gegen die «Beteiligung an den Rinderopfern, die zu bekämpfen Zarathustra nicht müde wird»[497]. Landwirtschaftliche Gaben ersetzen die blutigen indo-iranischen Blutopfer.[498] Auf den Feueraltären wird kein Fleisch mehr verbrannt. Statt dessen lodern reine Flammen für sich selbst.[499] Darius der Große (522–486 v. u. Z.) verlangt von den Karthagern, die er in einem Krieg gegen Ägypten gut gebrauchen könnte und für den sie sich als Alliierte anbieten, erst einmal das Kindesopfer[500] einzustellen,[501] wobei ihm jedoch kein Erfolg beschieden ist. Die karthagischen Kindesopfer gehen bis zur endgültigen Niederlage gegen Rom im Jahre 146 v. u. Z. weiter.

Wie Numa Pompilius in Rom, so verbindet auch der iranische Denker Zarathustra seine Bekämpfung der Opfer mit der Bekämpfung der Götterstatuen,[502] muß also über die Herkunft letzterer aus den erhöhten Leichen der Geschlachteten zumindest eine Ahnung gehabt haben.

In China preist man in der Achsenzeit den «himmlischen Frieden». Im religiösen Feld gibt es einen entschiedenen Wandel «von dem Bestreben, Gott und den Göttern durch Opfer gefällig zu sein, ohne Moralität zu einem Hauptpunkt zu machen, hin zu dem Glauben, daß moralisch richtige Handlungen als solche den Schlüssel zum Überleben und Erfolg auf der Welt seien»[503]. Zwar wurde das Opfer nicht wirklich überwunden, sondern nur in eine nunmehr vom weltlichen Bereich separierte Sphäre abgedrängt. Gleichwohl: Viele «Schamanen, Weissager und Priester, welche die ‹Träger› der heiligen Traditionen gewesen waren, mußten ... jetzt andere Funktionen in der Gesellschaft übernehmen»[505]. In China wurde – etwa durch Guan Yefu – sehr wohl verstanden, daß es «Zeiten der Verzweiflung» gewesen waren, in denen «Menschen die Rolle von Schamanen übernommen hatten»[506], und jetzt eben eine neue Zeit hereingebrochen war. In diesen Zeiten der Verzweiflung – nach moderner Terminologie also in der Bronzezeit – gilt auch für China, daß «das Menschenopfer geradezu eines der auffälligsten Merkmale ist, wodurch sich die hochkulturellen Funde der Shang von denjenigen des nordchinesischen Neolithikums unterscheiden»[507].

Für die abendländische Entwicklung geschichtsmächtig wird der

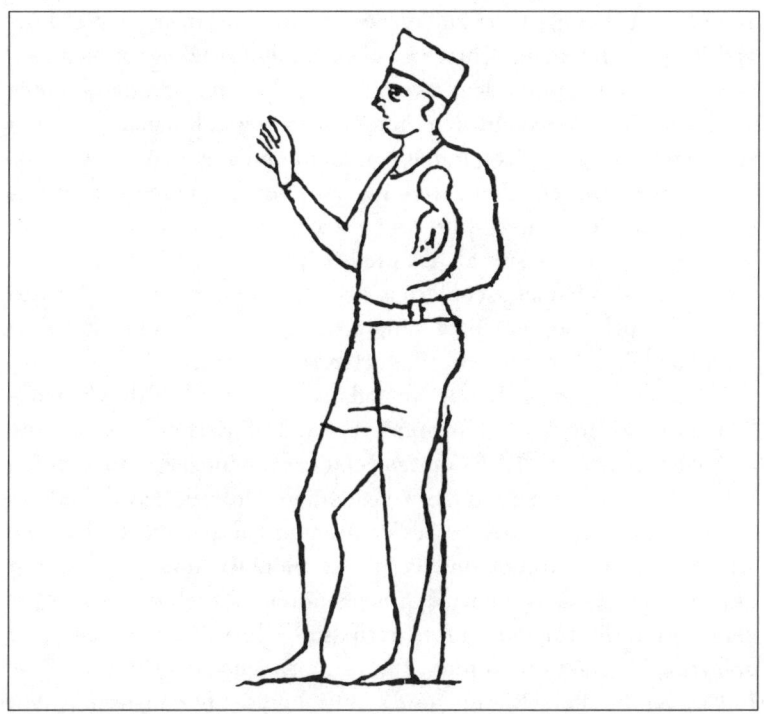

*Abb. 28: Karthagischer Priester trägt ein Kind zum Molochopfer.
Umzeichnung der Stele des 4. Jahrhunderts v. u. Z. aus dem Bardomuseum
durch S. Bollenhagen.*[504]

zum jüdischen Monotheismus führende Kampf gegen das Opfer in Altisrael. Er fällt womöglich deshalb soviel radikaler aus als im übrigen Altvorderasien, weil die von Nebukadnezar nach Babylon verschleppten Juden sich in einer ganz und gar außergewöhnlichen Situation wiederfinden. Gestern noch agieren sie in der Heimat als priesterliche Feudalherren, die – wie die meisten Feudalherren – aus ökonomischem Interesse das religiös überflüssig gewordene Tempelwesen gerne fortführen würden. Aber bereits in diesem Gestern können sie – nach der Kultzentralisierung in Jerusalem durch König Josia (konventionell 640–609 v. u. Z.) – nur noch auf einen einzigen

Tempel zurückgreifen, der zudem bereits entschieden gegen die Himmelskörperopfer ausgerichtet ist: «Der König [Josia] gebot dem Hohenpriester Hilkia und dem zweitobersten Priester und den Hütern der Schwelle, daß sie aus dem Tempel des Herrn hinaustun sollten alle Geräte, die dem Baal und der Aschera und allem Heer des Himmels gemacht waren. Und er ließ sie verbrennen draußen vor Jerusalem im Tal Kidron und ihre Asche nach Bethel bringen. Und der setzte die Götzenpriester ab, die die Könige von Juda eingesetzt hatten, um auf den Höhen zu opfern in den Städten Judas und um Jerusalem her; auch die dem Baal geopfert hatten, der Sonne und dem Mond und den Planeten und allem Heer am Himmel.»[508]

Selbst dieser letzte Tempel in Juda wird schließlich durch den – konventionell ins 7./6. Jahrhundert v. u. Z. datierten – Großkönig Nebukadnezar zerstört. Es gibt vorerst für die judäischen Exilanten also keine Aussichten, sondern bestenfalls Hoffnungen darauf, in einen Priesterfeudalismus zurückkehren zu können. Im Exil finden sich Judas Aristokraten und Fachleute plötzlich und unvermittelt ohne fromme Leibeigene wieder. Sie gehören nun selbst zu den Ausgebeuteten, die für die Aufrechterhaltung ihrer Dienstbereitschaft opferreligiös traktiert werden. Immer noch jedoch verfügt die Elite Judas über ihre hohe Bildung und astralreligiöse Spezialisierung. Mit dieser Qualifikation kann sie sich nun gegen die Verabreichung frommer Sprüche und apokalyptischer Einschüchterungen zur Wehr setzen.[509]

Es ist wohl kein Zufall, daß Daniel als Astronom des babylonischen Hofes gilt. Die Beobachtung des Himmels wird schließlich die Wissenschaft, mit der man sich des Katastrophenendes versichert. Die Beobachtungen von Merkur und Venus, die im Opferkult zentral stehen, führen zu den astronomischen Meisterleistungen des Altertums. Mit den geometrisch ungemein eleganten Darstellungen als Sechszackstern (Merkur) und Fünfzackstern (Venus)[510] wird der langjährig sichere Lauf dieser Planeten um die Sonne demonstriert und den Menschen die Furcht genommen.

Die heidnische Position hingegen, die durch das Festhalten an den Planetengöttern definiert ist, ersehnt die Rückkehr ihrer Götter und beginnt damit, sie für apokalyptische Drohungen zu verwenden.

Nach der Abschlußkatastrophe zwischen der Mittel- und Spätbronzezeit heißt es etwa auf Lebermodellen für die Zukunftsschau, die in Hazor ausgegraben wurden: «Ischtar [Venus und Konsortin Baals/Merkurs] werde das Land fressen. / Die Götter der Stadt [von den um ihre Existenz gebrachten Priestern beschworene, jetzt aber ruhiggestellte Venus und Merkur?] werden zurückkehren.»[511]

Für die nun beendete Katastrophenträchtigkeit der beiden legendären Himmelskörper ist in der akademischen Astronomie eine Erklärung versucht worden, wonach Merkur einmal ein Satellit der Venus gewesen sei.[512] Im griechischen Mythos heißt es vom Merkuräquivalent Hephaistos, der von einem Venusäquivalent jungfraugeboren wird: «Hera hat diesen Sohn aus sich selbst, ohne männliche Zeugung geboren; das Ergebnis war enttäuschend, sie warf ihn zornig vom Himmel herab. / Er rächte sich, indem er der Mutter einen Thron schenkte, der sie mit raffinierter Automatik fesselte.»[513] Diese Fesselung aus dem griechischen Mythos könnte eine kosmologische Erklärung für den «himmlischen Frieden» aus dem chinesischen Mythos enthalten. Auch eine Sage vom Merkuräquivalent Zeus – vergleichbar dem germanischen Merkur = Wotan, dem etymologischen Namensgeber für «Gott» wie Zeus für *deos* – könnte in diesen Zusammenhang gehören. Er habe Hera «einmal zwischen Himmel und Erde gefesselt aufgehängt, einen Amboß an jedem Bein»[514], so daß sie keine unkontrollierte Bewegung mehr vollführen konnte. Die moderne Astronomie zeigt sich verstört darüber, daß Merkur in eine katastrophale Kollision verwickelt war, die Teile seiner Kruste absprengte. Bei seinem konventionellen Alter von 4,5 Milliarden Jahren und einem nur 523 Kilometer dünnen Mantel ist bisher nicht überzeugend erklärbar, warum sein mächtiger Eisenkern von 3832 Kilometer Durchmesser vor gewaltiger Hitze teilweise immer noch flüssig und nicht längst abgekühlt ist.[515]

Der Kampf für den Monotheismus – bzw. die Negation der vielen Astralmächte – wird gegen alle Götter in Form von Himmelskörpern geführt, zu denen ja der alte «Yahwe und seine Aschera»[516] genauso gehören[517] wie «Baal und Astarte», «Merkur und Venus», «Moses und Miriam»[518] und so viele andere Götterehen, Göttergeschwister oder Mutter-Sohn-Götterpaare.[519] Dieser altisraelitische Yahwe «gab

... ihnen Gebote, die nicht gut waren, und Gesetze, durch die sie kein Leben haben konnten, und ließ sie unrein werden durch ihre Opfer, als sie alle Erstgeburt durchs Feuer gehen ließen»[520]. Selbst im monotheistischen Israel müssen immer wieder Rückfällige ermahnt werden: «Hebe auch nicht deine Augen gen Himmel, daß du die Sonne sehest und die Sterne und das ganze Heer des Himmels und fallest ab und betest sie an und dienest ihnen, / denen sie nachgelaufen sind, die sie befragt... haben.»[521] Noch der König Manasse «richtete dem Baal Altäre auf und machte ein Bild der Aschera. / Er baute allem Heer des Himmels Altäre. / Und er ließ seinen Sohn durchs Feuer gehen.»[522] Wie bei den phönizischen Nachbarn wird hier das himmlische Verbrennen eines – durch diesen ‹Tod› die Erde erlösenden – ‹Kindgottes› im irdischen Ritual nachgespielt.

Das Bilderverbot aus den Zehn Geboten ist nichts anderes als die Unterbindung von Statuen, die für Himmelskörper oder irdische Naturgewalten stehen: «Du sollst dir kein Bildnis machen in irgendeiner Gestalt, weder von dem, was oben im Himmel, noch von dem, was unten auf der Erde, noch von dem, was im Wasser unter der Erde ist. Du sollst sie nicht anbeten noch ihnen dienen.»[523]

Von Yahwe als einem Himmelsduellierer[524] wird jetzt weggestrebt. Seine Einkleidung als junger Stier[525] – nun bekämpft als heidnische Anbetung eines goldenen Kalbes – wirkt nur noch unpassend. Seine Mardukhaftigkeit ist aber nicht vergessen: «Wach auf, wach auf, zieh Macht an, du Arm des Herrn! Wach auf, wie vor alters zu Anbeginn der Welt. Warst Du es nicht, der Rahab [die große Sintflutschlange] zerhauen und den Drachen durchbohrt hat?»[526] Am altmächtigen Namen Yahwe klebt die Vergangenheit eines nunmehr harm- und somit machtlosen Merkurplaneten. Ein sterbender Dionysos ist der altisraelitische Yahwe. Sein Gottesstatus verfällt, weil er zu den individuellen Himmelskörpern zählt, die im Monotheismus zu Nichtsen werden: «Ihr sollt euch nicht fürchten vor den Zeichen des Himmels, wie die Heiden sich fürchten. Denn ihre Götter sind alle nichts.»[527] Aufgrund seines Hinfälliggewordenseins wird die Anrufung Yahwes = Merkurs seit der Achämenidenzeit,[528] also seit Beginn des Monotheismus tabuisiert. Den Namen der alten Gottheit weiter zu verwenden beinhaltet immer die Gefahr, daß die ihn verherrlichenden Opferkulte, in denen wohl sein «Sterben» nachgespielt wird, auch unter Juden wieder aufleben: «Es heißt zwar, daß fromme Scheu sie bewogen habe, den Namen nicht mehr auszusprechen; sie hätten ihn aber doch nicht aufgeben können, wenn ihr geschichtlicher, nationaler, ihnen allein heiliger Gott noch wahrhaftig lebendig gewesen wäre.»[529] Anders als der altisraelitische Yahwe bleibt die Gottheit des monotheistischen Judentums am Ende also ohne Namen, weshalb es gerade vom Kern des Judentums abfallende Charismatiker – wie etwa Sabbatai Zwi im 17. Jahrhundert – dazu treibt, den heidnischen Namen wieder aufzugreifen. Im Monotheismus jedoch ist Gott nur noch «Mein Herr» (Adonai) oder «Der Name» (Ha Schem).

Als am Himmel Regelmäßigkeit und Ruhe eintritt, beginnt der Niedergang des Opfers. Er ist bis heute nicht zum Abschluß gekommen. Die jüdischen Propheten können mit der Überwindung der Blutkulte beginnen, weil sie sich durch astronomische Auskünfte vom Ende der Katastrophen überzeugt haben, wie wir aus der monotheistischen Nachschrift zur Noah-Flut erkennen können: «Ich will hinfort nicht mehr die Erde verfluchen. / Und ich will hinfort nicht mehr schlagen alles, was da lebt, wie ich getan habe. Solange die Erde steht, soll nicht aufhören Saat und Ernte, Frost und Hitze, Sommer und Winter, Tag und Nacht.»[530] Dieser Befund sorgt für die antiapokalyptische Tradition des Kernjudentums bis heute hin. Die krank machenden Katastrophen sind vorüber, weshalb es auch der starken Heilmittel nicht mehr bedarf.

Im Bewußtsein der jetzigen Götzenhaftigkeit der «himmlischen Heerscharen» greifen die Propheten die Altisraeliten an, die wie die anderen Völker mit Opfer und Tempel weitermachen wollen: «Höre mein Volk, laß mich reden; Israel, ... ich will von deinem Hause Stiere nicht nehmen noch Böcke aus deinen Ställen. ... Meinst du, daß ich Fleisch von Stieren essen wolle oder Blut von Böcken trinken? Opfere Gott Dank und erfülle dem Höchsten deine Gelübde und rufe mich an in der Not, so will ich dich erretten, und du sollst mich preisen.»[531]

Der nach der Rückkehr aus dem Exil schließlich neu errichtete Tempel,[532] der von Resten des Priesteradels[533] verteidigt und vom traditionellen Landvolk[534] auch wieder versorgt wird, verfällt gemeinsam mit den Opferern der Kritik: «Der Himmel ist mein Thron und die Erde der Schemel meiner Füße. Was ist das für ein Haus, das ihr mir bauen könntet. ... Wer einen Stier schlachtet, gleicht dem, der einen Menschen erschlägt; wer ein Schaf opfert, gleicht dem, der einem Hund das Genick bricht; wer ein Speisopfer bringt, gleicht dem, der Schweineblut spendet; wer Weihrauch anzündet, gleicht dem, der Götzen verehrt; wahrlich, wie sie Lust haben an ihren eigenen Wegen und ihre Seele Gefallen hat an ihren Greueln. ... Sie hörten nicht und taten, was mir nicht gefiel, und hatten ihre Lust an dem, woran ich kein Wohlgefallen habe.»[535]

Dieses leidenschaftliche Vorgehen verfehlt seine Wirkung nicht. Daß die wortgewaltigen Verwerfer von Tempel und Opfer vorerst einen Kompromiß, d. h. das Überdauern eines letzten Tempels in Jerusalem akzeptieren müssen, nimmt der wegweisenden Stoßkraft ihres Vorhabens nichts von seinem zivilisatorischen Schwung. Eduard Meyer, der zwischen 1880 und 1930 in der Altertumswissenschaft nicht seinesgleichen hat und auch für sehr ungerechte Urteile über das Judentum zu Buche steht, hat sich davon mitreißen lassen: «Was den Ungläubigen vom Judentum geboten wurde, war in der Tat etwas ganz Eigenartiges. Diejenigen Elemente der Religion und des Kultus, die sonst überall im Mittelpunkt standen, waren hier völlig weggefallen: es kannte weder Tempel noch Götterbilder noch Opfer ... mit Ausnahme der einzigen Stätte ... im Tempel von Jerusalem. ... Tatsächlich wurde er [der Opferdienst] dadurch für den weitaus größten Teil des Judentums aufgehoben. Darauf beruht es, daß der Tempel mit allen Einzelheiten des Opferdienstes den Juden, wenn sie nach Jerusalem kamen, einen so gewaltigen Eindruck gemacht hat. ... Einen Kultus ohne Götterbild und Tempel gab es sonst nirgendwo in der Kulturwelt.»[536] Aber auch in ihrer Hauptstadt opferten die noch zum Tempel stehenden Juden nicht mehr persönlich: «Dem täglichen Opferdienst in Jerusalem stand gegenüber, daß der *einzelne* nunmehr überhaupt *aufhörte* zu opfern.»[537] Auch die rituellen Töter am letzten Jerusalemer Sakralplatz, die hier nach levitischem Recht gerade nicht mit den Priestern identisch sein dürfen, vollziehen ihre Handlungen auf ganz untypische Weise, wie Theophrast berichtet:

«Unter den Syrern schlachten die Juden die Opfertiere nicht zum Genuß der Opfernden, wie bei uns, sondern verbrennen sie bei Nacht, mit Honig und Wein.»[538]

Da dem monotheistischen Gott alles gehört, er mit anderen Göttern um Ansehen und Gaben nicht konkurrieren muß, sind Geschenke der altisraelitischen Art sinnlos. Der Fütterung bedarf er nicht. Das Beschwichtigen oder gar Bezwingen durch imponierende Gaben mag bei Vulkanen und erdgefährdenden Himmelskörpern versucht werden, gegenüber einem Allmächtigen gewinnen sie den Charakter von Torheit und Verstiegenheit. Der unsichtbare jüdische Gott kann auch von niemandem – Mensch oder Tier – gespielt werden, dessen Überbleibsel oder symbolische Repräsentanz – wie Hostienfleisch oder Weinblut – dann der Gemeinde zur Speisung dienen. Deshalb gibt es – neben dem Fortdauern einer Teilung zwischen Mensch und Gott – die Entwicklung hin zur Verwendung des Kadavers als Brandopfer (*olah* = Emporsteigen) in seiner Gänze (*kalil*).

Die nicht aus dem babylonischen Exil nach Juda Zurückkehrenden gehören zu den ersten monotheistischen Juden, die nur noch ihre Synagogen haben und den Einheimischen ein Leben ohne Opferkult präsentieren: «Anscheinend traf sich jede Gemeinde in einer Versammlung (*kinishtu*, ein aramäisches Lehnwort im Babylonischen; daher *knesset* im mischnischen Hebräisch), und man darf wohl annehmen, daß aus den Versammlungshäusern Andachtsstätten wurden. Falls dies zutrifft, dann liegen hier die Ursprünge der Synagoge, die dann zum Mittelpunkt der jüdischen Gemeinde wurde.»[539] Lange vor der Zerstörung des Zweiten Tempels durch Titus im Jahre 70 u. Z. bedeutete das «synagogale Fest . . . eine unvermeidliche Entwertung des Opfers und des Priestertums»[540].

Etwas völlig Neues betritt im Ergebnis der Opferkritik die Bühne der Geschichte: Ein «barmherziger Gott»[541], einer, «der euch geliebt hat»[542], gelangt ins Zentrum des nachkatastrophischen Israel. «Gnade geht jetzt vor Recht» und Strafe «gilt nur mehr den einzelnen Sündern»[543] – nicht ganzen Geschlechtern oder Völkern. Die bloße Projektion menschlicher Erregung und Wut auf das Vergottete weicht dem Konzept eines davon befreiten höchsten Wesens: «Mein Herz ist anderen Sinnes, alle meine Barmherzigkeit ist entbrannt. Ich will nicht tun nach meinem grimmigen Zorn. ... Denn ich bin Gott und nicht ein Mensch und bin der Heilige unter euch und will nicht kommen, zu verheeren.»[544] Selbstverständlich hat diese Gottessicht ihren Preis. Aus der Blutopfernegation stammt die Güte der monotheistischen Gottheit. Aus der Himmelskörpernegation stammt ihre Allmacht. Das Konzept der Allmacht aber muß in Widerspruch geraten zur höchst ungütigen Wirklichkeit, die doch der gütige Gott nicht wollen kann. An diesem Widerspruch ist viel Theologie erwachsen. Die Menschen sollen nun in der Welt positiv herbeiführen, was erst einmal nur als Polemik gegen die alten Blutgötter und ihren Anhang formuliert worden ist.

Nie ist recht verstanden worden, woher die jüdischen Liebesgebote kommen. Dabei sprechen die Propheten von ihnen immer unmißverständlich als Gegensatz zum Blutopfer.[545] «Ich habe Lust an der Liebe und nicht am Opfer»[546], verdichtet Hosea unübertroffen das ganze neue Programm. Jesaja hebt mit gleicher Mahnung an: «Unrecht und Festversammlung [Opfer] mag ich nicht. / Und wenn ihr auch viel betet, höre ich euch doch nicht; denn eure Hände sind voll Blut. Wascht euch, reinigt euch, tut eure bösen Taten aus meinen Augen, laßt ab vom Bösen. Lernet Gutes tun, trachtet nach Recht, helft den Unterdrückten, schaffet den Waisen Recht, führt der Witwen Sache.»[547] Micha formuliert kaum anders: «Wird wohl der Herr Gefallen haben an viel tausend Widdern, an unzähligen Strömen von Öl? Soll ich meinen Erstgeborenen für meine Übertretung geben, meines Leibes Frucht für *meine* Sünde? Es ist Dir gesagt, Mensch, was gut ist, und was der Herr von Dir fordert, nämlich Gottes Worte [das Gesetz – G. H.] halten und Liebe üben.»[548]

Auch die soziale Umwandlung der Liebe – die Gerechtigkeit also – wird direkt gegen das Opfer gefordert: «Wenn ihr mir auch Brandopfer und Speisopfer opfert, so habe ich keinen Gefallen daran und mag auch eure fetten Dankopfer nicht ansehen. Tu weg von mir das Geplärr deiner Lieder; denn ich mag dein Harfenspiel nicht hören. Es ströme aber das Recht wie Wasser und die Gerechtigkeit wie ein nie versiegender Bach.»[549] Die Universalität dieser Anforderungen unterstreicht derselbe Prophet in der womöglich frühesten uns bekannten Verwerfung von Rassendünkel: «Seid ihr Kinder Israel mir nicht gleich wie die Mohren? spricht der Herr. Habe ich nicht Israel aus Ägyptenland geführt und die Philister aus Kaphtor und die Aramäer aus Kir?»[550]

Im Gesetz (der Thora) wird die Opferkritik in ihre wohl überwältigendste und zugleich unerfüllbarste Form gebracht: «Du sollst deinen Nächsten lieben wie dich selbst. / Wenn ein Fremdling bei euch wohnt in eurem Lande, den sollt ihr nicht bedrücken. Er soll bei euch wohnen wie ein Einheimischer unter euch, und du sollst ihn lieben wie dich selbst.»[551] In dieser historisch wohl frühesten Formulierung eines gewissermaßen internationalistischen Humanismus wird der Begriff «Fremdling» gewählt, da zu dieser Zeit der Stammesfremde und der Stammesfeind noch miteinander identisch sind. Im römischen Imperium hingegen, das Menschen einer großen Zahl von Stämmen zu gleichberechtigten Staatsbürgern gemacht hat, wird diese Formulierung unzeitgemäß. Der Stammesfremde kann nunmehr ein römischer Mitbürger sein und ist als solcher eben kein Feind mehr. Deshalb wird in der aus römischer Zeit stammenden christlichen Redaktion des überkommenen jüdischen Gesetzes der Terminus «Fremdling» durch «Feind» ersetzt. Im übrigen soll die Tötung aus Rache durch die Liebesgebote ebenso überwunden werden wie das Opfern, so daß es heißt: «Du sollst dich nicht rächen noch Zorn bewahren gegen die Kinder deines Volkes. Du sollst deinen Nächsten lieben wie dich selbst.»[552]

Daß die Fremdenliebe eine jüdische Schöpfung darstellt, hat schon früh den Neid der Christenheit erregt. So wird das Thoragebot aus 3. *Mose* 19: 34 («Du sollst ihn [den Fremdling] lieben wie dich selbst») in der christlichen Bibel zu einem Gebot des Feindeshasses verfälscht, um eine antijüdische Stoßrichtung durchhalten zu können[553]: «Ihr habt gehört, daß gesagt ist: ‹Du sollst deinen Nächsten lieben und deinen Feind hassen.› Ich aber sage euch: Liebet eure Feinde.»[554]

Die von den Propheten und dem Thoragesetz formulierten Bestimmungen der Liebe, Gerechtigkeit und Lebensheiligkeit werden auch innerhalb des Judentums nicht mehr übertroffen. So können rabbinische Lehrer aus dem 1. Jahrhundert v. u. Z. der revolutionären Ethik nur noch ihre berühmten Kürzel hinzufügen. Gegenüber fragenden Menschen aus den heidnischen Völkern etwa paraphrasiert Hillel aus

Judäa das Gesetz: «Was dir nicht lieb ist, das tue auch deinem Nächsten nicht.»[555] Die Griechen in Ägypten und der übrigen Welt vernehmen von *Philo aus Alexandria*: «Um es kurz zu fassen, sind die beiden obersten Hauptstücke all der zahllosen Lehren im Verhältnis zu Gott die Frömmigkeit und die Heiligkeit und im Verhältnis zu den Menschen die Menschenliebe und Gerechtigkeit.»[556] Und dem Rassendünkel wird einmal mehr entgegengehalten, daß alle Menschen Adams Kinder seien und deshalb keiner zum anderen sagen könne: «Mein Vater ist größer als der deine.»[557] Die wichtigen jüdischen Autoren der Zeitenwende «sahen im Liebesgebot die Kernbedeutung des Judentums»[558].

Gerade weil die Christen die jüdischen Liebesgebote annehmen,[559] wird für die römischen Behörden die Unterscheidung zwischen beiden Gruppen so schwierig. Das wirklich Ungewöhnliche am Christentum liegt für Außenstehende nicht in seinem Heilskern aus dem Blutopfer Christi. Über Opfer vermögen die Römer sich nicht zu verwundern. Das kennen sie in fast unendlicher Vielfalt aus dem eigenen Kulturkreis. Die Liebes- und Gerechtigkeitsgebote jedoch können auf sie nur exotisch wirken.

Wohl noch folgenreicher als diese Gebote wird für die weitere Geschichte der Menschheit allerdings das Tötungsverbot. Bereits heidnische Autoren der Antike haben über die umfassende Ausgestaltung dieses jüdischen Gesetzes berichtet. Es schließt sogar den Schutz von Neugeborenen ein, die im griechischen und römischen Kulturkreis getötet werden dürfen, wenn Geburtenkontrolle und gesundheitliche Erwägungen das nahelegen. Um 300 v. u. Z. wundert sich etwa der griechische Denker Hekatäus von Abdera darüber, daß die Juden alle ihre Kinder aufziehen.[560] Der wichtigste Historiker für die römische Kaiserzeit, Tacitus (*Historiae*), schreibt im 1. Jahrhundert u. Z. über die Juden: «Es ist eine tödliche Sünde, ein ungewolltes Kind zu töten.»[561] Philo, der jüdische Gelehrte aus Alexandria, erläutert den Zusammenhang zwischen diesem Verbot und der Nächstenliebe: «Gleichzeitig ist auch ein grösseres [Unrecht] untersagt, die Aussetzung von Kindern – ein Frevel, der bei zahlreichen anderen Völkern infolge ihrer angeborenen Menschenfeindlichkeit gang und gäbe ist. ... Welche Menschen müssten aber eher Menschenfeinde heissen als die Hasser und schonungslosen Feinde ihrer Kinder? Es müsste denn einer so töricht sein zu glauben, dass gegen Fremde diejenigen sich freundlich zeigen werden, die an den durch Abstammung mit ihnen Verbundenen treulos gehandelt haben. Als Totschläger und Kindermörder aber geben sich durch die klarsten Beweise die zu erkennen, die selbst Hand an sie anlegen und schon den ersten Lebenshauch der Kinder in Roheit und grässlicher Gefühllosigkeit ersticken und unterdrücken, sowie die, welche sie in einen Fluss oder in die Meerestiefe werfen, nachdem sie sie mit einem schweren Gegenstande belastet, damit sie durch dessen Gewicht schneller untersinken. Andere aber bringen sie in die Wildnis, um sie auszusetzen – wie sie selbst sagen, in der Hoffnung auf deren Erhaltung, in Wirklichkeit aber zum grässlichsten Verderben; denn alle menschenfressenden Tiere kommen ungehindert an sie heran und tuen sich gütlich an den Kindern, an dem herrlichen Mahle, das die einzigen Pfleger, die vor allem zur Erhaltung [der Kinder] Verpflichteten, Vater und Mutter, ihnen vorgesetzt haben; und die Überreste benagen die Raubvögel, die dann herabfliegen; – wenn sie nicht schon vorher aufmerksam geworden sind; denn falls sie aufmerksam wurden, kämpfen sie wohl mit den Landtieren um den ganzen Körper.»[562]

Erst im Jahre 318 u.Z. wird unter Konstantin dem Großen das jüdische Kindestötungsverbot zum Gesetz des römischen Weltreiches erhoben und ist auch danach aus den Strafgesetzen des Abendlandes – mit einer Ausnahme – nie mehr getilgt worden.[563]

Diese Ausnahme bildet die antisemitische deutsche Diktatur der Jahre 1933 bis 1945 unter Adolf Hitler. Er läßt am 4. Dezember 1940 durch Eugen Stähle, seinen Verantwortlichen für die württembergische Vergasungsanstalt Grafeneck, den Stuttgarter Oberkirchenrat Reinhold Sautter zurechtweisen, der in einem privaten Gespräch die «Tötung lebensunwerten Lebens» beklagt: «Das 5. Gebot: Du sollst nicht töten, ist gar kein Gebot Gottes, sondern eine jüdische Erfindung.»[564] Der einzige Große des Reiches, der Hitler öffentlich angreift, sieht das anders und weiß, daß er mit dem Kern des jüdischen Gesetzes die Zivilisation selbst verteidigt. Am 3. August 1941 predigt der katholische Bischof Clemens August Graf von Galen aus Münster, der persönlich rechtskonservativ und deutsch-imperial eingestellt ist: «Nie, unter keinen Umständen darf der Mensch, außerhalb des Krieges und der gerechten Notwehr, einen Unschuldigen töten. / Wehe den Menschen, wehe unserem deutschen Volke, wenn das hl. Gottesgebot: ‹Du sollst nicht töten›, das der Herr unter Donner und Blitz auf Sinai verkündet hat, das Gott, unser Schöpfer, von Anfang an in das Gewissen der Menschen geschrieben hat, nicht nur übertreten wird, sondern wenn diese Übertretung sogar geduldet und ungestraft ausgeübt wird.»[565]

Als wohl für alle Richtungen des Judentums wichtigste Weisung der Thora zur Lebensheiligkeit gilt die Gleichsetzung des Lebens mit dem Guten: «Siehe, ich habe dir heute vorgelegt das Leben und das Gute. / Ich nehme Himmel und Erde heute über euch zu Zeugen: Ich habe euch Leben und Tod, Segen und Fluch vorgelegt, damit du das Leben erwählst.»[566]

Würde man psychoanalytische Terminologie anwenden, dann müßte man sagen, daß Propheten und Gesetz von den Israeliten die Sublimierung der Aggression verlangen, die bisher im Blutopfer exekutiert wurde. Altruismus, die Sorge um andere, kann als ein Ergebnis solcher Umwandlung entstehen. Wo diese noble Haltung übertrieben, ja strangulierend zum Einsatz kommt, erkennt man noch die gewöhnliche Feindseligkeit, der sie abgerungen werden muß, aber anders ist sie nun einmal nicht zu haben. Auch der schöpferische Einfall, der seine schnöde Herkunft durch die Provokation mitteilt, die Mitmenschen verspüren, wenn sie mit ihm konfrontiert werden, ist als Umwandlung der Aggression zu verstehen. Nicht zuletzt liefern die Zertrümmerung von Rätseln oder die Präsentation von etwas Bahnbrechendem Beispiele für Sublimation, die sich archaischer Strebungen bedienen muß, wenn sie an ihr Ziel der reinen Wahrheit gelangen will.

Will man sich der oft als heikel empfundenen Frage nicht entziehen, warum bei geistigen, altruistischen und kreativen Ausnahmeleistungen Juden fünfzig- bis hundertmal häufiger vertreten sind, als das ihrem Anteil an der Weltbevölkerung entspricht, so müßte man wohl antworten: Die auch für Kinder schon geltende Unterbindung kollektiv gebilligter, weil religiös abgesegneter Formen von Aggressionsabfuhr (Opfer etc.) und Schuldgefühlsverflüchtigung (Beichte etc.) nötigt den jüdischen Nachwuchs zu individualisierter Sublimierung der ihm wie jedem anderen Nachwuchs eigenen Aggression. Es sind nun einmal Sorge um andere, Wahrheitssuche und schöpferisches Handeln, die – neben der eher körperorientierten Selbstbeherrschung, die im östlichen Buddhismus wichtiger wird – die drei akzeptierten Umformungsergebnisse solcher Emotionen bieten.[567]

Alle heute imponierend anmutenden Perspektiven der Aggressionssublimierung wirken erst im nachhinein reizvoll. Das zum Opfer schreitende Volk, dem die Propheten dieses heilig-heilende Tun verbieten wollen und dafür die Lebensschutz-, Liebes- und Gerechtigkeitsforderungen aufstellen, kann erst einmal nur hilflos wütend reagieren. Es weiß ja nicht automatisch wohin mit seinen bisher so rauschvoll abgeführten Erregungen und muß sich davor fürchten, nun im Innern mit dieser krank machenden Potenz fertig werden zu müssen.

Während der nachkatastrophischen Aufklärungspredigten der Propheten kann nun durchaus davon ausgegangen werden, daß auch im Volk hier und dort Einsicht in die veränderte kosmische Lage erlangt worden sein muß. Moderne Theoretiker des Judentums, die von diesem himmlischen Hintergrund nichts wußten, haben diesbezüglich sehr wohl Ahnungen formuliert: «Es wäre auch psychologisch nicht denkbar, daß die Propheten mit solchem Nachdruck gegen die Opfer hätten eifern können, wenn sie im Volk nicht selbst die Ahnung von der Unzulässigkeit des Opfers und seiner Unangemessenheit für die Verehrung des einzigen Gottes hätten voraussetzen können.»[568]

Was hier für die Strebungen der Altisraeliten gilt, muß auch die übrige Welt empfinden, die zum Opfer hinstrebt und sich dieses entspannende Vergnügen von niemandem verderben lassen will. Nur gelegentlich blitzt deshalb für das Judentum Bewunderung auf. So nennt Theophrast die Juden ein «Volk von Philosophen»[569]. Griechenland hat selbstredend auch Philosophen und – mit Herakleitos, Antisthenes oder Xenophanes – auch gegen Götterbilder eingestellte Monotheisten,[570] aber das Volk lebt in Respekt vor den Planeten, für die es schlachtet und brandopfert. Wegen der Abwesenheit dieser Himmelskörperkulte bezeichnet der alexandrinische Astronom Claudius Ptolemäus die Juden schlicht als «gottfrei»[571].

Zu den Sublimierungen der bis dahin im Opferkult verbrauchten Erregung gehört eine jüdische Erfindung, die ebenfalls nicht recht verstanden ist – nämlich das systematische Festhalten und Lesen der Geschichte. Es beginnt mit dem sogenannten deuteronomistischen Autor,[572] der die Zeit von Moses bis zum Ende der beiden Königreiche Juda und Israel behandelt. Auch in anderen Kulturen gibt es geschichtsartige Texte,[573] aber sie begründen – außer im gebildeten Publikum des antiken Griechenland – keine dauerhafte Tradition. Vieles davon haben erst moderne Ausgrabungen ans Licht gebracht. Mit dem Judentum hingegen «entsteht ein Volk, das nicht nur höchstes Bewußtsein der Vergangenheit auszeichnet, sondern sich wahrscheinlich besessener mit Geschichte befaßt als irgendein anderes Volk, das jemals existiert hat»[574].

Sosehr uns die monotheistischen Autoren als schonungslose Chronisten von Glaubensvorstellungen und Missetaten auch ihrer altisraelitischen Vorfahren imponieren, sowenig dürfen wir sie doch am heute verfügbaren Instrumentarium der Geschichtsschreibung messen. Sie arbeiten noch nicht quellenscheidend, sondern haben als Pioniere einer in den internationalen Kontext gestellten Nationalgeschichtsschreibung vorhandene Texte erst einmal schlecht und recht kombiniert. Überprüfungen der auf dem Papier erzeugten historischen Abfolgen an der Schichtenfolge in Ausgrabungsstätten sind noch eine Angelegenheit für die ferne Zukunft des 19. Jahrhunderts.

Überdies projizieren die Bibelredakteure ihren neuen monotheistischen Gott der Liebe, der Gerechtigkeit und der Lebensheiligkeit auch auf die vormonotheistische Vergangenheit, aus der ihm dann unvermeidlich die wohlerinnerten Schrecklichkeiten der Himmelsgötter zufallen, deren naturhistorische Hinfälligkeit ihn doch überhaupt erst möglich gemacht hatte. Dabei werden wiederum viele der Planetengötter, die jetzt als heidnische Nichtse gelten, in Patriarchen verwandelt, die deshalb fast durchweg einen astralen *und* einen menschlichen Aspekt aufweisen.[575] Zugleich werden unstrittig menschliche Vorfahren mit astralen Komponenten überhöht – wie etwa in der Sage vom David-Goliath-Zweikampf, in die allgegenwärtige Sagen vom «Kampf» zwischen einem kleinen und einem großen Himmelskörper einfließen.

Ungeachtet dieser Komponenten der biblischen Historiographie ist es gerade die Unverstelltheit, mit der das archaische Gebaren der Altisraeliten überliefert wird, die immer wieder als Vergleichsmaßstab für die moderne Forschung herangezogen werden kann. Wenn etwa die Militärhistoriker feststellen, daß der archaische Krieg «in seiner Motivation ‹ökologisch› war und zur Umverteilung des Bodens von den Schwachen zu den Starken führte», wofür traditionell die Mittel «Vertreibung der Schwächeren» und «Ausrottung»[576] zur Anwendung gelangten, so läßt sich dieser Befund auch am Verhalten in der Epoche der Altisraeliten[577] und ihrer Nachbarn bestätigen.

Antisemiten versäumen fast niemals, auf Praktiken der Altisraeliten zu verweisen,[578] um die Austilgung der monotheistischen Juden zu rechtfertigen. Nach diesem Muster könnte man Willy Brandt im nachhinein den Friedensnobelpreis verweigern. Schließlich gehörte er zum Volk der Deutschen, deren wahres Gesicht jedermann an Adolf Hitler und Heinrich Himmler studieren könne. Dabei wäre selbst ein solcher Vergleich noch infam. Denn das monotheistische Judentum bricht im Alterum mit archaischem Gebaren und setzt damit den Keim für die Zivilisation, während die antisemitische deutsche Diktatur mit der Zivilisation bricht, um von neuem eine archaisch-genozidale Ordnung zu schaffen.[579]

Die regelrechte Geschichtsbesessenheit, welche die monotheistischen Juden zum «Volk des Buches» werden läßt, kann nunmehr aufgeklärt werden. Wenn die Rituale, die als entlastendes und zugleich zwanghaftes Nachspielen von überwältigenden Eindrücken entstehen, der Kritik oder gar dem Verbot anheimfallen, kann der in den Zeremonien steckende Stoff der freien geistigen Konstruktion zugänglich werden. Das Schreiben und regelrecht rituelle Lernen und Lesen von Geschichte tritt nun an die Stelle ihres rituellen Nachtanzens. Im Lesen von Geschichte wird eine erregte Neugier zu historischem Bewußtsein erhöht, die bei Geschichtslosigkeit machtvoll aufs Ritual zurückdrängen würde. Weil Erlösung aber nicht mehr aus dem Ritual gewonnen werden darf, erfolgt für das Judentum «das Geheimnis der Erlösung aus der Erinnerung».

Um die kosmischen Schläge der Vergangenheit nicht immer wieder in blutigem Rhythmus inszenieren zu müssen, wird der «Versammlungsraum» (auf hebräisch «Beth Knesset», auf griechisch «Synagoge» und auf jiddisch «Schul») als Ort für die geistig-historische Arbeit gegründet. Schriftgelehrte unterrichten in diesen «ersten Volksschulen der Welt»[580]. Mit Recht wirft der deutsche Judenfeind Arthur Schopenhauer dieser Einrichtung dem Sinne nach vor, gar keine religiöse Kirche, also kein Opferplatz, sondern eine wissenschaftliche Akademie der Realia zu sein.[581] Hinzufügen müßte man: mit juristischer, historischer und philologischer Fakultät. Lehrer (Rabbiner) gehören in diese Schule, aber keine Priester: «Als Gegenstand einer Heiligen- oder Mystagogen-Verehrung nach Art der christlichen und asiatischen Erscheinungen dieser Art kam der Rabbi nicht in Betracht.... Der jüdische Rabbi spendete weder Sakramentsheil, noch war er ein charismatischer Nothelfer. Sein religiöser Sonderbesitz war das ‹Wissen›. Dies allerdings war ungemein hoch bewertet: an Ehre geht es den Bejahrten und selbst den Eltern vor: ‹Wissen geht über alles.›»[582] Selbst das Gebet ist für die Synagogen-Akademie nicht konstitutiv.

Für das Verwerfen der Opfer und auch ihrer versteinerten Abkömmlinge in Form der Gottesbilder wird die Judenheit bereits in Babylon verfolgt. Die Erinnerung daran wird in einer Sage wundersamer Errettung aus einem Verbrennungsofen festgehalten, in den die Juden hineingeworfen werden: «Ihr sollt niederfallen und das goldene Bild anbeten, das der König Nebukadnezar hat aufrichten lassen. Wer aber dann nicht niederfällt und anbetet, der soll sofort in den glühenden Ofen geworfen werden. / Da kamen einige chaldäische Männer und verklagten die Juden. / Nun sind da jüdische Männer, ... die verachten dein Gebot und ehren deinen Gott nicht und beten das goldene Bild nicht an. / Da wurden diese Männer in ihren Mänteln, Hosen und Hüten, in ihrer ganzen Kleidung gebunden und in den glühenden Ofen geworfen.»[583]

Im Achämenidenreich nehmen die Anschläge auf das monotheistische Judentum umfassende Dimensionen an. Da das bis dahin größte Imperium sich von Indien bis Ägypten erstreckt, geht es fast um die gesamte Nation. Haman, der Berater des persischen Herrschers, «sprach zum König Ahasveros [Xerxes]: Es gibt ein Volk, zerstreut und abgesondert unter allen Völkern in allen Ländern deines

Königreichs, und ihr Gesetz ist anders als das aller Völker, und sie tun nicht nach des Königs Gesetzen. / Und die Schreiben wurden gesandt durch die Läufer in alle Länder des Königs, man solle vertilgen, töten und umbringen alle Juden, jung und alt, Kinder und Frauen, auf einen Tag.»[584] Als Alexander der Große das persische Babylon einnimmt, setzt sich der jüdische Widerstand gegen die Opferkulte ungebrochen fort. Babylons Juden weigern sich, an der von Alexander befohlenen Wiederherstellung des Tempelareals Esagilla mitzuwirken.[585]

Innerhalb des Judentums bewirkt die Verfolgung Bewegungen für die Rückkehr zur Planetenreligion. So muß etwa Jeremia seine Kritik gegen Leute richten, die zum Himmelskörperopfer zurückwollen und dafür das Volk agitieren: «Wir wollen der Himmelskönigin opfern und ihr Trankopfer darbringen, wie wir und unsere Väter, unsere Könige und Oberen getan haben in den Städten Judas und den Gassen Jerusalems. Da hatten wir auch Brot genug und es ging uns gut, und wir sahen kein Unglück. Seit der Zeit aber, da wir es unterlassen haben, der Himmelskönigin zu opfern und Trankopfer darzubringen, haben wir an allem Mangel gelitten und sind durch Schwert und Hunger umgekommen.»[586]

Im Hellenismus wird die Auseinandersetzung zwischen Opferern und Opferkritikern fortgesetzt: «Zu dieser Zeit traten in Israel gottlose Leute auf; die überredeten viele und sagten: Laßt uns ein Bündnis mit den Heiden ringsum schließen; denn wir haben viel leiden müssen seit der Zeit, da wir uns von den Heiden abgesondert haben.»[587] Diesen Leuten wird jedoch entgegengetreten: «Davor bewahre uns Gott! Das wäre für uns nicht gut, daß wir von Gottes Gesetz und Recht abfielen. Wir wollen nicht den Befehl des Antiochus einwilligen und wollen nicht opfern und von unserem Gesetz abfallen und damit einen anderen Weg einschlagen.»[588]

Der einzig noch verbliebene «jüdische Opferkult verschwand mit der Zerstörung des Tempels»[589] nach der Einnahme Jerusalems durch Titus im Jahre 70 u. Z. Nun lebt ein Volk im gesamten Raum des Mittelmeeres und Vorderasiens, das den übrigen Völkern *nolens volens* vorlebt, daß ein Leben ohne Blutkulte geführt werden kann. Dabei fällt es den im Einzugsgebiet des letzten Tempels lebenden Juden zunächst nicht leicht, vom Tieropfer ganz und gar lassen zu müssen.

Offensichtlich bedrängen sie ihre Lehrer (Rabbiner). Diese reagieren wiederum ganz ähnlich wie die monotheistischen Propheten vor ihnen. Sie fordern die Umwandlung der Opferpraxis zu «Taten der Liebe». Jochanan ben Zakkai (auch *rabban* = unser Meister genannt) liefert dafür ein beredtes Beispiel. Er überlebt die Zerstörung des Tempels, gehört mithin der ersten Rabbinergeneration an, die nicht mehr mit Priestern in Konkurrenz steht: «Einmal, als Rabbi Jochanan ben Zakkai von Jerusalem kam, folgte ihm Rabbi Jehoschua und erblickte den Tempel in Trümmern. ‹Wehe uns›, rief Rabbi Jehoschua, ‹daß der Ort, an dem die Ungerechtigkeiten von Israel gesühnt wurden, verwüstet ist.› – ‹Mein Sohn›, erwiderte Rabbi Jochanan, ‹sei nicht betrübt. Wir haben eine andere Sühne, so wirkungsvoll wie diese. Und worin besteht sie? In den Taten der Liebe, wie gesagt ist [*Hosea* 6: 6]: Barmherzigkeit will ich und nicht Opfer.›»[590]

Umgehend schwierig wird das Verständnis der Liebes- und Gerechtigkeitsethik selbst für einen Analytiker vom Range Max Webers, wenn es von der Blutopferbekämpfung abgetrennt wird. Als Phänomenologe weiß Weber von den übrigen «Göttern» sehr genau: «Sie alle pflegten vollkommen unethisch zu sein. Diese Wendung war also, soviel ersichtlich, geistiges Eigentum der Propheten.»[591] Für den Soziologen Weber ist sofort unstrittig, daß diese intellektuellen Wegweiser lediglich einen geschickten Schachzug machen, um den Einfluß auf ein böse geschlagenes Volk nicht zu verlieren: «Der Sinn des Ganzen ist eben: die *Verklärung der Pariavolkslage* und des *geduldigen Ausharrens in ihr.*»[592]

Die von der jüdischen Opferkritik provozierte Feindschaft der Opferer äußert sich bereits in der Antike durch vielerlei Vorwürfe. Immer wieder heißt es, als Leugner der vielen Götter seien die Juden «Atheisten»[593]. Wer im Rom der Zeitenwende Mitbürger ruinieren will, braucht ihnen nur den Abfall von den Planetengöttern vorzuwerfen. Die so des «Atheismus» Beschuldigten werden dann von den Gerichten verurteilt, weil «sie sich der jüdischen Lebensweise genähert hatten»[594]. So wird etwa Flavius Clemens – ein Neffe des Tempelzerstörers und Römerkaisers Titus (69–79 u. Z.) – im Jahre 96 u. Z. nach seinem Übertritt zum Judentum «als Atheist zum Tode verurteilt»[595]. «Die allgemeine Verbreitung des ‹Antisemitismus› in der Antike ist eine Tatsache»[596], weiß wiederum schon Max Weber. Da ihm die Gründe der Opferkritik jedoch dunkel bleiben, kann er auch dem Ressentiment der Opferer nicht nachgehen.

Der «Ungeselligkeit»[597], ja «Unmenschlichkeit»[598] werden die Juden immer wieder von den Planetenanbetern und Opferern bezichtigt. Es ist gerade ihre Abwendung von diesen Ritualen, die ihnen den frühesten Vorwurf der Weltverschwörung einträgt. Sie stammt von Philostratus, der gegen 200 u. Z. der populärste heidnische Dichter Roms ist: «Schon vor langer Zeit haben sich die Juden nicht nur gegen die Römer, sondern gegen die gesamte Menschheit erhoben. Sie leben in undurchdringlicher Absonderung und verweigern der übrigen Welt die Tischgemeinschaft. Von den Brandopfern, Gebeten und Dankopfern schließen sie sich aus. Auf uns wirken sie fremder als Susa oder Bactra und selbst das ferne Indien.»[599]

Zwischen Susa und Bactrien in Persien und Rom besteht militärische Gegnerschaft. Die Juden hingegen sind Bewohner des römischen Reiches. Ihre Heimat Juda ist zerstört. Sie leben zerstreut und sind politisch machtlos. Und dennoch kann eine «gesamte Menschheit» an ihnen Anstoß nehmen. Diese Welt opfert. Aus diesem Grunde muß die Judenheit entweder die Menschheit oder sich selbst ins Zwielicht rücken.

Nicht auszuschließen ist, daß die Vorwürfe der Ungeselligkeit, die von heidnischer Seite gegen Juden erhoben werden, ein Stück weit daher rühren, daß im Judentum mit dem Verschwinden der Tempel auch seine orgiastischen Rituale verlorengegangen sind, die womöglich wiederum als ein Nachspielen anthropomorphisierter kosmischer Kollisionen aufgefaßt werden können (siehe oben Kapitel III).

Was modern häufig als Tempelprostitution bezeichnet wird, hat ursprünglich wohl mit den Akten «heiliger Hochzeit»[600] begonnen, die zwischen der Himmelskönigin und ihrem phallischen Widerpart – etwa Tammuz und Ischtar, Marduk und Sarpanitu oder Dumuzi und Inana – wahrgenommen wurde. Bei diesem kosmischen Vorgang ist – zumindest in einigen Regionen – ein himmlischer Schweifverlust als Kastration gedeutet, also ein menschliches Tun in die Natur projiziert worden. Erhalten sind Darstellungen geschmückter entblößter

Frauenkörper, unter deren gespreizten Schenkeln «ein abgetrennter erigierter Phallus mit Hoden»[601] abgebildet ist.[602]

Im Monotheismus wird ekstatisch-blutige Praxis eliminiert: «Es waren auch Tempelhurer im Lande; und sie taten alle die Greuel der Heiden, die der Herr vor Israel vertrieben hatte. / Er tat die Tempelhurer aus dem Lande und entfernte alle Götzenbilder, die seine Väter gemacht hatten.»[603]

Etliche Darstellungen des griechischen Raumes verweisen deutlich darauf, daß die Akte heiliger Hochzeit mit Hermes (Äquivalent für Merkur, Baal etc.) verbunden sind, dessen phallische Darstellung oft mit einem Altar kombiniert ist. Er ähnelt der Unterlage der Göttinnendarstellerin aus Szenen der heiligen Hochzeit, die sie ebenfalls abbilden.

Es ist jedoch nicht jüdische Sinnenfeindschaft als solche, die zur Verwerfung des heiligen Koitus führt. Es geht gegen das Abdriften zu heidnischen Kulten, die das Schicksal von vergotteten Himmelskörpern nachspielen und deshalb einem allmächtigen, ewigen und unsichtbaren Gott niemals zugehören können: «Sonst ist ... nichts von Bedenken gegen den Sexualverkehr und gegen die Freude am Genuß der Weiber zu bemerken. Die unbefangene Weltoffenheit: daß dem altisraelitischen Krieger Zeit gelassen werden soll, ‹sich seines Weibes zu erfreuen›, würde auch für den talmudischen Juden gelten. Der rücksichtslose Kampf gegen die ‹Hurerei›: – daß neben Mord und Idolatrie dies als die dritte größte Sünde gilt – stammt aus dem alten priesterlichen Kampf gegen die Baal-Orgiastik.»[604]

Da die heilige Hochzeit also «dem Opfer näher steht als der Wollust»[605], muß sie auf monotheistische Gegnerschaft stoßen, was uns zu den Kernelementen des Judentums zurückbringt. Nur weil – die aus Antiapokalyptik – geborene opferkritische Grundhaltung des Monotheismus gewöhnlich nicht scharf genug formuliert oder gar für «schier unbegreiflich» und ein «Wunder»[606] gehalten wird, können die wohlbekannten Zentralelemente des Judentums bis heute als rätselhaft gelten: (1) Die *Unsichtbarkeit des Gottes*, (2) die *Heiligung des Sabbats*, (3) die *Beschneidung der Söhne am 8. Tag* und (4) das generelle *Verbot der Kindestötung* bzw. die Aufrichtung der Ethik

Abb. 29: Links: Heilige Hochzeit, in der die Darstellerin der Göttin auf einem gemauerten Altar ruht (Bleirelief aus dem Ischtar-Tempel in der Stadt Assur).[607] Rechts: Heilige Hochzeit aus der Zeit des Hellenismus (Samos, 2. Jh. v. u. Z.).[608]

von der Lebensheiligkeit. Bei Gegenüberstellung der monotheistischen Opferverwerfer und ihrer noch altisraelitisch denkenden Gegner können diese Elemente ohne sonderliche Schwierigkeiten als Kompromißbildungen erkannt werden.

(1) Der *unsichtbare Gott* erwächst aus dem Kampf der Traditionalisten mit den astronomisch versierten Gelehrten der Nachkatastrophenzeit. Sie stellen sich dem Opfer an erratische Himmels-

Abb. 30: Links: Phallische Hermesstatue mit Polsteraltar (rotfigurige Amphore des Nikon-Malers aus dem 5. Jh. v.u.Z.).[609] Rechts: Phallische Hermesstatue vor Altar, bei der die Figur des Vogels karikierend und verharmlosend wiederum die kosmische Konnotation festzuhalten scheint (Vase des Perseus-Malers aus dem 5. Jh. v.u.Z.).[610]

körper der Vergangenheit entgegen, indem sie die sicheren Umlaufbahnen von Venus und Merkur nachweisen. Da der alte Yahwe-Kult ein Merkurkult gewesen ist, wird der Sechszackstern als astronomisches Kürzel für die Bahn des zwar ungemein zerschundenen, aber jetzt sonnennah sicher umlaufenden Planeten zum Markenzeichen der wissenschaftlichen Fraktion. Ihre Vertreter können gar nicht anders, als von einer über allen Himmelskörpern stehenden Kraft zu sprechen – heute würden eher Termini wie Gravitation oder interstellare elektrische Ladung verwendet –, die allmächtig, gleichwohl aber nicht zu sehen und zu fassen ist und deshalb auch nicht in einem Tempel untergebracht werden kann.[611] Daß dennoch neben den vielen tausend Tempeln der heidnischen Anbeter von Planeten – im Monotheismus bloße Heerscharen des Herrn – auch ein jüdischer – halb noch altisraelitischer – in Jersualem gebaut wird, entspringt feudalistischen Interessen von Heimkehrern aus Babylon. Sie wissen, daß die – im doppelten Wortsinn – zurückgebliebenen Bauern wohl an eine Gottheit – und erst über diese dann auch an Priester –, nicht aber ohne weiteres direkt an bloß weltliche Herren Abgaben leisten. Diese von der Synagoge mit Argwohn gesehene Funktionalisierung einer vorexilischen Institution verschwindet mit der Zerstörung des Tempels aus der Geschichte und läßt die Synagoge als das welthistorisch eigentlich Neue unbeirrt weitergehen. Wer immer deshalb die Juden auf das Heidentum zurückwerfen will, lockt sie mit der Aussicht auf einen neuen Tempel. Der wird als Symbol der fehlenden politischen Heimstatt ersehnt, beschwört jedoch die Gefahr einer Wiederkehr des Tieropfers herauf. Der römische Kaiser Flavius Claudius Julianus (361–363 u. Z.) liefert das bekannteste Beispiel für einen solchen Zangengriff auf den Synagogen-Monotheismus. Aus mehreren Quellen seiner Zeit geht hervor, daß «der Kaiser durch den Tempelbau die Juden zum Heidentum bekehren wollte».[612]

(2) Die wichtigsten Verbote des *Sabbats* – kein Schlachten[613], kein Feueranzünden[614], kein Kochen und keine Entfernung außer Sichtweite der Wohnstätte[615] – richten sich direkt gegen die Aktivitäten am überkommenen Tag des Opfers. An diesem entfernte man sich von der Siedlung, um auf Höhen das zu sanktifizierende Lebewesen zu schlachten, den Brandaltar herzurichten und es auf diesem zu garen oder zu verbrennen: «Oben auf den Bergen opfern sie und auf den Hügeln räuchern sie.»[616] Es kann mithin am Beginn der monotheistischen Revolution die Unterbindung des Opfers nur gelingen, wenn der alte Bluttag zum neuen, allerdings in seiner herkömmlichen Funktion gerade tabuisierten jüdischen Sabbat wird. Dem gewöhnlichen Juden ist das Schlachten – als entscheidender Akt des Blutopfers – gänzlich untersagt. Es darf nur von einem Schächter ausgeführt werden, den rabbinische Instanzen überwachen.

Die Religionsforschung verwundert sich bis heute darüber,[617] daß der Sabbat ursprünglich (bis zur Mischnah um 200 u. Z.) ohne positive inhaltliche Anleitung bleibt, sich also auf Verbote beschränkt. Das Negationsbündel für den Sabbat rührt aus der hier entwickelten Sicht schlicht daher, daß hinter seiner Schöpfung der Kampf gegen das Blutopfer steht, weshalb seine Gebote Unterlassungen, nicht jedoch Verrichtungen zum Inhalt haben *müssen*.

(3) Der achte Lebenstag[618] von altisraelitisch-phönizisch geopferten Kindern[619] erscheint in der *Beschneidung* aller Söhne wieder, lebt aber im letzten verbliebenen Tempel auch als Tötungstag für Opferlämmer und -zicklein fort, die sieben Tage unter der Mutter bleiben müssen, bevor ihr Blut vergossen werden darf.[620] In der Auseinandersetzung zwischen den Verfechtern und den Beseitigern des Kindesopfers wird mithin ebenfalls ein Kompromiß erzielt. Da in den Kindesopfern nach der hier vertretenen Sicht ursprünglich das «Sterben» eines «himmlischen Kindes» nachgespielt wird, das durch sein Abstürzen den himmlischen Frieden bringt, muß der Abschied von diesem Ritual, das wohl auch im spätminoischen Kreta gepflegt wurde,[621] schwerfallen. Selbstverständlich haben die römerzeitlichen, also späten Kinderopfer der karthagischen Phönizier vom kosmischen Spiel viel verloren und den Charakter der außergewöhnlich wertvollen Gabe angenommen, die nach dem Prinzip des *do ut des* (ich gebe, damit du gibst) nun von einer Himmelsgottheit Hilfe einbringen soll. Es ist ja dieser Gabencharakter, auf den die herrschende Opferliteratur sich fast ausschließlich konzentriert.

In der Sage von der Fesselung Isaaks (Akedah) thematisieren die Bibelautoren den Übergang vom sohnesopferverlangenden zu einem sohnesverschonenden Gott, dessen Diener Abraham denn auch als ein Begründer der Beschneidung überliefert wird.[622]

Auch in der Zippora-Sage wird die Beschneidung als Opferkompromiß deutlich. Sie beschneidet ihr Kind, um die Tötung ihres Mannes Moses (ägyptisch u. a. für göttliches bzw. himmlisches Kind) abzuwenden, dessen Leben in einem religiösen – also opferlichen – Zweikampf gefährdet ist: «Und als Mose unterwegs in der Herberge war, kam ihm der HERR entgegen und wollte ihn töten. Da nahm Zippora einen scharfen Stein und beschnitt ihrem Sohn die Vorhaut und berührte damit seine Scham und sprach: Du bist mir ein Blutbräutigam.»[623] In diese – die Forschung immer wieder ratlos machende Passage – dürfte auch die ubiquitäre Sage von der Himmelskönigin eingegangen sein, die in einer kosmischen Kopulation ihren jungen Himmelskörpergott um seinen Schweif bringt.

Im hebräischen Stoff werden beide Seiten des revolutionären Kampfes – also Opferfortsetzer *und* Opferverwerfer – in der Abrahamfigur zusammengezogen. Dieser gehorcht nur einem Gott, der erst Opferung verlangt und dann Schonung gewährt. Historisch kann lediglich von nur einem Mann, nicht jedoch von nur einem Gott gesprochen werden. Die Revolutionäre stehen ja immer in beiden Stufen der historischen Umwälzung. Gestern haben sie das Opfer in Himmelskörperspielen vollzogen. Nach Einsetzen des himmlischen Friedens werden die Himmelskörper zu «Nichtsen»[624], der unsichtbare-allmächtige Gott wird konzipiert und das Blutopfer bekämpft. Die monotheistischen Redakteure der Bibel projizieren den neuen und einzigen Gott zurück auf die alten Himmelsmonster. Das verdunkelt den historischen Ablauf, macht aber psychologisch einen gewissen Sinn, da so die in jeder Vater-Sohn-Beziehung steckende Ambivalenz aus Eifersucht und Liebe zum Ausdruck gebracht wird.

(4) Das *Kindestötungsverbot*, das schon im Altertum so große Verwunderung erregt, dürfte ebenfalls dem Widerstand gegen immer noch zum Kindesopfer Strebende geschuldet sein. Um nicht unter dem Deckmantel des gewöhnlichen Geburtenkontroll-Infantizids die alte Blutzeremonie fortzusetzen, verfällt auch das Kindesopfer der strengsten Ahndung.

XI

Der sohnesopfernde Gott der Christen gegen den sohnesverschonenden Gott Abrahams

«Wahrscheinlich wäre es ebenso naiv, von der Sozialwissenschaft eine Antwort auf die Frage ‹Warum die Juden?› zu erwarten, wie von der Medizin ein wirksames Mittel gegen Schnupfen zu verlangen.»[625]

Der am Ende langwierigste Gegner des Judentums erwächst ihm in größter Nähe. Als Paulus sich gegen die Religion seiner Väter wendet, begründet er diesen Schritt ausdrücklich mit einem Entsetzen einflößenden Himmelsereignis. Es wirft ihn schlagartig auf die Anbetung der «himmlischen Heerscharen» zurück, vor denen das Judentum doch keine Furcht mehr kennen sollte: «Ich sah mitten am Tage, o König, auf dem Wege ein Licht vom Himmel, heller als der Sonne Glanz. Als wir aber alle zur Erde niederfielen, hörte ich eine Stimme reden zu mir. / Daher, König Agrippa, war ich der himmlischen Erscheinung nicht ungehorsam.»[626] Mit diesem Damaskuserlebnis geht der Paulinismus in einer elementaren Sphäre auf das Altisraelitentum zurück und muß dafür dem jüdischen Monotheismus den Fehdehandschuh hinwerfen. Paulus' römischer Zeitgenosse, Kaiser Nero, fällt auf das Menschenopfer zurück, nachdem ein Komet gesichtet wurde. Er findet umgehend zu jenem blutigen Heilmittel, das nach der hier vertretenen Sicht schon an seinem historischen Beginn eine solche – wenn auch unendlich massivere – naturkatastrophische Vorlage hatte.

Es ist selbstredend verführerisch, Neros Menschenopfer-Kometen mit der Damaskuserscheinung – «umleuchtete ihn plötzlich ein Licht vom Himmel»[627] – gleichzusetzen. Der kosmische Vorgang an sich wirkt keineswegs unglaubwürdig. So schlug etwa am 1. Februar 1994 ein Meteorit von etwa fünfzehn Metern Durchmesser über den

Marshallinseln in die Erdatmosphäre ein. Mit seiner Kraft von einer Million Tonnen Sprengstoff «erzeugte er einen Feuerball, den Augenzeugen heller als die Sonne beschrieben»[628]. Ereignisse *à la* Damaskus sind mithin nicht als Hirngespinste abzutun. Sie beflügeln Paulus zur Deutung von Jesu Tod als Menschenopfer, das anschließend als Himmelskörpergottheit fortexistiert. Des Apostels oft umrätselte Aussage in seinem religiösen Streit mit den Juden –«ich berufe mich auf den Kaiser [Nero]»[629] – mag in diesem Kontext in einem neuen Licht erscheinen. Nero und Paulus könnten demselben religiösen Impuls unterworfen gewesen sein. Der römische Statthalter Festus zumindest ist beeindruckt und überstellt Paulus zum Prozeß von Jerusalem nach Rom: «Auf den Kaiser hast du dich berufen, zum Kaiser sollst du ziehen.»[630] Eine sehr erfolgreiche Paulusbiographie bezeichnet die in der *Apostelgeschichte* gleich dreimal erwähnte Verstörung des Paulus durch das Himmelslicht durchaus ahnungsvoll als «unmittelbaren Kontakt mit der Gottheit»[631].

Jesus als ein furchtbares Himmelslicht beeindruckt die frühe Christenheit ungemein. In der *Pistis Sophia* – einem koptischen Text aus dem 4. oder 5. Jahrhundert u.Z. – wird diese Fortsetzung der bronzezeitlichen Astralreligion besonders anschaulich. Auf seiner Himmelfahrt in die Äonenwelt spricht die Jesusfigur: «Das Licht, welches an mir in den zwölf Äonen war, war achttausend und siebenhundert Myriaden mal größer als dasjenige, welches in der Welt bei euch an mir gewesen ist. Es geschah nun, als alle, die sich in den zwölf Äonen befanden, das große Licht, welches an mir war, sahen, gerieten sie in alle Aufregung wider einander und liefen in den Äonen hierhin und dorthin; und alle Äonen und alle Himmel und ihre gesamte Ordnung bewegten sich wider einander wegen der großen Furcht, welche ihnen geworden war, da sie das Mysterium, welches statthatte, nicht kannten. Und Adamas, der große Tyrann, und alle in allen Äonen befindlichen Tyrannen begannen Krieg zu führen umsonst wider das Licht, und nicht wußten sie, gegen wen sie Krieg führten, weil sie nichts außer dem sehr überragenden Licht sahen. Es geschah nun, als sie gegen das Licht Krieg führten, wurden sie allesamt beieinander entkräftigt und stürzten in den Äonen herunter und waren wie die Erdbewohner tot und ohne Lebenshauch.»[632]

Ein traditioneller *Jeho*-va erhebt sich von neuem mit dem Himmelskrieger *Jeho*-shua (Jesus).[633] Mit ihm tritt der sterbende Erlösergott wieder hervor. Regelmäßig wird sein heiligendes Blutopfer gefeiert. Aus seinem Fleisch und Blut erwächst den Gläubigen Erlösung und Auferstehung. Er muß immer wieder vergehen, damit die Gläubigen leben können: «Jesus sprach zu ihnen: Wahrlich, wahrlich, ich sage euch: Werdet ihr nicht essen das Fleisch des Menschensohnes und trinken sein Blut, so habt ihr kein Leben in euch. Wer mein Fleisch isset und trinket mein Blut, der hat das ewige Leben und ich werde ihn am Jüngsten Tage auferwecken. Denn mein Fleisch ist die rechte Speise, und mein Blut ist der rechte Trank. Wer mein Fleisch isset und trinket mein Blut, der bleibt in mir und ich in ihm. Wie mich gesandt hat der lebendige Vater und ich lebe um des Vaters willen, so wird auch, wer mich isset, leben um meinetwillen. Dies ist das Brot, das vom Himmel gekommen ist.»[634]

Dem am Ende sohnesverschonenden Gott Abrahams – Symbol für das opferüberwindende monotheistische Judentum – erwächst im sohnesopfernden Gott der Christen ein Stück Auferstehung des seit einem halben Jahrtausend zurückgedrängten, aber nie gänzlich untergegangenen Altisraelitentums. Was für das Judentum eine mit der Sintflut abgeschlossene Periode sein soll, wird im Christentum als allfällige apokalyptische Zukunft bis zum Anbruch der Ewigkeit geglaubt. Einmal mehr erschreckt ein planetarischer Katastrophengott. «Der hell strahlende Morgenstern»[635] wird als «Christus der Sieger» von neuem als weltenwürgendes Monstrum in eine zentrale Glaubensposition gerückt: «Seine Augen sind eine Feuerflamme und auf seinem Haupt viele Kronen; und er trug einen Namen geschrieben, den niemand wußte als er selbst. Und er war angetan mit einem Kleide, das mit Blut besprengt war, und sein Name heißt: Das Wort Gottes. Und ihm folgte nach das Heer im Himmel auf weißen Pferden, angetan mit weißer, reiner Leinwand. Und aus seinem Mund ging ein scharfes Schwert, daß er damit die Völker schlüge; und er wird sie regieren mit eisernem Stabe.»[636] Dem monotheistischen Gott der jüdischen Lebens-, Liebes- und Gerechtigkeitsgebote tritt plötzlich der viel ältere Bringer von Zerstörung und Schrecken an die Seite.

Und doch erfolgt jetzt mehr als nur die Wiederbelebung einer Tradition. Eine beunruhigte und zugleich beunruhigende Bewegung, die seitdem durch die Zeiten sich wälzt, beginnt ihre Strecke. Das apokalyptische Christentum weist nämlich gegenüber dem Altisraelitentum einen eklatanten Unterschied auf. In der vormonotheistischen Bronzezeit leben alle Menschen in einer Phase gewaltiger Naturkatastrophen. Die Menschen sind keine Apokalyptiker, die Katastrophen beschwören oder herbeihysterisieren. Ihnen passiert höchst massiv wirklich etwas.

Die Altisraeliten antworten mit ihrer Religion also auf furchtbare, in ganz und gar gerechtfertigte Panik versetzende Naturerfahrungen. Die jüdischen Monotheisten glauben, daß die Zeit der Großkatastrophen vorüber ist, wie aus ihrer optimistischen Beifügung zur Noah-Geschichte deutlich wird. Während also die Altisraeliten ihren Entsetzen einflößenden Gott nach der sie umgebenden Wirklichkeit einer ganz und gar nicht liebevollen Natur bilden, wird im Christentum aus der einstmals wirklichen Gefahr eine in die Köpfe – schon der Kinder – nur noch apokalyptisch hineingepredigte. So wird der Jesusfigur die Drohung zugeschrieben: «Aber zu der Zeit, nach dieser Trübsal, werden Sonne und Mond ihren Schein verlieren, und die Sterne werden vom Himmel fallen, und die Kräfte des Himmels werden ins Wanken kommen. / Und es werden geschehen große Erdbeben und hin und her Pestilenz und teure Zeit; auch werden Schrecknisse und große Zeichen vom Himmel her geschehen.»[637]

Nun ist nicht auszuschließen, daß zur Zeitenwende – wie dann auch wieder einige Jahrzehnte später zur Zeit des Paulus – tatsächlich «Zeichen vom Himmel her» sichtbar waren und Kometen oder Meteoritenschwärme besonders auffällige Erscheinungen bildeten. Immerhin erörterten damals auch die talmudischen Rabbiner, «ob die in alten Überlieferungen prophezeite Feuerflut stattfinden werde oder nicht; die, welche es bestritten, gründeten ihre Beweisführung auf das göttliche Versprechen im Buch Genesis, daß sich die Sintflut nicht wiederholen werde. Die Verfechter der gegenteiligen Meinung argumentierten, daß sich zwar die Wasserflut nicht wiederholen werde, wohl aber die Feuerflut kommen könnte, wofür sie bezichtigt wurden, das Versprechen des Herrn zu kleinlich auszudeuten.»[638]

Verglichen mit den umfassenden Zerstörungen der Bronzezeit existiert zur Zeitenwende und auch heute «himmlischer Friede». Seit vielen Jahrhunderten kann die Menschheit frei durchatmen. Der christliche Herr mit dem «scharfen Schwert» kann deshalb nur so lange imponieren, wie er mit einer in die Zukunft projizierten Vergangenheit, die niemals vergehen soll, die Menschen bis zum Ende aller Tage einzuschüchtern vermag.[639] Das hat schon Boulanger verstanden: «Die Furcht der ersten Menschen konnte rechtmäßig und gegründet, wenigstens zu entschuldigen seyn; aber die Furcht der folgenden Generationen war thöricht, unvernünftig und für der Societät Ruhe und Aufkommen gefährlich. / Wir zittern noch jetzt über die Folgen der Sündfluth, und, ohne daß wirs wissen, prägen unsere Unterweisungen uns die Schrecken und apokalyptischen Ideen unserer ersten Väter ein: die Furcht pflanzt sich von Geschlecht zu Geschlecht fort, und die Erfahrung der Jahrhunderte kann sie zwar schwächen, niemals aber ganz ausrotten: die Kinder werden das immerhin befürchten, was ihren Vätern Furcht gemacht hat.»[640]

In dem der Jesusfigur zugeschriebenen Satz «Ich sah den Satan vom Himmel fallen wie ein Blitz»[641] wiederholt sich natürlich das «wie bist du vom Himmel gefallen, du schöner Morgenstern»[642]. In der christlichen Bibel aber wird diese Aussage gerade benutzt, um das Ende der Großkatastrophen zu bestreiten. Wo Jesaja tröstet, werden hier entsetzliche Himmelsstürze praktisch für den nächsten Tag angedroht: «Geschichte im Rahmen apokalyptischer Traditionen zu erfahren und zu deuten, ist eines der wesentlichen Elemente in Glauben und Theologie des Urchristentums wie der frühen Kirche.»[643] Sie bringen die Christen umgehend in eine «offen verhandelte Gegnerschaft zur Synagoge»[644]. Für das pharisäische Judentum derselben Zeit gilt nämlich, daß es ganz und gar nicht bereit ist, in «akut-messianischer» Erwartung einer «Botschaft vom kommenden Gottesreich»[645] zu lauschen. Die Rabbiner diskutieren die aktuelle Situation des Himmels, verleugnen sichtbare Zeichen nicht. Sie gelangen jedoch zu der Schlußfolgerung, daß die Gefahren übertrieben werden. Ein Menschenopfer *à la* Nero oder ein Anbeten himmlischer Heerscharen *à la* Paulus müssen sie als Rückfall auf das Heidentum kritisieren. Ihr kosmischer Optimismus konnte bis heute nicht falsifiziert werden.

Das muß nicht heißen, daß für alle Zeiten kosmische Katastrophen auszuschließen sind. In Kapitel V war zu zeigen, daß in der Astrophysik längst nach Killerkometen systematisch Ausschau gehalten und über Abwehrsysteme nachgesonnen wird. Dieser Zugang bleibt durchweg rational. Er mag heute leichter fallen als in technologisch dürftiger Zeit: «Zum erstenmal haben Lebewesen sich bis zu dem Punkt entwickelt, an dem sie ihr Schicksal dem Griff der Himmelskörper entwinden können. ... Sie haben die Fähigkeit entwickelt, ihre Auslöschung vorhersehen zu können, und die Macht, diesen Kreislauf von Zerstörung und Schöpfung zu beenden.»[646] Diese Einschätzung würde sich für einen übermorgen einschlagenden Himmelskörper immer noch als zu optimistisch erweisen. Ihr nüchterner Duktus liefert jedoch die Voraussetzung dafür, sich nichts von Blutopfern und Stoßgebeten zu erhoffen. Apokalyptiker unterscheiden sich von den Asteroidenbeobachtern nun gerade dadurch, daß sie nicht durch deren Teleskope, sondern in ihre aus der Bronzezeit tradierten Texte schauen und dann auf opferliche Mittel sinnen. Sie fürchten sich vor imaginären Katastrophen, während die Astrophysiker mit ihrer Forschung über mögliche Einschlagskandidaten die Angst fokussieren und in einen rationalen Kontext stellen, bei dem es immer um Flucht oder Angriff, niemals jedoch um Opfer gehen kann.[647] Es überrascht denn auch nicht, daß bereits die Rabbiner der Jesus- und Pauluszeit neben ihrer antiapokalyptischen Ausrichtung Tempel- und Opferkritik treiben. Die Pharisäer – wörtlich Abweichler – stellen sich ausdrücklich ein Judentum vor, das ohne das altisraelitische Relikt des in Jerusalem noch verbliebenen letzten Tempels auskommt.[648]

Aber der lebendige Mensch Jesus, der junge Zimmermann, der ohne «viele Kronen» dem Herrn mit «eisernem Stabe» wie ein wärmendes Unterfutter beigegeben ist, wo steht er? Wir wissen von ihm fast nichts. Er scheint jedoch als eifriger, ja gelegentlich auch eifernder – vielleicht sogar antirömisch-nationalistischer – Verfechter des jüdischen Gesetzes aufzutreten, von dem er sehr genau versteht, daß es in den Liebesgeboten seine härtesten Anforderungen enthält. Schließlich fällt der Verzicht auf bestimmte Nahrungsmittel leicht im

Vergleich zur Forderung der Menschenliebe. Das herrisch-hochfahrende Auftreten des Mannes Jesus gegen Mutter und Geschwister[649] wie auch sein Einprügeln auf die kleinen Händler im Tempelbezirk[650] tragen überdies deutliche Anzeichen eines erregbaren Temperaments.

Im *Nazaräer- oder Judenevangelium*, das passagenweise und in bezeichnender Veränderung ins spätere *Matthäusevangelium* Eingang fand, tritt der radikale Jesus besonders einprägsam hervor: «Es sprach zu ihm einer der beiden Reichen: Meister, was soll ich Gutes tun, damit ich lebe? Er sprach zu ihm: Mensch erfülle das Gesetz und die Propheten. Er antwortete ihm: Das habe ich getan. Er sprach zu ihm: Gehe hin und verkaufe alles, was du besitzest, und verteile es unter die Armen, und dann komm und folge mir nach. Da begann aber der Reiche sich am Kopf zu kratzen und es gefiel ihm nicht. Und der Herr sprach zu ihm: Wie kannst du sagen, Gesetz und Propheten habe ich erfüllt? *Steht doch im Gesetz geschrieben: Liebe deinen Nächsten wie dich selbst;* und siehe, viele deiner Brüder, Söhne Abrahams, starren vor Schmutz und sterben vor Hunger – und dein Haus ist voll von vielen Gütern, und gar nichts kommt aus ihm heraus zu ihnen! Und er wandte sich um und sagte zu Simon, seinem Jünger, der bei ihm saß: Simon, Sohn des Jona, es ist leichter, daß ein Kamel durch ein Nadelöhr gehe, als ein Reicher ins Himmelreich.»[651]

Als die christlichen Redakteure sich die Erzählung vom reichen Jüngling aufbereiten, verstümmeln bzw. entjuden sie die – möglicherweise jesuanische Originalformulierung –, indem sie die Passage *Steht doch im Gesetz geschrieben: Liebe deinen Nächsten wie dich selbst* verkürzen zu «du sollst deinen Nächsten lieben wie dich selbst»[652] und so die Priorität des jüdischen Gesetzes unterschlagen.

Es ist wohl der Mensch Jesus als radikaler Gesetzesausleger, der den bereits im 4. Jahrhundert verschwundenen «Judenchristen» (historisch korrekter «Jesus-Juden», denn Christen gibt es noch nicht) so viel Eindruck macht. Diese als Nazarener oder Ebioniten überlieferten Juden machen sich durch ihre entschiedene Ablehnung des Opfers in der Tradition der Propheten einen Namen und stehen deshalb in Gegnerschaft zum Priestertum. Sie sind unsere wichtigsten Zeugen für die antiopferliche Einstellung auch des Mannes Jesus, den

Jüdische Sekten wie Essener, die Rom 70 u. Z. ausrottet	Pharisäer als Kern des modernen Judentums von heute ca. 15 Millionen	Jesus-Juden als Nazarener bzw. Ebioniten, die gegen 450 u. Z. ausgelöscht sind	Christen / Paulinisten gewinnen um 70 u. Z. gegen Jesus-Juden und wachsen über Heidenmission zu heute 1,5 Milliarden
Apokalyptiker und Reiniger, nicht Beseitiger des Tempels	Antiapokalyptiker mit Synagoge sowie Gesetz und Geschichte gegen Opfertempel	Antirömer, die Jesus als geopferten Himmelsgott nicht glauben, sondern als Revolutionär betrachten	Apokalyptiker, die Jesu Blutopfer als Heilsgrund in Kirchentempeln nachsymbolisieren

Ansichten zu Astrophysik bzw. zu apokalyptischen Katastrophenerwartungen und davon induzierten Opfern im Judentum der Zeitenwende

ja erst der Paulinismus mit seinem Damaskuserlebnis in einen geopferten himmlischen Erlösergott mit einer neuen Priesterschaft verwandelt, die heute eineinhalb Milliarden Menschen hinter sich sieht. Auch der zweite Seitentrieb des Judentums, der auf mittlerweile eine Milliarde Anhänger veranschlagte Islam, lebt opferbereit auf das – endgültiges Heil bringen sollende – große Unheil hin: «Die Botschaft vom endzeitlichen Weltgericht mit seiner Vergeltung der guten und bösen Taten der Menschen war das primäre Anliegen des Propheten, zu dem zeitlich erst an zweiter Stelle die Forderung eines exklusiven Monotheismus hinzutrat.»[653]

Das Christentum fasziniert die Menschen durch einen Opferheilsglauben, den es mit Caritasgeboten kombiniert. Die liebesgebotliche Seite des Christentums bildet ihren jüdischen Kern, während seine apokalyptische Seite antijüdisch wird. Die im Judentum an den sektiererischen – man könnte auch sagen spätisraelitischen – Rand gedrängte Apokalyptik wird im Christentum zum Zentrum der Weltanschauung. Allerdings kommt einer Jesusfigur als apokalyptischem Erzieher in den Zöglingen die Suche nach einer als Erleichterung empfundenen Fokussierung von schwer Beschreib- und Ausdrückbarem entgegen. Dabei handelt es sich um die am wenigsten bewältigbare Erregung und Beunruhigung des ganzen Lebens. Sie baut sich in der noch vorsprachlichen Kindheit und schon davor im Mutterleib auf. Angstmachende Eindrücke treffen den Menschen dann in seinem hilflosesten und doch schon höchst wahrnehmungsfähigen Stadium. Ein Leben lang sucht diese frei floatierende Angst einen akzeptablen Grund, damit sie sich zuspitzen und endlich in gezielte Abwehr umsetzen kann. Sie sucht mithin eine Sprache, die unbesetzt ist, nicht lächerlich wirkt und doch der Riesenhaftigkeit der Unruhe entspricht. Wenn das richtige Wort sich nicht einstellen will, ist wenig gewonnen. «Was für ein Vulkan!» zu sagen, würde in vielen Situationen, für die auch dieses Wort schon viel zu groß wäre, auf Stirnrunzeln stoßen. «So ein Desaster!» hingegen hört sich viel akzeptabler an und heißt doch nicht weniger als ein «stürzender Stern».

Die desaströse Sprache liegt in fast allen frühen Hochliteraturen der Menschheit vor, die als Theomachien eben von kämpfenden Himmelskörpern der Bronzezeit handeln, die zerstörerisch, bestürzend und zutiefst verstörend ins Treiben der Menschen eingreifen. Es ist diese aus der Zeit der Katastrophen stammende und damals durchaus passende Sprache, die nun vergleichsweise belanglosen Krisen eine bedrohliche Richtung geben kann. Das wird dankbar aufgegriffen. Der Preis ist aber mit der maßlosen Überdimensionierung zu zahlen, die dem Angstausdruck dabei zuteil wird. Es ist die Unangemessenheit der Gefahrenverortung, die zu Überreaktionen bei ihrer Bewältigung verführen kann.

Eine harmlose Variante des Glaubens an kosmische Beeinflussungen der Erde liefert selbstredend die Astrologie. Auf verrückte Weise hält sie die Erinnerung an jene Zeiten fest, als tatsächlich Schreckliches vom Himmel her geschah oder erleichtert konstatiert wurde, daß diesmal die Gefahr vorüberging. Ganz entsprechend überrascht es nicht, daß die großen Lehrer des Judentums, wie etwa Rabbi Jochanan, Rabbi Judah und Rav, darauf bestanden haben, daß es «für Israel kein

Sternbild» gibt. Im Midrasch wird *1. Mose* 15: 5 («Sieh gen Himmel und zähle die Sterne: kannst du sie zählen?») so interpretiert, daß Gott zu Abraham sagt: «Du bist ein Prophet und kein Astrologe.»[654] Alle Himmelskörper unterstanden dem Höchsten. Nach ihnen sich auszurichten, hieße von ihm abzufallen.

Wenn nun bestimmte Menschengruppen in einen ursächlichen Zusammenhang mit den zu himmlischen Katastrophen aufgeblasenen Ängsten gebracht werden, können sie der Verfolgung und Hinopferung verfallen. Es sind die weit überlebensgroß formulierten Ängste, durch die Menschen zu kollektiven Heilstaten monströsen Ausmaßes fähig werden. Womöglich hat gerade die antiapokalyptische Haltung des Judentums zu seiner Dämonisierung beigetragen. Wer die himmlischen Heerscharen nicht fürchtet, könnte ja leicht von gleicher Macht sein. Dem christlich erzogenen Hitler jedenfalls ist das bei Gelegenheit so erschienen: Der Jude – so raunt er mit seiner apokalyptischen Seite – geht «seinen verhängnisvollen Weg weiter, so lange, bis ihm eine andere Kraft entgegentritt und in gewaltigem Ringen den Himmelsstürmer wieder zum Luzifer zurückwirft»[655].

Die Synagoge kann auch die apokalyptische Gefahr nicht akzeptieren, unter deren Eindruck das Opfern als Heilsweg erscheint. Die Gegnerschaft zwischen Kirche und Synagoge hat darin ihren Kern. Wann immer es zu wirklichen Debatten zwischen beiden Seiten kommt, wird zu diesem Kern auch sehr schnell vorgestoßen. So schreibt etwa Moses Mendelssohn im Jahre 1769 zur Judenkritik Johann Kaspar Lavaters an den Herzog von Braunschweig, der ihn zum Einigwerden mit dem evangelischen Pfarrer ermuntert, «seine Vernunft lehne sich gegen die mysteriösen Lehren des Christentums auf und hindere ihn daran, an die Erbsünde zu glauben; daß ein Unschuldiger die Schuld eines Schuldigen auf sich nehmen könne, widerspreche der göttlichen Gerechtigkeit»[656].

Nach der Judenvernichtung durch die antisemitische deutsche Diktatur beginnt in den fünfziger Jahren hier und da von neuem ein Gespräch. Bultmanns Meisterschüler Hans Conzelmann wird als die herausragende Figur auf protestantischer Seite tätig. Ohne den «Glauben an Jesu Tod als Heilstat», so zieht er 1981 Bilanz, ist es «ehrlicher, den christlichen Laden einfach zu schließen»[657]. Die Sicht der jüdischen Propheten, daß aus dem Opfer anderer nichts zu gewinnen sei und die christliche Überzeugung, daß allein aus solchem Opfer Heil erwachse, erscheinen auch weiterhin unvereinbar. Das Christentum hält «im Kern seiner Botschaft am Opfergedanken fest»[658].

Vor diesem Hintergrund von monotheistischen Juden zu verlangen, das Christentum anzunehmen, hieße, sie ein Stück weit in ihre altisraelitische Katastrophen- und Opfervergangenheit zurücktreiben zu wollen. Dennoch scheint von christlicher Seite der Versuch zur Altisraelitisierung der Juden nicht enden zu können: «Erfüllung findet sowohl die Opfervorstellung der Naturreligionen *als auch das Opferwesen des Alten Testaments* im Kreuzesopfer Jesu Christi, durch dessen sakramentale Vergegenwärtigung sich die Verwandlung in das Neue Sein ereignet. Die eucharistische Mahlgemeinschaft [das Nehmen von Fleisch und Blut] ist darum das Zentrum aller kirchlichen Handlungen.»[659]

Von Christen zu verlangen, sich auschließlich auf die jüdischen Liebes- und Gerechtigkeitsgebote zu konzentrieren, hieße nun wiederum sie um ihr Wesentliches – das halb noch totemistische[660] Nehmen von Fleisch und Blut ihres Blutopfer-Herrn also – zu bringen.

Auf seine Weise gehört das pharisäische Judentum also zu den heilsskeptischen Weltanschauungen. Es wird deshalb von heilsorientierten Bewegungen – seien sie sakral oder säkular – oft als störend empfunden. Bei ihrer Sündenbocksuche verfallen diese Bewegungen am ehesten auf das Judentum, weil es eine schnelle Erregungsabfuhr durch die altisraelitische Verwendung von Sündenböcken – oder ihren weltlichen Entsprechungen wie «Kapitalisten», «Fleischesser», «Patriarchen», «Naturzerstörer» etc.[661] – abschaffen will. Die epochale Aufforderung des Monotheismus, verstörende Erregung nicht in sakraler Vertilgung zu entäußern, sondern als Liebe und Gerechtigkeit zu verausgaben, kann nicht angenommen werden.

An die Heilsbewegungen verliert das Judentum stetig solche Mitglieder, die ohne Heilsversprechen nicht leben wollen. Diese Verluste haben selbstredend damit zu tun, daß im Judentum eine Idee Volk geworden ist, zu dem man durch seine Eltern gehört, die einem die

Verwerfung des Opfers nicht vererben, sondern nur nahelegen können. Das ungeachtet aller Verfolgungen gelingende Überleben des Judentums bestätigt zugleich aber die Erfahrung, daß Assimilation unterbleibt, wo die zu Überzeugenden geistesgeschichtlich einen Schritt rückwärts machen sollen, die Assimilation Begehrenden also eher mit Macht und Mehrheit als mit intellektueller Überlegenheit beeindrucken können.

Wie die Opferverwerfung sich als der jüdische Kerngedanke erweist, obwohl er Anfechtungen ausgesetzt ist und Kompromisse eingehen muß, so bleibt auch der christliche Kerngedanke – Heil aus Jesu Blutopfer – unbeeinträchtigt von allen Facetten das für diesen Glauben Wesentliche, obwohl die einen wirklich sein Fleisch und Blut zu sich zu nehmen glauben, während andere es in einem mehr übertragenen Sinne essen und trinken. Wie sehr dieser Rückfall aufs Opfer auch im Christentum als problematisch empfunden, wie sehr also noch beim Jesusopfer ein Stück jüdische Opferüberwindung festgehalten werden soll, zeigt sich wohl am deutlichsten im *Hebräerbrief* der christlichen Bibel: «Denn mit einem Opfer hat er für immer vollendet, die geheiligt werden. / Wo aber Vergebung ist, da geschieht für sie kein Opfer mehr.»[662] Hier wird an Juden geschrieben und auf ihre Bewußtseinslage Rücksicht genommen. In Briefen an Heiden hingegen wird auf deren am Ende siegreiches Begehren eingegangen – etwa im *Epheserbrief*: «Gleichwie Christus euch hat geliebt und sich selbst dargegeben für uns als Gabe und Opfer, Gott zu einem lieblichen Geruch.»[663]

Im Beisein von Opferern sich deren erregtem Tun nicht anzuschließen galt immer als gefährlich und führt auch auf eine Fährte des Judenhasses. Ist dieser Haß in seinem religiösen Kern nichts anderes als die Verfolgung der Opfer- und somit Heilsverwerfer durch die Opferer? Daß man sich vor denen hüten muß, hat etwa der Grieche *Epikur* – selber ein Opferkritiker von Format – hervorgehoben: «Es ist Schauspielerei, wenn der Epikureer betet und sich zu Boden wirft ohne inneres Bedürfnis, bloß aus Furcht vor den Leuten; und die Worte, die er spricht, stehen mit seiner Philosophie in Widerspruch. Wenn er opfert, so steht er neben dem opfernden Priester wie neben einem Schlächter, und nach vollzogenem Opfer entfernt er sich mit den Worten Meanders: ‹Ich opferte Göttern, die mich nichts angehen.› Denn so muß man, meint Epikur, sich verstellen, den Leuten ihre *Freude* nicht mißgönnen und sich bei ihnen nicht verhaßt machen, indem man ein Tun mißbilligt, an dem andere sich freuen.»[664]

Im Judentum hat sich diese philosophische Kritik des Opfers noch radikalisiert. Sie schließt auch seine versteinerte Variante, also das Gottesbild mit ein. Die volkstümlichen Legenden über den Patriarchen Abraham heben immer wieder gerade diesen Aspekt hervor: «Da sagte Abraham zu Tharah, seinem Vater ...: Was für Hilfe und Vorteile [kommen] uns von diesen Götzen, die Du verehrst und vor denen Du niederfällst? Denn in ihnen ist kein Geist, sondern sie sind stumm und eine Verwirrung. ... Sie sind der Hände Werk, auf eurer Schulter tragt ihr sie.»[665]

Der Vater gemahnt – ganz ähnlich wie Epikur – seinen Sohn an die Gefahren, auf die ein Statuenverwerfer gefaßt sein muß und die ein Kruzifixverwerfer[666] bis heute zu gewärtigen hat: «Auch ich weiß, mein Sohn; aber was soll ich [mit] dem Volke machen, das mich gezwungen hat, vor ihnen zu dienen? Und wenn ich ihnen die Wahrheit sage, so töten sie mich. Denn ihre Seele folgt ihnen, daß sie sie verehren und preisen, schweig mein Sohn, damit sie Dich nicht töten.»[667]

In der Volkslegende versuchen sich die von ihrer «Seele» Getriebenen denn auch an solcher Tötung, die – ähnlich wie im *Daniel*-Buch – allerdings durch ein Wunder verhindert wird: «Da läßt Nimrod Abraham gefesselt in einen glühenden Ofen werfen; doch nur seine Stricke verbrennen, Abraham bleibt unversehrt. Jetzt läßt Nimrod einen gewaltigen Scheiterhaufen aufschichten. In dem Wahn, Gottgefälliges zu leisten, tragen alle Bewohner, Weiber und Kinder, das Holz herbei. Sobald der Scheiterhaufen angezündet ist, vermag keiner in der Nähe zu bleiben, so daß es unmöglich ist, Abraham auf den Scheiterhaufen zu legen. Da erbaut Iblis [Satan, Morgenstern] eine Wurfmaschine, mit deren Hilfe Abraham auf den Scheiterhaufen geschleudert wird.»[668]

Schon der Judenhaß der Antike beginnt mithin als Wut der Opferer auf die Opferkritiker. Sie hätten sich «gegen die gesamte Menschheit erhoben. Von den Brandopfern, Gebeten und Dankopfern schließen sie sich aus.»[669] Der Grund des Hasses bleibt aber unerhellt, wenn im aggressiven Blutritual allein «Freude» (*Epikur*) oder «Lust an dem, woran ich kein Wohlgefallen habe»[670], ausgemacht wird. Zum Verfolger wird der Opferer erst durch die Scham, ohne das Ritual nicht auskommen zu können. Diese Scham wird von jenem Schuldgefühl genährt, das selbst bei kollektivem – und deshalb scheinbar erlaubtem – heiligen Töten nicht ausbleibt. Die Vergeltungsangst bewirkt einen inneren Zweifel am opferlichen Treiben, der unterdrückt werden muß, wenn die seelenökonomische Bilanz aus dem Ritual positiv bleiben soll. Die Unterdrückung der eigenen Zweifel fällt allerdings leichter, wenn wirklich *alle* beim Töten mitmachen und keiner auf die Schuld hinweisen kann, weil er an ihr nicht teilhat. Hier wird den Trinkern geähnelt, die den Nüchternen als lebendigen Vorwurf und Spielverderber empfinden – oder auch den Faschisten, die sich von Demokraten gestört fühlen.

Wie die Berauschten den Nüchternen unterstellen mögen, daß sie in Wirklichkeit gar nicht so selbstbeherrscht seien und es in unbeobachteten Momenten wahrscheinlich schlimmer trieben als sie selbst, so ist auch den Opferverwerfern immer wieder nachgesagt worden, daß sie im geheimen die schlimmsten Opferer von allen seien. Schon im 1. Jahrhundert v. u. Z. reagiert etwa der griechische Historiker Apollonius Molon seinen Ärger über die Statuen- und Opferlosigkeit der alexandrinischen Juden dadurch ab, daß er für ihren Jerusalemer Tempel einen goldenen Eselskopf erfindet, dem jährlich in großer Heimlichkeit – und nach gebührender Mästigung – ein gefangener Griechenjüngling geschlachtet würde.[671] Im 1. Jahrhundert u. Z. verbreitet Apion[672] diese Beschuldigung. Zur selben Zeit variiert Damokritus sie dahingehend, daß die Juden dem Esel alle sieben Jahre einen Fremden einfingen und ihn dadurch opferten, daß sie sein Fleisch in kleine Stücke schnitten.[673]

Christen äußern ihre Wut auf die Opferer besonders am Karfreitag, wenn sie die Kreuzigung Jesu feiern. Juden schließen sich nicht nur von solcher Feier aus. Auf sie wird auch noch die Opferaggression projiziert, so daß die Christen aus diesem Blutakt nur Heil ziehen, während sie das aus ihm erwachsende Schuldgefühl den gerade opferkritischen Juden zuschieben. Der Kirchenvater Johannes Chrysostomos findet für diese komfortable Aufteilung von Schuld und Erregungsabfuhr zwischen antiopferlichen Juden und opferzentrierten Christen im Jahre 387 u.Z. folgende Formel: «Wie kannst Du Gemeinschaft pflegen mit jenen, die das Blut Christi vergossen haben und dann ohne ein Gefühl des Erschreckens an der Heiligen Kommunion und dem kostbaren Blut teilhaben?»[674] Zur Vermeidung solcher Vorhaltungen gibt es von jüdischer Seite immer wieder auch Anpassungsversuche. Wenn etwa im amerikanischen Reformjudentum die Synagogenakademie nach dem alten Opferplatz «Temple» genannt wird, um die Differenz zu christlichen Kirchen mit ihren Altartischen zu verringern, wird einmal mehr deutlich, wieviel Vorsicht aufgewendet wird, um die Opfernäheren nicht zu provozieren.

In den zahllosen Anschuldigungen, daß Juden Christenkinder schlachteten, also die schlimmsten Opferer seien, setzt sich die heidnische Tradition eines Molon fort. Zu etlichen Plätzen dieser Ritualmordbeschuldigungen[675] wird gepilgert wie zu einem besonders wirkmächtigen Kruzifix. Kapellen und Wallfahrtsorte werden diesen angeblichen Opfern geweiht. Mit jeder weiteren Beschuldigung der Juden für irgendeine religiös aufgefaßte Bluttat seit dem sogenannten «Gottesmord»[676] gewinnen die Christen einen Heilszuwachs. Allein für das Mittelalter sind etwa hundertundfünfzig Prozesse gegen Juden wegen angeblicher Ritualmorde dokumentiert.[677]

Der Vorwurf an die Juden, die Hostien (lat. *hostia* = Sühnopfer) bzw. Oblaten (lat. *oblata* = Dargebrachtes) zu schänden, die Christen als das Fleisch Jesu verehren und beim heiligen Abendmahl zu sich nehmen, drückt ebenfalls das Unbehagen der Opferer über ihr zentrales religiöses Handeln aus. Von Beginn an hat deshalb jedes jüdische Stirnrunzeln gegenüber Sprüchen wie «Wer mein Fleisch isset und trinket mein Blut, der hat das ewige Leben»[678] die Gefahr der Verfolgung heraufbeschworen. Schon im 5. Jahrhundert u.Z. werden – etwa in Ravenna, der Hauptstadt Kaiser Theoderichs des Großen – Synagogen angezündet, weil Juden sich über das Abendmahlsopfer lustig gemacht hätten.[679] Bis zum Ende des Mittelalters werden mehr als hundert Fälle sogenannter Hostienschändungen verzeichnet.[680] Wir hatten schon gesehen, daß in Altägypten Menschen, die als Entweiher des Opferwesens verurteilt wurden, im nächsten Ritual selbst die heilig-heilend zu tötende Himmelsmacht – Seth oder Apophis – spielen mußten.[681]

Religiöser Judenhaß erwiese sich insofern als die Verfolgung von Menschen, deren bloßes Nichtmitmachen beim für die Erregungsabfuhr gesuchten Ritual die Zweifel an diesem bzw. die Vergeltungsangst für dieses eher hochkommen läßt und dann seinen psychischen Genuß verdirbt.

Aus dieser Sicht kann vielleicht eine psychologische Deutung der antisemitischen Kampfparole «Die Juden sind an allem schuld» gewonnen werden. Sie wären demnach schuld am Schuldgefühl, da sie seine schnelle opferliche Erledigung nicht mitmachen und so dazu beitragen, es gewissermaßen in die Übererregten zurückzustoßen. Sie sollen ihre Haßregungen nicht mehr auf rituellem Wege im Kollektiv schnell abführen, sondern sie für den Aufbau eines Gewissens verwenden, mit dem sie sich nunmehr selbst kontrollieren. Friedrich Nietzsche hat – ohne Verständnis der jüdischen Opferkritik, also mit bloßem Genie sowie völkischem Zeitkolorit – die Aggressionstransformation des Judentums geahnt: «Aus dem Stamme jenes Baumes ... des jüdischen Hasses – des tiefsten und sublimsten, nämlich Ideale schaffenden, Werte umschaffenden Hasses, dessengleichen nie auf Erden dagewesen ist – wuchs etwas ebenso Unvergleichliches heraus, eine *neue Liebe*, die tiefste und sublimste aller Arten Liebe – und aus welchem andren Stamme hätte sie auch wachsen können?»[682] Nietzsche vertieft diesen Befund um ein Verständnis dessen, was die Psychoanalyse ein wenig später Sublimierung der archaischen Triebe nennen wird, wenn er die Juden als «das moralische Genie unter den Völkern» bezeichnet, weil «sie den Menschen in sich *tiefer verachtet haben* als irgendein Volk»[683].

Als Rechts-Nietzscheaner geht Adolf Hitler daran, die Revolution vom archaischen Altisraelitentum zur Liebesethik des Judentums wieder rückgängig zu machen und dafür das Judentum auszulöschen: «Unsere Revolution ist nicht bloß eine politische und soziale. Wir stehen vor *einer ungeheuren Umwälzung der Moralbegriffe* und der geistigen Orientierung des Menschen. Mit unserer Bewegung ist erst *das mittlere Zeitalter, das Mittelalter*, abgeschlossen. Wir beenden einen Irrweg der Menschheit. *Die Tafeln vom Berge Sinai haben ihre Gültigkeit verloren. Das Gewissen ist eine jüdische Erfindung.*»[684]

Daß Juden versuchen, ohne Opfer zu leben, vermittelt die Aussicht, daß womöglich alle Menschen das können und dafür in derjenigen Facette ihrer Seele, dem das Opfer peinlich ist, einen gewichtigen Bündnispartner besitzen. Überwindung des Rituals oder Vorgehen gegen das Judentum wird insofern zu einer folgenschweren Alternative für die Opferer.

Aber es ist ja keineswegs gesagt, daß die Christen den Glauben an Jesu Blutopfer als Heilstat und die Juden die Beschneidung als Zeichen ihrer Volkszugehörigkeit auf immer beibehalten werden. Das Reformjudentum ist in dieser Richtung in der Mitte des 19. Jahrhunderts immerhin schon einmal aktiv gewesen. Praktisch ist es dann in die Solidarität mit den Orthodoxen zurückgekehrt, die bei den allfälligen Angriffen auf das gesamte Judentum als Verrat in schwerer Stunde empfinden mußten, was zu einer konsequenten Fortentwicklung der monotheistischen Opferverwerfung hätte führen können. Der seinerzeit gewaltige Fortschritt vom Opfer zur Beschneidung am achten Tag hätte mit der Aufgabe des rituellen Elements bei letzterer seine Vollendung erfahren. Im Ausnahmefall des männlichen Konvertiten kann das Reformjudentum übrigens bis heute auf die Beschneidung verzichten.[685] Gebete und Rituale, die eine Wiedererrichtung des Tempels und damit auch des Opfers zum Inhalt haben, sind im Reformjudentum gänzlich aus dem Gottesdienst entfernt worden.

Eine dem Reformjudentum vergleichbare Bewegung im Christentum, die auf Jesu Opfertod als Heilstat verzichten wollte, steht unseres Erachtens bisher noch aus. Dennoch muß auch dieser bemerkenswerte Opferkompromiß nicht für die Ewigkeit gemacht sein. Vielleicht reicht eines Tages doch das prophetische «Ich habe Lust an der Liebe und nicht am Opfer»[686] als *Credo* aller «Kinder Abrahams» vollkommen aus.

Anmerkungen

Vorschau und Danksagung

1 J. de Vries, *Perspectives in the History of Religion*, Berkeley et al.: University of California Press, 1977, S. 198/200.
2 Das Buch ist ein Ergebnis der Jahre 1992 bis 1997. Es erweitert, pointiert, aktualisiert und illustriert Überlegungen, die der Autor in den eineinhalb Jahrzehnten von 1977 bis 1992 zur Erklärung des Opfers angestellt hat: (1) «The Israelite Origins of Monotheism and the Prohibiton of Killing» (hebräische Fassung 1977 anläßlich einer Vorlesung vor dem *Department of Humanities* der *Hebrew University* [Jerusalem], 31. Mai 1977), in: *Catastrophism and Ancient History*, Bd. IV, Nr. 1, 1982, S. 31 ff.; (2) «Theorie des Tötungsverbotes und des Monotheismus bei den Israeliten sowie der Genese, der Durchsetzung und der welthistorischen Rolle der christlichen Familien- und Fortpflanzungsmoral», in: J. Müller, B. Wassmann (Hg.), *L'invitation au voyage zu Alfred Sohn-Rethel* (Festschrift für Alfred Sohn-Rethel zum 80. Geburtstag), Bremen: Unibuchladen Wassmann, 1979, Beitrag Nr. 7; (3) *Menschenopfer, Monotheismus, Tötungsverbot, Apokalyptik, Judenhaß: Zur Überwindung von Kindestötung und Menschenopfer an Himmelskörper durch den Eingottglauben und die Beschneidung bei den Juden*, Bremen: Universität, Mai 1984, unveröff. Typoskript, 174 S.; (4) *Kollektive Verdrängung und die zwanghafte Wiederholung des Menschenopfers / Collective Amnesia and the Compulsive Repetition of Human Sacrifice*, Basel: P. A. F. Verlag, 1984 (mit C. Marx); (5) «Wie kam es zur Erfindung der Opfer und der Götter? Oder: Was machte eigentlich ein Heros?», in: *Gesellschaft für die Rekonstruktion der Menschheits- und Naturgeschichte / Bulletin*, Bd. 2, Nr. 3, 1986, München, S. 11 ff.; (6) «Universalgeschichtliche Perspektiven sozialer Evolution – Materialien», Vortrag auf dem Symposion *Zur Problematik von Strukturbrüchen* an der Universität Osnabrück, 29. 10. 1986, teilweise abgedruckt in: *Gesellschaft für die Rekonstruktion der Menschheits- und Naturgeschichte / Bulletin*, Bd. 2, Nr. 6, 1986, S. 7–16; (7) «Monotheismus und Antisemitismus: Auf immer unerklärbar?», in: R. Erb und M. Schmidt (Hg.), *Antisemitismus und jüdische Geschichte: Studien zu Ehren von Herbert A. Strauss (Direktor des «Zentrums für Antisemitismusforschung» der Technischen Universität Berlin)*, Berlin: Wissenschaftlicher Autorenverlag, 1987, S. 409 ff.; (8) *Was ist Antisemitismus? – Der Ursprung von Monotheismus und Judenhaß. – Warum Antizionismus?*, Frankfurt am Main: Eichborn Verlag / Reihe Scarabäus, 1988; (9) «Destruction Layers in Archaeological Sites: The Stratigraphy of Armageddon», in: M. B. Zysman, C. Whelton (Hg.), *Catastrophism 2000*, Toronto: Heretic Press, 1990, S. 213 ff.; (10) «Was ist Judentum? Altisraelitentum / Christentum und jüdischer Monotheismus: Differenz und Konflikt», in: *Zeitschrift für Religions- und Geistesgeschichte*, Bd. 43, Nr. 4, 1991, S. 333 ff.; (11) «The Rise of Blood Sacrifice and Priest-Kingship in Mesopotamia: A ‹Cosmic Decree›»?, in: *Religion*, Bd. 22, 1992, S. 309 ff.

I Einführung:
Wird Göttern geopfert oder werden Opfer vergöttert?

3 M. M. Rind, *Menschenopfer: Vom Kult der Grausamkeit*, Regensburg: Universitätsverlag Regensburg, 1996, S. 18.
4 Vgl. G. van der Leeuw, *Phänomenologie der Religion* (1956[2]), Tübingen: J. C. B. Mohr, 1970, passim.

II Was erscheint leicht verständlich am Opfer und was wirkt rätselhaft? Die Aufgaben der Religionstheorie

5 J. Z. Smith et al. (Hg.), *The Harper Collins Dictionary of Religion*, San Francisco: Harper Collins, 1995, Stichwort «Sacrifice», S. 948.
6 Vgl. L. Woolley, *Ur «of the Chaldees»*. *The Final Account: Excavations at Ur*, revised and updated by P. R. S. Moorey, London: The Herbert Press, 1982, S. 73.
7 Apollodor 3: 151. Womöglich steckt aber auch in diesem Ritual eine verkappte Götterschlacht zwischen einer Himmelswalküre Polyxo und einem nicht weniger strahlenden Achilles. Vgl. E. Wüst, «Wer war Polyxene?», in: *Gymnasium: Zeitschrift für Kultur der Antike und humanistische Bildung*, Bd. 56, 1989, S. 205 ff.
8 *1. Mose* 9: 4.
9 Vgl. H. Müller-Karpe, *Geschichte der Steinzeit*, München: Beck, 1974, S. 249 ff.; M. Julien, «Burial in the Palaeolithic», in: C. Flon (Hg.), *The World Atlas of Archaeology*, London: Portland House, 1985, S. 28 f.; A J. Jelinek, «Western Asia during the Middle Palaeolithic», in: S. J. De Laet et al. (Hg.), *History of Humanity. Volume I: Prehistory and the Beginnings of Civilization*, Paris: United Nations Educational, Scientific and Cultural Organization (UNESCO) und London: Routledge, 1994, S. 160.
10 Vgl. K. Valoch, «Europe (Excluding the Former USSR) in the Period of *Homo sapiens neandertheralensis* and Contemporaries», in: S. J. De Laet et al. (Hg.), *History of Humanity. Volume I: Prehistory and the Beginnings of Civilization*, Paris: United Nations Educational, Scientific and Cultural Organization (UNESCO) und London: Routledge, 1994, S. 141.
11 Vgl. etwa E. O. James, *Myth and Ritual in the Ancient Near East: An Archaeological and Documentary Study*, London: Thames & Hudson, 1958, S. 32 f.
12 Als Überblick vgl. etwa M. M. Rind, *Menschenopfer: Vom Kult der Grausamkeit*, Regensburg: Universitätsverlag Regensburg, 1996, S. 101.
13 Vgl. etwa J. S. Soles, «Social Ranking in Prepalatia Cemeteries», in: E. B. French, K. A. Wardle (Hg.), *Problems in Greek Prehistory*, Bristol: Bristol Classical Press, 1988, S. 49 ff.
14 Vgl. etwa L. Bonfante, «Daily Life and Afterlife», in: Idem (Hg.), *Etruscan Life and Afterlife: A Handbook of Etruscan Studies*, Detroit: Wayne State University Press, 1986, S. 232 ff.
15 Vgl. E. B. Tylor, *Die Anfänge der Kultur: Untersuchungen über die Entwicklung der Mythologie, Philosophie, Religion, Kunst und Sitte* (1865), Leipzig: C. F. Winter'sche Verlagshandlung, 1873, insbesondere Teil I, S. 433 f.
16 Vgl. E. Rohde, *Psyche: Seelencult und Unsterblichkeitsglaube der Griechen* (1890/94), 2 Bände, Tübingen: J. C. B. Mohr, 1903[3].

17 Vgl. dazu etwa Arctic Institute of North America (Hg.), *Studies in Siberian Shamanism*, Antropology of the North: Translation from Russian Sources, Toronto: Toronto University Press, 1963 sowie E. Pasztory, «Shamanism and North American Indian Art», in: Z. P. Mathews, A. Jonaitis (Hg.), *Native North American Art History*, Palo Alto/CA: Peek Publications, 1982, S. 7ff.
18 Vgl. etwa E. Porada, *Man and Images in the Ancient Near East*, Wakefield/RI und London: Moyer Bell, 1995, S. 30.
19 Vgl. S. Freud, «Trauer und Melancholie» (1916), in: Idem, *Gesammelte Werke*, Bd. X, Frankfurt am Main: S. Fischer, 1946, S. 427–446.
20 Adaptiert von C. Gamble, *The Palaeolithic Settlement of Europe*, Cambridge University Press, 1986, S. 229 sowie A. Leroi-Gourhan, «The Evolution of Palaeolithic Art», in: *Scientific American*, Bd. 218, 1968, Nr. 2, S. 59ff.
21 Der Autor hat wenig einzuwenden gegen die chronologische Reihenfolge der Motive menschlicher Kunst mit ihrem – ja bis heute andauernden – Vorrang des weiblichen Genitals. Lediglich gegen den herrschenden Glauben an die vielen tausend Jahre, die der Jetztmensch gebraucht haben soll, um die Vaginen jeweils etwas genauer darzustellen als zuvor, hat er versucht, die archäologisch-stratigraphische Evidenz in ihr Recht zu setzen. Vgl. G. Heinsohn, *Wie alt ist das Menschengeschlecht? Stratigraphische Grundlegung der Paläoanthropologie und Vorgeschichte* (1991[1]), Gräfelfing: Mantis, 1996[2].
22 *Odyssee* III: 425f./438.
23 A. E. Jensen, *Mythos und Kult bei den Naturvölkern: Religionswissenschaftliche Betrachtungen* (1951), m. e. Geleitwort v. E. Haberland, München: dtv, 1991, S. 236.
24 J. de Vries, *Perspectives in the History of Religion*, Berkeley et al.: University of California Press, 1977, S. 198/200/207.
25 U. Simri, «The Religious and Magical Function of Ball Games in Various Cultures», in: *Proceedings of the First International Seminar on the History of Physical Education and Sport*, Netanya/Israel, 1969, S. 7; gegen diese Ratlosigkeit vgl. aber W. Mullen, «The Mesoamerican Record», in: *Pensée*, Bd. 4, Nr. 4, 1974, S. 34–44: «Das rituelle Ballspiel war ein Nachvollzug des himmlischen Ballspiels, das zum Zeitpunkt der Weltzerstörung gespielt wurde, in der Sonne und Mond die Herren der Hölle besiegten» (S. 38f.). Vgl. auch M. Knaust, «Das rituelle Ballspiel der präkolumbianischen Völker Mesoamerikas», in: *Vorzeit – Frühzeit – Gegenwart*, Bd. 6, Nr. 2, 1994, S. 62–81 sowie in umfassender Darstellung B. J. Peiser, *Der Ursprung des mesoamerikanischen Ballspiels*, Liverpool: John Moores University/School of Human Sciences, 1995, Computerausdruck. Vgl. auch B. J. Peiser, «Die kosmische Symbolik des mesoamerikanischen Ballspiels: Eine naturgeschichtliche Interpretation», in: F. van der Merve (Hg.), *Sport as Symbol, Symbols in Sport*, Sankt Augustin: Akademia, 1996, S. 133–146.
26 «Der weitere Weg ist uns leicht kenntlich gemacht, indem dieser Schöpfer-Gott direkt Vater geheißen wird. Die Psychoanalyse schließt, es ist wirklich der Vater, so großartig, wie er einmal dem kleinen Kind erschienen war. Der religiöse Mensch stellt sich die Schöpfung der Welt so vor wie seine eigene Entstehung.» S. Freud, «Neue Folge der Vorlesungen zur Einführung in die Psychoanalyse» (1933), in: Idem, *Gesammelte Werke*, Bd. XV, Frankfurt am Main: S. Fischer, 1950, S. 175.
27 Vgl. G. van der Leeuw, *Phänomenologie der Religion*, Tübingen: J. C. B. Mohr, 1933, S. 87.

28 Vgl. K. Heinrich, *Dahlemer Vorlesungen 2: Anthropomorphe*, Basel und Frankfurt: Stroemfeld/Roter Stern, 1986, S. 39.
29 Vgl. T. Ribi, «Altertumswissenschaft als Kulturanthropologie: Ein Symposium für den Gräzisten Walter Burkert», in: *Neue Zürcher Zeitung: Feuilleton*, 23./24. 3. 1996, S. 46.
30 J. Ross, «Griechische Passion: Walter Burkerts Anthropologie des Opfers in der Antike», in: *Frankfurter Allgemeine Zeitung: Geisteswissenschaften*, 27. 3. 1996, S. N 5.
31 K. Meuli, «Griechische Opferbräuche» (1946), in: Idem, *Gesammelte Schriften*, hgg. von T. Gelzer, Bd. II, Basel: Schwabe & Co., 1975, S. 907.

III Der Gelehrtenstreit um das Verständnis des Blutopfers

32 R. H. Faherty, «Sacrifice», in: *The New Encyclopedia Britannica: Macropedia*, Bd. 26, Chicago et al.: Encyclopedia Britannica Inc., 1991, S. 791.
33 Vgl. J. Ménant, «Le sacrifice humain», in: *Recherches sur la Glyptique Orientale*, Bd. 1, 1887, S. 150 ff.
34 Vgl. W. H. Ward, «Human Sacrifice on Babylonian Seals», *American Journal of Archaeology*, 1889, Nr. 5, S. 34 f.
35 Für diese treffende Formulierung vgl. C. Litterscheid (Hg.), *Aus der Welt der Azteken: Die Chronik des Fray Bernardino de Sahagún*, m. e. Vorwort v. J. Rulfo, Frankfurt am Main: Insel, 1989, S. 39.
36 Vgl. L. Woolley, *Ur Excavations. Vol. II: The Royal Cemetery*, Oxford: Oxford University Press, 1934; vgl. auch F. M. T. de Liagre Böhl, «Das Menschenopfer bei den alten Sumerern» (1929), in: Idem, *Opera Minora*, Groningen: J. B. Wolters, 1953.
37 L. Woolley, *Ur «of the Chaldees». The Final Account: Excavations at Ur*, revised and updated by P. R. S. Moorey, London: The Herbert Press, 1982, S. 60.
38 Vgl. J. G. Griffiths, «Menschenopfer», in: *Lexikon der Ägyptologie*, Band IV, Wiesbaden: Otto Harrassowitz, 1982, Sp. 64.
39 Für alle Siegel außer unten rechts vgl. P. Amiet, *La glyptique Mésopotamienne archaique*, Paris: Editions du Centre National de la Reserche Scientifique, 1980, passim; unten rechts vgl. D. Collon, *First Impressions: Cylinder Seals in the Ancient Near East*, London: British Museum Publications, 1987, S. 176.
40 Vgl. J. Black, A. Green, *Gods, Demons and Symbols of Ancient Mesopotamia: An Illustrated Dictionary*, London: The Trustees of the British Museum, 1992, S. 14 (oben), S. 119 (unten).
41 Vgl. A. R. W. Green, *The Role of Human Sacrifice in the Ancient Near East*, Missoula/Montana: Scholars Press, 1975; gegen die Existenz von Blutopfern in Altmesopotamien, die er als bloße Schlachtungen für die Götterernährung auffaßt, wendet sich W. G. Lambert, «Donations of Food and Drink to the Gods in Ancient Mesopotamia», in: J. Quaegebeur (Hg.), *Ritual and Sacrifice in the Ancient Near East: Proceedings of the International Conference Organized by the Katholieke Universiteit Leuven from the 17th to 20th of April 1991*, Leuven: Uitgeverij Peeters & Department Orientalistiek Leuven, 1993, S. 191 ff.; ihm widersprechen u. a. H. Limet, «Le sacrifice **siskur**», in: J. Quaegebeur (Hg.),

Ritual and Sacrifice in the Ancient Near East: Proceedings of the International Conference Organized by the Katholieke Universiteit Leuven from the 17th to 20th of April 1991, Leuven: Uitgeverij Peeters & Department Orientalistiek Leuven, 1993, S. 243 ff. sowie A. Finet, «Le sacrifice de l'âne en Mésopotamie», in: J. Quaegebeur (Hg.), *Ritual and Sacrifice in the Ancient Near East: Proceedings of the International Conference Organized by the Katholieke Universiteit Leuven from the 17th to 20th of April 1991*, Leuven: Uitgeverij Peeters & Department Orientalistiek Leuven, 1993, S. 135 ff.

42 Vgl. J. B. Hennessy, «Thirteenth Century B. C. Temple of Human Sacrifice at Amman», in: *Studia Phoenicia III: Phoenicia and Its Neighbours*, Leuven: Uitgeverij Peeters, 1985, S. 99 f.

43 Vgl. Y. Sakellarakis, E. Sapouna-Sekellarakis, «Drama of Death in a Minoan Temple», in: *National Geographic*, Nr. 2 (Februar), 1981.

44 Vgl. H. Willems, «Crime, Cult and Capital Punishment (Mo'alla Inscription 8)», in: *Journal of Egyptian Archaeology*, Bd. 76, 1990, S. 27 ff.

45 E. Graefe, «Die Deutung der sogenannten ‹Opfergaben›», in: J. Quaegebeur (Hg.), *Ritual and Sacrifice in the Ancient Near East: Proceedings of the International Conference Organized by the Katholieke Universiteit Leuven from the 17th to 20th of April 1991*, Leuven: Uitgeverij Peeters & Department Orientalistiek Leuven, 1993, S. 154.

46 Vgl. M. M. Rind, *Menschenopfer: Vom Kult der Grausamkeit*, Regensburg: Universitätsverlag Regensburg, 1996, S. 8.

47 Vgl. J. Fontenrose, *Python: A Study of Delphic Myth and its Origins* (1959), Berkeley et al.: University of California Press, 1980, S. 9, 1.

48 J. Fontenrose, *Python: A Study of Delphic Myth and its Origins* (1959), Berkeley et al.: University of California Press, 1980, S. 3, 474, meine Hervorhebungen.

49 «Walter Burkerts Untersuchungen zur griechischen Religionsgeschichte bilden den seit dem Zweiten Weltkrieg im deutschsprachigen Raum bei weitem wichtigsten Ansatz zum Verständnis des griechischen Mythos», schreibt Glenn W. Most 1990. Vgl. G. W. Most, «Strenge Erforschung wilder Ursprünge: Walter Burkert über Mythos und Ritus», in: W. Burkert, *Wilder Ursprung: Opferritual und Mythos bei den Griechen*, Berlin: Wagenbach, 1990, S. 9.

50 Vgl. W. Burkert, «Griechische Tragödie und Opferritual», in: Idem, *Wilder Ursprung: Opferritual und Mythos bei den Griechen*, Berlin: Wagenbach, 1990, S. 24.

51 Vgl. W. Burkert, *Homo Necans: Interpretationen altgriechischer Opferriten und Mythen*, Berlin und New York: Walter de Gruyter, 1972, passim.

52 Vgl. etwa H. Altenmüller, «Opfer», in: *Lexikon der Ägyptologie*, Band IV, Wiesbaden: Otto Harrassowitz, 1982, Sp. 580 sowie W. Helck, «Opfertier», in: *Lexikon der Ägyptologie*, Band IV, Wiesbaden: Otto Harrassowitz, 1982, Sp. 594.

53 K. Meuli, «Griechische Opferbräuche» (1946), in: Idem, *Gesammelte Schriften*, hgg. von T. Gelzer, Bd. II, Basel: Schwabe & Co., 1975, S. 948.

54 Vgl. W. Burkert, «Glaube und Verhalten: Zeichengehalt und Wirkungsmacht von Opferritualen», in: J. Rudhardt, O. Reverdin (Hg.), *Le Sacrifice dans L'Antiquité*, Genève: Vandœuvres, Foundation Hardt Pour l'Étude de L'Antiquité Classiques, Entretiens, Tome XXVII, 1981, S. 109. Siehe auch R. G. Hammerton-Kelly, *Violent Origins: Walter Burkert, René Girard, and Jona-*

than Z. Smith on Ritual Killing and Cultural Formation, Stanford/CA: Stanford University Press, 1986.
55 Zur Kritik an «Meuli/Burkert» vgl. G. S. Kirk, «Some Pitfalls in the Study of Ancient Greek Sacrifice (in Particular)», in: J. Rudhardt, O. Reverdin (Hg.), *Le Sacrifice dans L'Antiquité*, Genève: Vandoeuvres, Foundation Hardt Pour l'Étude de L'Antiquité Classiques, Entretiens, Tome XXVII, 1981, S. 70 ff.
56 W. Burkert, «Griechische Tragödie und Opferritual», in: Idem, *Wilder Ursprung: Opferritual und Mythos bei den Griechen*, Berlin: Wagenbach, 1990, S. 23/25.
57 Vgl. W. R. Smith, *Lectures of the Religion of the Semites. First Series: The Fundamental Institutions* (1889), London: A. & C. Black, 1894².
58 Vgl. R. Girard, *La violence et le sacré*, Paris: Bernard Grasset, 1972 sowie R. Girard, *Der Sündenbock* (1982), Zürich: Benziger, 1988.
59 R. Girard, *Das Heilige und die Gewalt* (1972), Zürich: Benziger, 1987, S. 201.
60 Walter Burkert hat zu seiner und Girards Arbeit freimütig eingeräumt: «Strategien der Kritik gegen allzu globale Opfertheorien mögen beide Bücher [*Homo Necans* von 1972 und *La violence et le sacré* von 1972] gemeinsam treffen.» Vgl. W. Burkert, «Glaube und Verhalten: Zeichengehalt und Wirkungsmacht von Opferritualen», in: J. Rudhardt, O. Reverdin (Hg.), *Le Sacrifice dans L'Antiquité*, Genève: Vandœuvres, Foundation Hardt Pour l'Étude de L'Antiquité Classiques, Entretiens, Tome XXVII, 1981, S. 110. Vgl. für eine bis in die Titelwahl reichende Annäherung an Girard bei W. Burkert, *Anthropologie des religiösen Opfers: Die Sakralisierung der Gewalt*, München: Carl Friedrich von Siemens Stiftung, 1984.
61 Eine nicht deklarierte apokalyptische Grundhaltung, die als private Untergangssehnsucht in eine allgemeine Anthropologie umgesetzt wird, ist an Girard längst ausgemacht worden. Vgl. J. Greisch, «Homo Mimeticus: Kritische Überlegungen zu den anthropologischen Voraussetzungen von René Girards Opferbegriff, in: R. Schenk (Hg.), *Zur Theorie des Opfers: Ein interdisziplinäres Gespräch*, Stuttgart-Bad Cannstadt: Frommann-Holzboog, 1995, S. 27 ff.
62 V. Valeri, *Kingship and Sacrifice: Ritual and Sacrifice in Ancient Hawaii*, Chicago and London: University of Chicago Press, 1985, S. 70.
63 Vgl. M. Treml, «Animalisches Erbe in den Religionen: Walter Burkerts Gifford Lectures in Buchform», in: *Neue Zürcher Zeitung/Internationale Ausgabe*, 18./19. Januar 1997, S. 50.
64 Vgl. W. Burkert, *Creation of the Sacred: Tracks of Biology in Early Religions*, Cambridge/Mass. & London: Harvard University Press, 1996.
65 Vgl. typisch J. van Baal, «Offering, Sacrifice and Gift», in: *Numen*, Bd. 23, Dezember 1976, S. 161, der auch das Blutopfer unter dem Begriff der Gabe faßt. M. Panoff u. M. Perrin, *Taschenwörterbuch der Ethnologie*, hgg. v. J. Stagl, Berlin: Dietrich Reimer, 1982, S. 23, definieren das Opfer ähnlich belang- wie ratlos als «die Handlungsweise, durch welche Tiere oder Menschen als Gabe an eine Gottheit von ihresgleichen abgesondert oder getötet werden». Ganz ähnlich schreibt M. M. Rind, *Menschenopfer: Vom Kult der Grausamkeit*, Regensburg: Universitätsverlag Regensburg, 1996, S. 13: «Als Opfer bezeichnet man die Darbringung einer Gabe an eine göttliche Macht und im weitesten Sinn auch die Gabe selbst.»
66 W. Burkert, «Griechische Tragödie und Opferritual», in: Idem, *Wilder Ursprung: Opferritual und Mythos bei den Griechen*, Berlin: Wagenbach, 1990,

S. 21; vgl. auch W. Burkert, «Glaube und Verhalten: Zeichengehalt und Wirkungsmacht von Opferritualen», in: J. Rudhardt, O. Reverdin (Hg.), *Le Sacrifice dans L'Antiquité*, Genève: Vandœuvres, Foundation Hardt Pour l'Étude de L'Antiquité Classiques, Entretiens, Tome XXVII, 1981, S. 109.

67 Vgl. G. Lienhardt, *Divinity and Experience: The Religion of the Dinka*, Oxford: Clarendon Press, 1961, S. 170.

68 Vgl. T. Jacobsen, *Treasures of Darkness: A History of Mesopotamian Religion*, New Haven and London: Yale University Press, 1976, S. 3.

69 Vgl. G. S. Kirk, *Myth: Its Meaning and Function in Ancient and Other Cultures*, Berkeley and Chicago: University of California Press, 1970, S. 283.

70 C. Geertz, «Religion as a Culture System», in: M. Banton (Hg.), *Anthropological Approaches to the Study of Religion*, London: Tavistock, 1966.

71 Vgl. W. Burkert, *Griechische Religion der archaischen und klassischen Epoche*, Stuttgart et al.: Kohlhammer, 1977, S. 79.

72 Vgl. E. Wasilewska, «Organization and Meaning of Sacred Space in Prehistoric Anatolia», in: J. Quaegebeur (Hg.), *Ritual and Sacrifice in the Ancient Near East: Proceedings of the International Conference Organized by the Katholieke Universiteit Leuven from the 17th to 20th of April 1991*, Leuven: Uitgeverij Peeters & Department Orientalistiek Leuven, 1993, S. 485.

73 Vgl. A. L. Oppenheim, *Ancient Mesopotamia*, revised edition completed by E. Reiner, Chicago: University of Chicago Press, 1977, S. 97.

IV Das plötzliche Auftauchen der großen Opferkulte und des Priesterkönigtums am Beginn der Bronzezeit

74 Vgl. H. Junker, «Die Schlacht- und Brandopfer im Tempelkult der Spätzeit», in: *Zeitschrift für ägyptische Sprache und Altertumskunde*, Bd. 47, 1910, S. 69.

75 N.-A. Boulanger, *Das durch seine Gebräuche aufgedeckte Altertum: Oder Kritische Untersuchung der vornehmsten Meynungen, Ceremonien und Einrichtungen der verschiedenen Völker des Erdbodens in Religions- und bürgerlichen Sachen* (1766), Greifswald: Anton Ferdinand Rösens Buchhandlung, 1767, S. 135.

76 Zum geologischen Werk vgl. J. Hampton, *Nicolas-Antoine Boulanger et la science de son temps*, Genève: Droz, 1955. Zur religionstheoretischen Bedeutung Boulangers vgl. F. E. Manuel, *The Eighteenth Century Confronts the Gods*, Cambridge/Mass.: Harvard University Press, 1959, S. 223f.

77 Vgl. zu Vorläufern des Evolutionismus B. Glass, O. Temkin, W. L. Straus Jr. (Hg.), *Forerunners of Darwin: 1745–1859*, Baltimore: Johns Hopkins Press, 1959.

78 Vgl. T. Jacobsen, *The Sumerian King List*, Chicago: University of Chicago Press, 1939, S. 77.
«The Flood had swept thereover.
After the Flood had swept thereover,
when the [priest-]kingship was lowered from heaven
the [priest-]kingship was in Kish.»

79 Vgl. J. R. Davila, «The Flood Hero as King and Priest», in: *Journal of Near Eastern Studies*, Bd. 54, Nr. 3, 1995, S. 199ff.

80 Wenn hier der Terminus «konventionell» für die Datierung verwendet wird, so

drückt sich darin ein entschiedener Zweifel an den frommen und/oder pseudoastronomischen Datierungen der herrschenden Lehre aus. Hier ist nicht der Ort, die Konfusion über die höchst verschiedenen Zeitangaben für das Entstehen der Hochkulturen aufzulösen. Es versteht sich auch von selbst, daß für die Erklärung einer Sache ihr Datum weitgehend irrelevant ist. Die Schwankungen vom späten 4. Jahrtausend v. u. Z. (Spanien bis zum Industal) bis zum späten 2. Jahrtausend v. u. Z. (Ostasien, China, Mesoamerika) sind unterschiedlichen und überdies undurchschauten Datierungsverfahren, nicht jedoch unterschiedlichen Realaltern oder stratigraphischen Tiefen der Ausgrabungsschichten geschuldet. Vgl. G. Heinsohn, «Astronomical Dating and Calendrics», Vortrag auf dem *22nd Annual Meeting* der *International Society for the Comparative Study of Civilizations (ISCSC)*, University of Scranton/Pennsylvania, 3.–6. Juni 1993; vgl. Idem, *The Restoration of Ancient History. Did the Historians of Classical Greece Merely Leave Us Lies and Fantasies About All the Major Empires, Nations and Events of Antiquity? Or: How to Reconcile Archaeologically-missing Historical Periods with Historically-unexpected Archaeological Strata of the Ancient World*, Bremen: Universität, 1995, sowie Idem, *Assyrerkönige gleich Perserherrscher! Die Assyrienfunde bestätigen das Achämenidenreich*, Gräfelfing: Mantis, 1996. Siehe auch Anmerkung 128 dieses Textes.

81 Vgl. D. D. Luckenbill, *Ancient Records of Assyria and Babylonia* (1927), Bd. II, London: Histories & Mysteries of Man Ltd., 1989, S. 379.
82 Vgl. D. O. Edzard, «Keilschrift», in: *Reallexikon der Assyriologie*, Bd. 5, Berlin und New York: Walter de Gruyter, 1976–80, S. 560.
83 Augustinus, *De Civitate Dei* 18: 12.
84 Theophrastos, *Über die Frömmigkeit* 12: 122/123.
85 N.-A. Boulanger, *Das durch seine Gebräuche aufgedeckte Altertum: Oder Kritische Untersuchung der vornehmsten Meynungen, Ceremonien und Einrichtungen der verschiedenen Völker des Erdbodens in Religions- und bürgerlichen Sachen* (1766), Greifswald: Anton Ferdinand Rösens Buchhandlung, 1767, S. 125 f.
86 Vgl. M. V. Seton-Williams, *Babylonien: Kunstschätze zwischen Euphrat und Tigris*, Hamburg: Hoffmann und Campe, 1981, S. 132.
87 Vgl. J. Black, A. Green, *Gods, Demons and Symbols of Ancient Mesopotamia: An Illustrated Dictionary*, London: The Trustees of the British Museum, 1992, S. 38.
88 K. Meuli, «Die gefesselten Götter» (1964), in: Idem, *Gesammelte Schriften*, hgg. von T. Gelzer, Bd. II, Basel: Schwabe & Co., 1975, S. 1042. Vgl. ausführlich B. J. Peiser, *Das Dunkle Zeitalter Olympias: Kritische Untersuchungen der historischen, archäologischen und naturgeschichtlichen Probleme der griechischen Achsenzeit am Beispiel der antiken Olympischen Spiele*, Frankfurt am Main et al.: Peter Lang, 1993, S. 253–266; vgl. auch B. J. Peiser, «Catastrophism and Anthropology. The Influence of Scientific Neo-Catastrophism on the Interpretation of Flood Legends and Rituals», in: B. Newgrosh (Hg.), *Evidence that the Earth Has Suffered Catastrophes in Historical Times*, Manchester: SIS, 1994, S. 130–134. Vgl. B. J. Peiser, «Catastrophe Games: Playful Re-enactment of Traumatic Events», in: G. Pfister, T. Niewerth, G. Steins (Hg.), *Games of the World Between Tradition and Modernity*, Sankt Augustin: Akademia, 1996, S. 108 ff.
89 *Schol. Pindar Nem. Od.* V, 81.
90 Pausanias II, 22, 4.
91 Lukian, *De Dea Syria*, 13.

92 Vgl. G. A. Caduff, *Antike Sintflutsagen*, Göttingen: Vandenhoeck & Ruprecht, 1986, S. 126.
93 Vgl. G. A. Caduff, *Antike Sintflutsagen*, Göttingen: Vandenhoeck & Ruprecht, 1986, S. 250.
94 Vgl. J. Henninger, «Sacrifice», in: M. Eliade (Hg.), *The Encyclopedia of Religion*, New York u. London: Macmillan/Collier Macmillan, 1987, Bd. 12, S. 546.
95 Vgl. A. L. Oppenheim, *Ancient Mesopotamia*, revised edition completed by E. Reiner, Chicago: University of Chicago Press, 1977, S. 185.
96 Vgl. etwa F. Labrique, *Stylistique et théologie à Edfou: Le rituel de l'offrande de la campagne. Étude de la composition*, Leuven: Uitgeverij Peeters en Department Orientalistiek, 1992, S. 121 f. («abbatre Apophis»).
97 Vgl. S. Schoske, «Vernichtungsrituale», in: *Lexikon der Ägyptologie*, Band VI, Wiesbaden: Otto Harrassowitz, 1986, Sp. 1009.
98 Vgl. H. Junker, «Die Schlacht- und Brandopfer im Tempelkult der Spätzeit», in: *Zeitschrift für ägyptische Sprache und Altertumskunde*, Bd. 47, 1910, S. 73.
99 Vgl. W. Burkert, *Griechische Religion der archaischen und klassischen Epoche*, Stuttgart et al.: Kohlhammer, 1977, S. 95.
100 A. E. Jensen, *Mythos und Kult bei den Naturvölkern: Religionswissenschaftliche Betrachtungen* (1951), m. e. Geleitwort v. E. Haberland, München: dtv, 1991, S. 244.
101 Vgl. E. Seler, «Xippe ycuic, totec (yaollavana): Der Gesang unseres Herrn des Geschundenen, (des Nachttrinkers)», in: Idem. *Gesammelte Abhandlungen zur amerikanischen Sprach- und Altertumskunde*, Berlin: Asher & Co., Zweiter Band, 1904, S. 1071 ff.
102 Aus K. Taube (Hg.), *Aztec and Maya Myths*, London: Trustees of the British Museum by British Museum Press, 1993.
103 Vgl. H. B. Nicholson, «Mesoamerican Iconography», in: M. Eliade (Hg.), *The Encyclopedia of Religion*, New York u. London: Macmillan/Collier Macmillan, 1987, Bd. 7, S. 25.
104 Vgl. R. Lehmann-Nitsche, «Tezcatlipoca und Quetzalcoatl. Ihre ursprüngliche Sternnatur», in: *Zeitschrift für Ethnologie*, Bd. 70, 1938, S. 10 ff.
105 B. de Sahagun, *Historia General de las Cosas de Nueva Espana* (1590), hgg. von M. A. Saignes, Mexico City: Editorial Nueva Espana, 1946, drei Bände, Bd. 1, S. 148 ff.
106 Vgl. P. Jensen, *Die Kosmologie der Babylonier: Studien und Materialien. Mit einem mythologischen Anhang und 3 Karten*, Strassburg: Karl J. Trübner, 1890, S. 123.
107 Vgl. S. N. Kramer, *History Begins at Sumer: Thirty-Nine Firsts in Man's Recorded History*, Philadelphia: University of Pennsylvania Press, 1981, S. 169 f.
108 Vgl. S. N. Kramer, *History Begins at Sumer: Thirty-Nine Firsts in Man's Recorded History*, Philadelphia: University of Pennsylvania Press, 1981, S. 170 f.
109 Vgl. etwa J. B. Pritchard (Hg.), *Ancient Near Eastern Texts Relating to the Old Testament*, Princeton: Princeton University Press, 1969, S. 64 ff.
110 Vgl. etwa J. B. Pritchard (Hg.), *Ancient Near Eastern Texts Relating to the Old Testament*, Princeton: Princeton University Press, 1969, S. 78 ff.
111 Zum Stoff vgl. E. Norden, *Die Geburt des Kindes: Geschichte einer religiösen Idee*, Leipzig: Teubner, 1924.
112 Vgl. U. Ranke-Heinemann, *Eunuchen für das Himmelreich*, Hamburg: Hoffmann und Campe, 1988.

113 Vgl. zu kosmischen Götternamen, ihren kämpferischen Rollen und deren vielfältigen Vertauschungen besonders ausführlich J. Fontenrose, *Python: A Study of Delphic Myth and its Origins* (1959), Berkeley et al.: University of California Press, 1980.
114 Vgl. K. Hecker, W. G. Lambert, G. G. W. Müller, W. v. Soden, A. Ünal, *Texte aus der Umwelt des Alten Testaments. Band III. Lieferung 4: Weisheitstexte, Mythen und Epen II*, Gütersloh: Gütersloher Verlagshaus, 1994, S. 586/587/587 f., meine Hervorhebungen.
115 Vgl. S. Dalley, *Myths from Mesopotamia: Creation, The Flood, Gilgamesh, and Others* (1989), Oxford u. New York: Oxford University Press, 1991, S. 255: «so that none of them could go wrong or stray».
116 Vgl. A. L. Oppenheim, *Ancient Mesopotamia*, revised edition completed by E. Reiner, Chicago: University of Chicago Press, 1977, S. 97.
117 C. L. Redman, *The Rise of Civilization: From Early Farmers to Urban Societies in the Acient Near East*, San Francisco: W. H. Freeman and Company, 1978, S. 278.
118 Vgl. C. K. Maisels, *The Emergence of Civilization*, London and New York: Routledge, 1990, S. 155.
119 Vgl. C. K. Maisels, *The Emergence of Civilization*, London and New York: Routledge, 1990, S. 302.
120 J. Bottéro, *Mesopotamia: Writing, Reasoning and the Gods* (1987, 1992), Chicago: University of Chicago Press, 1995, S. 211.
121 O. Dickinson, *The Aegean Bronze Age*, Cambridge: Cambridge University Press, 1994, S. 296.
122 G. B. Walker, *The Hindu World: An Encyclopedic Survey of Hinduism*, New York: Praeger, 1968.
123 Vgl. K. Chang, *The Archaeology of China*, New Haven and London: Yale University Press, 1963, S. 136, meine Hervorhebung; vgl. auch T.-T. Chang, *Der Kult der Shang-Dynastie im Spiegel der Orakelschriften: Eine paläographische Studie zur Religion im archaischen China*, Wiesbaden: Otto Harrassowitz, 1970, S. 73 f.
124 M. Miller, K. Taube, *The Gods and Symbols of Ancient Mexico and the Maya: An Illustrated Dictionary of Mesoamerican Religion*, London und New York: Thames and Hudson, 1993, S. 26; vgl. auch K. V. Flannery, J. Marcus (Hg.), *The Cloud People: Divergent Evolution of the Zapotec and Mixtec Civilizations*, New York und London: Academy Press, 1983, S. 30.
125 B. J. Meggers, «The Transpacific Origin of Mesoamerican Civilization: A Preliminary Review of the Evidence and its Theoretical Implications», in: *American Anthropologist*, Bd. 77, 1975, S. 1.
126 Vgl. B. J. Peiser, *Der Ursprung des mesoamerikanischen Ballspiels*, Liverpool: John Moores University/School of Human Sciences, 1995, Computerausdruck, S. 10. Vgl. auch Idem, «Cosmic Catastrophism and the Ballgame of the Sky Gods in Mesoamerican Mythology», in: *Chronology and Catastrophism Review*, Band XVII, Special Issue, 1995, S. 29 ff.
127 Einmal mehr ist hier auf die aus unerkannter Bibelfrömmigkeit und haltlosen astronomischen Rückrechnungsverfahren geborene Chronologiekonfusion der heutigen Altertumsgeschichtsschreibung zu verweisen. Der Beginn der Hochkultur mit Priesterkasten, Tempeln, Blutopfern und Astralreligionen wird in den verschiedenen Territorien der Erde über einen Zeitraum vom 4. bis zum 1. Jahr-

tausend v. u. Z. gestreckt, obwohl der archäologische Befund (vor allem die stratigraphische Schichtenmenge pro Ausgrabungsplatz) und die kulturgeschichtlichen Umstände solche Verzerrungen nicht zulassen. Vgl. Anmerkung 81 oben. Vgl. überdies G. Heinsohn u. H. Illig, *Wann lebten die Pharaonen? Archäologische und technologische Grundlagen für eine Neuschreibung der Geschichte Ägyptens und der übrigen Welt*, Frankfurt am Main: Eichborn, 1990, sowie H. Illig, *Chronologie und Katastrophismus. Vom ersten Menschen bis zum drohenden Asteroideneinschlag*, Gräfelfing: Mantis, 1992.

128 G. Clark, *World Prehistory in New Perspective*, Cambridge et al.: Cambridge University Press, 1977, S. 63, 72; zum Fehlen des Priestertums in der Jungsteinzeit vgl. auch E. Vermeule, *Greece in the Bronze Age*, Chicago und London: The University of Chicago Press, 1972, S. 21.

129 Vgl. O. Dickinson, *The Aegean Bronze Age*, Cambridge: Cambridge University Press, 1994, S. 260.

130 Vgl. H. Altenmüller, «Pyramidentexte», in: *Lexikon der Ägyptologie*, Band V, Wiesbaden: Otto Harrassowitz, 1984, Sp. 16; vgl. ausführlich S. Schott, *Mythe und Mythenbildung im alten Ägypten*, Leipzig: Hinrichs, 1945, S. 6 ff. u. 30 ff.

131 E. Stucken, *Astralmythen: Religionsgeschichtliche Untersuchungen* (1896 bis 1907), Leipzig: Eduard Pfeiffer, 1907, S. 432.

V Die globalen Katastrophen im «Zeitalter des Opfers» zwischen Stein- und Eisenzeit

132 Censorinus, *De die natali liber*, 21: 1.
133 *Critias*, 112a.
134 Vgl. vor allem die ursprünglich in Nahuatl geschriebenen *Anales de Cuauhtitlán* in: M. León-Portilla, *Pre-Columbian Literatures of Mexico* (1969), Norman und London: University of Oklahoma Press, 1986, S. 35–37; vgl. auch den *Balam de Chumayel*, ibid., S. 49–51.
135 M. I. Finley, *Die frühe griechische Welt* (1970, 1981²), München: C. H. Beck, 1982, S. 24.
136 Vgl. zur Literatur etwa J. Hamel, «Die Kometen im Weltbild der Antike und des Mittelalters», in: *Die Sterne: Zeitschrift für alle Gebiete der Himmelskunde*, Bd. 60, 1984, S. 347 ff.
137 Vgl. zur Literatur etwa J. Hamel, «Die Kometen in der Kleinliteratur um 1600», in: *Die Sterne: Zeitschrift für alle Gebiete der Himmelskunde*, Bd. 71, 1995, S. 18 ff.
138 Zu diesen «Schreiern» schon vor Darwin vgl. etwa B. Glass, O. Temkin, W. L. Straus Jr. (Hg.), *Forerunners of Darwin: 1745–1859*, Baltimore: Johns Hopkins Press, 1959.
139 N.-A. Boulanger, *Das durch seine Gebräuche aufgedeckte Altertum: Oder Kritische Untersuchung der vornehmsten Meynungen, Ceremonien und Einrichtungen der verschiedenen Völker des Erdbodens in Religions- und bürgerlichen Sachen* (1766), Greifswald: Anton Ferdinand Rösens Buchhandlung, 1767, S. 3/5/11 f.
140 Xenophanes, *Die Fragmente*, hgg. v. E. Heitsch, München und Zürich: Artemis/Sammlung Tusculum, 1983, S. 83.

141 C. Lyell, *The Principles of Geology: Being an Attempt to Explain the Former Changes of the Earth's Surface, by Reference to Causes Now in Operation*, London: John Murray, 3 Bände, 1830, 1832, 1833.

142 Der Terminus «catastrophism» – wie auch sein Gegenbegriff «uniformitarianism» – wurde im Jahre 1832 von William Whewell geprägt, der später eine Bilanz der Kontroverse publizierte: W. Whewell, *History of the Inductive Sciences*, London: Parker, 2 Bände, 1837. Vgl. A. Hallam, *Great Geological Controversies*, Oxford: Oxford University Press, 2nd edition, 1989, S. 52.

143 Allerdings hatte sich Lyell – ganz anders als sein katastrophistischer Vorgänger Cuvier – seinen Glauben an einen handelnden Gott bewahrt und ihm die Schaffung neuer Arten zugeschrieben, deren Entstehung Darwin dann in der Tat grundsätzlich anders zu sehen begann. Vgl. E. Mayr, *The Growth of Biological Thought*, Cambridge/Mass.: Belknap Press, Harvard, 1982, S. 364 (zu Cuvier) sowie E. Mayr, *One Long Argument*, Harmondsworth: Penguin, 1991, S. 12 (zu Lyell). Vgl. ausführlich T. Palmer, «Uniformitarianism, Catastrophism and Evolution», in: *Chronology and Catastrophism Review*, 1996, Bd. XVIII, S. 4–14.

144 G. Cuvier, *Discours sur les révolutions de la surface du globe, et sur les changements qu'elles ont produits dans le règne animal* (1821), Paris: G. Dufour & E. d'Ocagne, 1825³.

145 C. Darwin, *On the Origin of Species by Means of Natural Selection, or, the Preservation of Favored Races in the Struggle for Life*, London: John Murray, 1859. Geschrieben waren die Grundgedanken bereits im Jahre 1844. Aus Angst vor politischem Skandal blieben sie vertraulich. Im Jahre 1858 wurde sie vor der «Linnean Society» 1858 aus Gründen der Prioritätsverteidigung gegen Alfred Russell Wallace vorgetragen, der in derselben Sitzung seine Thesen über Evolution durch natürliche Auslese vortrug. Vgl. A. R. Wallace, *Contributions to the Theory of Natural Selection: A Series of Essays*, London & New York: Macmillan, 1870.

146 Buckland, W., *Reliquiae diluvianae: Observations on the Organic Remains Contained in Caves, Fisures, and Diluvial Gravel, and Other Geological Phenomena, Attesting the Action of an Universal Deluge*, London: John Murray, 1823.

147 C. Lyell, *The Principles of Geology: Being an Attempt to Explain the Former Changes of the Earth's Surface, by Reference to Causes Now in Operation* (1830–1833), London: John Murray, 3 Bände, 12. Auflage, 1875, Bd. I, S. 318.

148 Siehe exemplarisch G. Róheim, «The Flood Myth as Vesical Dream» (1952), in: A. Dundes (Hg.), *The Flood Myth*, Berkeley et al.: University of California Press, 1988, S. 151 ff.

149 Siehe dazu etwa K. B. Collier, *Cosmogonies of Our Fathers: Some Theories of the Seventeenth and Eighteenth Centuries*, New York: Octagon Books, 1968.

150 Vgl. H. W. Parke, *Festivals of the Athenians* (1977), Ithaca, N.Y.: Cornell University Press, 1986, S. 117.

151 M. Eliade, *Geschichte der religiösen Ideen. I: Von der Steinzeit bis zu den Mysterien von Eleusis* (1976), Freiburg et al.: Herder, 1978, S. 68.

152 Vgl. M. Eliade, *Geschichte der religiösen Ideen. I: Von der Steinzeit bis zu den Mysterien von Eleusis* (1976), Freiburg et al.: Herder, 1978, S. 78.

153 I. Donnelly, *Ragnarok: The Age of Fire and Gravel* (1883), New York: University Books, 1970.

154 C. Beaumont (alias Appian Way), *The Riddle of the Earth*, New York: Brentano's, 1924.
155 C. Beaumont, *The Mysterious Comet. Or: The Origin, Building up, and Destruction of Worlds by Means of Cometary Contacts*, London: Rider, 1932; vgl. C. Beaumont, *The Riddle of Pre-Historic Britain*, London & New York: Rider, 1946.
156 O. H. Schindewolf, *Fragen der Abstammungslehre*, Frankfurt am Main: Kramer, 1947.
157 I. Velikovsky, *Worlds in Collision*, New York: Macmillan, 1950; deutsch *Welten im Zusammenstoß* (1950), Stuttgart: Kohlhammer, 1951 sowie Frankfurt am Main: Umschau, 1978.
158 I. Velikovsky, *Earth in Upheaval*, Garden City/N.Y.: Doubleday, 1955; deutsch: *Erde im Aufruhr*, Frankfurt am Main: Umschau, 1980.
159 Vgl. auch einen Autor wie R. L. C. Gallant, *The Bombarded Earth: An Essay on the Geological and Biological Effects of Huge Meteorite Impacts*, London: J. Baker, 1964 sowie den sich mit diesem Text damals ins Zwielicht rückenden Nobelpreisträger H. C. Urey, «Cometary Collisions and Geological Periods», in: *Nature*, Bd. 242, 1973, S. 32f.
160 Vgl. A. de Grazia, *The Velikovsky Affair: Scientism versus Science* (1966[1]), London: Sphere Books, 1978; deutsch: *Immanuel Velikovsky: Die Theorie der kosmischen Katastrophen*, München: Wilhelm Goldmann, 1979; G. Heinsohn, «Über die heiße Venus, das dunkle Zeitalter Griechenlands und das Zittern im akademischen Lehrgebäude: Leben und Forschungen Immanuel Velikovskys», in: *Freibeuter*, Bd. I, Nr. 2, Dezember 1979, S. 1f.
161 Vgl. etwa den Überblick bei W. J. Broad, «Venus's Remade Face Offers Hints of Cataclysm: Earth's Twin Planet, with its Surface Radically Remade by Inner Heat, is no Twin After All», in: *The New York Times/Science Times*, 16. Juli 1996, S. B5f.
162 Vgl. W. J. Broad, «Venus's Remade Face Offers Hints of Cataclysm: Earth's Twin Planet, with its Surface Radically Remade by Inner Heat, is no Twin After All», in: *The New York Times/Science Times*, 16. Juli 1996, S. B5f.
163 Vgl. B. Neukum und B. Ivanov, «Crater Size Distributions and Impact Probabilities on Earth from Lunar, Terrestrial Planet, and Asteroid Cratering Data», in: T. Gehrels (Hg.), *Hazards Due to Comets and Asteroids*, Tucson: University of Arizona Press, 1994, S. 411.
164 Vgl. W. J. Board, «Earth Is Target for Space Rocks at Higher Rate than Thought», in: *The New York Times/The Science Times*, 6. Januar 1997.
165 N. Eldredge, S. J. Gould, «Punctuated Equilibria: An Alternative to Phyletic Gradualism», in: T. S. M. Schopf (Hg.), *Models in Paleobiology*, San Francisco: Freeman, Cooper and Co., 1972; vgl. auch N. Eldredge, *Wendezeiten des Lebens: Katastrophen in Erdgeschichte und Evolution* (1991), Heidelberg et al.: Spektrum Akademischer Verlag, 1994.
166 Siehe etwa P. Béland, J.-R. Roy, D. Russell, «Chains of Events Leading to Mass Extinctions: Two Synopses», in: P. Béland et al. [The K-TEC Group] (Hg.), *Cretaceous-Tertiary Extinctions and Possible Terrestrial and Extraterrestrial Causes*, Ottawa: The National Museums of Canada, Syllogeus No. 12, 1977, S. 155ff.; L. W. Alvarez, W. Alvarez, W. Asaro, H. V. Michel, «Extraterrestrial Cause for the Cretaceous-Tertiary Extinction: Experiment and Theory», *Lawrence Berkeley Report (LBL-9666)*, University of California, 1979; L. W. Alvarez, W. Alvarez, W. Asaro, H. V. Michel, «Extraterrestrial Cause for the Creta-

ceous-Tertiary Extinction», in: *Science*, Bd. 208, 1980, S. 1095–1108; vgl. auch D. M. Raup, J. J. Sepkoski, «Periodicity of Extinctions in the Geologic Past», in: *Proceedings of the National Academy of Sciences in the USA*, Bd. 81, 1984, S. 801 ff. sowie J. J. Sepkoski, «Periodicity in Extinction and the Problem of Catastrophism in the History of Life», in: *Journal of the Geological Society. London*, Bd. 146, 1989, S. 7 ff.

167 Auch die Entstehung der Dinosaurier ist katastrophisch induzierten Mutationen geschuldet; vgl. M. J. Benton, «Late Triassic Extinctions and the Origin of the Dinosaurs», in: *Science*, Bd. 260, 1993, S. 769 f.

168 Siehe W. M. Napier, S. V. M. Clube, «A Theory of Terrestrial Catastrophism», in: *Nature*, Bd. 282, 1979, S. 455 ff.; S. V. M. Clube, W. M. Napier, «Spiral Arms, Comets and Terrestrial Catastrophism», in: *Quarterly Journal of the Royal Astronomical Society*, Bd. 23, 1982, S. 45–66; S. V. M. Clube, W. M. Napier, *The Cosmic Serpent: A Catastrophist View of Earth History*, London: Faber & Faber, 1982; S. V. M. Clube, W. M. Napier, «The Microstructure of Terrestrial Catastrophism», *Monthly Notices of the Royal Astronomical Society*, Vol. 211, 1984, S. 953 ff.; vgl. auch S. V. M. Clube, W. M. Napier, *The Cosmic Winter*, Oxford: Basil Blackwell, 1990.

169 Vgl. K. L. Feder, M. A. Park, *Human Antiquity: An Introduction to Physical Anthropology and Archaeology*, Mountain View/CA: Mayfield, 1989, S. 42.

170 Vgl. D. M. Raup, *Der schwarze Stern: Wie die Saurier starben. Der Streit um die Nemesis-Hypothese* (1986), Reinbek: Rowohlt, 1990, S. 186; vgl. D. M. Raup, *Extinction: Bad Genes or Bad Luck?*, New York: W. W. Norton & Co., 1991.

171 E. Lausch, «Vorwärts über Katastrophen: Verheerende Ereignisse prägen die Erdgeschichte. Auch der Mensch verdankt seine Existenz einem Großunfall», in: *Die Zeit / Wissen*, 9. August 1996, S. 32.

172 Vgl. zu den politischen Hintergründen bei Entwicklung und Durchsetzung der gradualistischen Evolutionstheorie G. Grinnell, «Catastrophism and Uniformity: A Probe into the Origin of the 1833 Gestalt Shift in Geology», in: *Kronos*, Bd. 1, Nr. 4, 1976, S. 68 ff.

173 O. H. Schindewolf, «Neokatastrophismus?» in: *Zeitschrift der Deutschen Geologischen Gesellschaft*, Bd. 114, 1962 (erschienen 1963/64), S. 430; vgl. bereits O. H. Schindewolf, *Fragen der Abstammungslehre*, Frankfurt am Main: Kramer, 1947.

174 Siehe etwa L. T. Silver, P. H. Schultz (Hg.), *Geological Implications of Large Asteroids and Comets on the Earth*, Boulder/CO: The Geological Society of America, Special Paper 190, 1982; M. H. Nitecki (Hg.), *Extinctions*, Chicago: The University of Chicago Press, 1984; W. A. Berggren, J. A. Couvering (Hg.), *Catastrophes and Earth History*, Princeton: Princeton University Press, 1984; D. K. Elliot (Hg.), *Dynamics of Extinction*, New York: John Wiley & Sons, 1986; C. R. Chapman, D. Morrison, *Cosmic Catastrophes*, New York & London: Plenum Press, 1989; S. V. M. Clube (Hg.), *Catastrophes and Evolution: Astronomical Foundations*, New York et al.: Cambridge University Press, 1989; R. Huggett, *Cataclysms and Earth History*, Oxford: Clarendon Press, 1989; S. K. Donovan (Hg.), *Mass Extinctions*, Stuttgart: Enke, 1989; R. Huggett, *Catastrophism: Systems of Earth History*, London: Arnold, 1990; E. G. Kauffman, O. H. Walliser (Hg.), *Extinction Events in Earth History*, Berlin et al.: Springer, 1990; V. L. Sharpton, P. D. Ward (Hg.), *Global Catastrophes in Earth History: An Interdisciplinary Conference on Impacts, Volcanism, and Mass Mortality*, Boul-

der/CO: The Geological Society of America, Special paper 247, 1990; D. I. Steel, «Our Asteroid-Pelted Planet», in: *Nature*, Bd. 354, 1991, S. 265 ff.; T. Van Flandern, *Dark Matter, Missing Planets and New Comets: Paradoxes Resolved, Origins Illuminated*, Berkeley/CA: North Atlantic Books, 1993; E. Tollmann, A. Tollmann, *Und die Sintflut gab es doch: Vom Mythos zur historischen Wahrheit*, München: Droemer Knaur, 1993; W. G. Chaloner, A. Hallam (Hg.), *Evolution and Extinction: Proceedings of a Joint Symposium of the Royal Society and the Linnean Society*, Cambridge: Cambridge University Press, 1994; H. R. Shaw, *Craters, Cosmos and Chronicles: A New Theory of Earth*, Stanford/CA: Stanford University Press, 1994; D. S. Allan, J. B. Delair, *When the Earth Nearly Died: Compelling Evidence of a Catastrophic World Change 9,500 BC*, Bath: Gateway Books, 1995; J. Gribbin, M. Gribbin, *Fire on Earth: Doomsday, Dinosaurs and Humankind*, New York: St. Martin's Press, 1996.

175 Siehe etwa N. Hawkes, «Raining Death and Dark Ages: Theories that the Earth Is Shaped by Cosmic Catastrophes Are Gaining Ground», in: *The Times*, 19. September 1994, S. 16 oder N. N., «Erdgeschichte: Öko-Katastrophen steuern die Evolution», *Der Spiegel*, Nr. 19, 8. Mai 1995, S. 184–187 oder E. Lausch, «Vorwärts über Katastrophen: Verheerende Ergebnisse prägen die Erdgeschichte. Auch der Mensch verdankt seine Existenz einem Großunfall», in: *Die Zeit/Wissen*, 9. August 1996, S. 32.

176 Zu den Konsequenzen dieser Forschungsunterbrechung für die Paläoanthropologie vgl. etwa G. Heinsohn, *Wie alt ist das Menschengeschlecht? Stratigraphische Grundlegung der Paläoanthropologie und Vorgeschichte* (1991[1]), Gräfelfing: Mantis, 1996[2], passim.

177 Zu dieser Sicht von Globalkatastrophen in historischer Zeit vgl. zuletzt S. V. M. Clube, F. Hoyle, W. M. Napier, N. C. Wickramasinghe, «Giant Comets, Evolution and Civilization: Climatic Cycles, Ice Epochs, Mass Extinctions and Other Global Disturbances May Be Attributed to Episodes of Bombardment by Giant Comets. Such Bodies Now in Chaotic Orbits Beyond Jupiter Present the Most Serious Current Celestial Hazard», paper submitted to *Science*, 1996, Computer-Printout. Vgl. bereits G. Heinsohn, «Destruction Layers in Archaeological Sites: The Stratigraphy of Armageddon», in: M. Zysman, C. Whelton (Hg.), *Catastrophism 2000*, Toronto: Heretic Press, 1990.

178 Vgl. dazu schon C. C. Albritton, *The Abyss of Time: Changing Conceptions of the Earth's Antiquity after the Sixteenth Century*, San Francisco: Freeman Cooper, 1980; vgl. auch B. J. Peiser, «Was the Cambridge Conference a Flop? Evidence for Multiple Catastrophes in Historical Times», in: *Chronology and Catastrophism Review*, Bd. 15, 1995, S. 23–28.

179 Vgl. vor allem M. B. Zysman, «The Greater and Lesser Swarms. Crustal Formation: A Meteoric Hypothesis», Vortrag auf dem *Symposium on Cosmic Catastrophism and Ancient History*, Deerfield Beach, Florida, 12. bis 14. Juli 1996.

180 Vgl. auch K. L. Rasmussen, «Historical Accretionary Events from 800 BC to AD 1750: Evidence for Planetary Rings around the Earth?», in: *Quarterly Journal of the Royal Astronomical Society*, Bd. 32, 1991, S. 25–34; M. E. Bailey, «Recent Results in Cometary Astronomy: Implication for the Ancient Sky», in: *Vistas in Astronomy*, Bd. 39, 1996; D. I. Steel, «The Limitations of NEO [Near Earth Objects] – Uniformitarianism», in: *Earth, Moon and Planets*, Bd. 72, 1996.

181 Vgl. tr. [i. e. T. Ribi], «Die Astrobleme von Aorounga», in: *Neue Zürcher Zeitung: Forschung und Wissenschaft*, 5. Juni 1996.

182 Vgl. B. van Geel, J. Buurman, H. T. Waterbolk, «Archaeological and Palaeological Indications of an Abrupt Climate Change in the Netherlands, and Evidence for Climatological Telecommunications around 2650 BP», in: *Journal of Quaternary Science*, Bd. 11, 1996.
183 Vgl. D. Ager, *The New Catastrophism: The Importance of the Rare Event in Geological History*, Cambridge: Cambridge University Press, 1993.
184 Siehe dazu S. R. Woodward, N. J. Weyand, M. Bunnell, «DNA Sequence from Cretaceous Period Bone Fragments», in: *Science*, Bd. 266, 18. November 1994, S. 1229–1232. S. B. Hedges und J. R. Horner haben bei ihrer Suche nach dem Saurier-DNA mit Knochen von *Tyrannosaurus rex* gearbeitet, die wunderartig 80 Millionen Jahre «have survived without becoming mineralized to stone» (überdauerten, ohne zu versteinern). Statt nun das Alter des DNA zu bezweifeln, haben die Kritiker das DNA selbst nicht anerkennen wollen. M. W. Browne, «Skepticism Over Dinosaur DNA», *International Herald Tribune*, 22. Juni 1995, S. 12.
185 M. Novacek entdeckte in der Gobiwüste direkt an der Oberfläche liegende Dinosaurierskelette. Er ist überzeugt, daß die Sandstürme, welche heute die Zelte seiner Expedition aus ihrer Verankerung reißen, vor bald 80 Millionen Jahren, als das Klima nicht anders als heute ausgesehen habe, auch die Dinosaurier umgeworfen und getötet hätten: «Freshly exposed skeletons sometimes look more like the recent remains of a carcass than like an 80 million-year-old fossil» (frisch freigelegte Skelette gleichen manchmal eher den kürzlich angefallenen Überresten einer Tierleiche als einem Fossil von 80 Millionen Jahren). Vgl. J. Adler, A. Rogers, «The Great Boneyard of the Gobi», *Newsweek*, 5. Juni 1995, S. 44.
186 Zur wissenschaftlichen Fraktion dieses ‹Sports› vgl. etwa D. K. Yeomans, «Killer Rocks and the Celestial Police: The Search for Near-Earth Asteroids», in: *The Planetary Report*, Bd. 11, Nr. 6 (November/Dezember), 1991, S. 4ff.
187 Publizistisch vgl. etwa die Titelgeschichte von *The Economist*, 11.–17. September 1993: «The Threat from Space» oder Sir B. Lovell, «Will a Space Rock Destroy the World?», in: *The Times*, 26. September 1994.
188 Vgl. T. Gehrels (Hg.), *Hazards Due to Comets and Asteroids*, Tucson: University of Arizona Press, 1994.
189 Vgl. auch A. de Grazia, *Cosmic Heretics: A Personal History of Attempts to Establish and Resist Theories of Quantavolution and Catastrophe in the Natural and Human Sciences 1963 to 1983*, Princeton/NJ: Metron Publications, 1984.
190 Zum Terminus vgl. R. A. Kerr, «Second Crater Points to Killer Comets», in: *Science*, Bd. 259, 1993, S. 1543.
191 Vgl. dazu etwa G. Heinsohn, «Imaginary and Expected Catastrophes: Apokalyptic Desire and Scientific Prognosis», in: *Chronology and Catastrophism Review*, Bd. XVII, 1995, Special Issue «Cosmic Catastrophism», 1996, S. 22 ff. sowie N. Hawkes, «How Great Is the Threat from Comets? Danger from Deep Space», in: *The Times*, 2. Oktober, 1995, S. 18.
192 Vgl. W. J. Broad, «Collision Course: The Search for Asteroids», in *The International Herald Tribune*, 16. Mai 1996, S. 11.
193 *Richter* 5: 20.
194 *Metaphysik*, 1074 b1.
195 *Fragmente*, 18.
196 *Critias*, 112a.
197 *Timaeus*, 22c–d.

198 Eine ausführliche Übersicht liefert J. G. Frazer, *Folklore in the Old Testament: Studies in Comparative Religion, Legend and Law*, Bd. I, London: Macmillan, 1919, S. 104–361.
199 R. Andree, *Die Flutsagen*, Braunschweig: Friedrich Vieweg, 1891.
200 M. Winternitz, «Die Fluthsagen des Altertums und der Naturvölker», *Mittheilungen der anthropologischen Gesellschaft*, Wien, Bd. XXI, 1901.
201 J. Riem, *Die Sintflut in Sage und Wissenschaft*, Hamburg: Rauhes Haus, 1925.
202 H. S. Bellamy, *Moons, Myths and Man*, London: Faber & Faber, 1936.
203 W. Andersen, «Nordasiatische Flutsagen», *Acta and Commentationes Universitatis Dorpatensis. B. Humaniora*, Bd. 4, 1923.
204 H. Baumann, *Schöpfung und Urzeit des Menschen im Mythus der afrikanischen Völker*, Berlin: Dietrich Reimer, 1936.
205 Eine detaillierte Chronologie über katastrophistische Gelehrte aus der Zeit nach dem Mittelalter gibt A. de Grazia, *Chaos and Creation: An Introduction to Quantavolution in Human and Natural History*, Princeton et al.: Metron Publications, 1981, S. 3.
206 N.-A. Boulanger, «Deluge», in: D. Diderot et al. (Hg.), *L'Encyclopédie* [1751–80], Bd. 4, Paris: Briasson et al., 1764.
207 W. Whiston, *Astronomical Principles of Religion, Natural and Revealed*, London: J. Senex, 1717.
208 G. N. Carli, *Lettres Américaines*, 2 Bde., Paris: Buisson, 1788.
209 C. Blegen, *Troy and the Trojans*, London: Thames and Hudson, 1963, S. 69, 70. Vgl. dazu auch A. de Grazia, *The Burning of Troy*, Princeton/NJ: Metron, 1984, S. 13 ff.
210 C. F. Schaeffer, *Stratigraphie comparée et chronologie de l'Asie Occidentale (IIIe et IIe millénaires)*, London: Oxford University Press, 1948.
211 C. F. Schaeffer, *Stratigraphie comparée et chronologie de l'Asie Occidentale (IIIe et IIe millénaires)*, London: Oxford University Press, 1948, S. 225.
212 Vgl. C. F. Schaeffer, *Stratigraphie comparée et chronologie de l'Asie Occidentale (IIIe et IIe millénaires)*, London: Oxford University Press, 1948, S. 535.
213 Vgl. C. F. Schaeffer, *Stratigraphie comparée et chronologie de l'Asie Occidentale (IIIe et IIe millénaires)*, London: Oxford University Press, 1948, S. X; vgl auch S. XI f. und 1 ff.
214 C. F. Schaeffer, *Stratigraphie comparée et chronologie de l'Asie Occidentale (IIIe et IIe millénaires)*, London: Oxford University Press, 1948, S. 565.
215 Eine jüngere Studie versucht den Einsturz der mykenischen Kultur aus neuen, aber noch nicht identifizierbaren Infanterietechniken zu erklären, mit denen die Streitwagenverbände der Hochkulturen durch rätselhafte Barbaren besiegt worden seien, wogegen allerdings die Evidenz spreche, so daß hier nur geraten werden könne. Vgl. R. Drews, *The End of the Bronze Age: Changes in Warfare and the Catastrophe ca. 1200 B. C.*, Princeton: Princeton University Press, 1993.
216 M. I. Finley, *Die frühe griechische Welt* (1970, 1981²), München: C. H. Beck, 1982, S. 73.
217 Vgl. allgemein, W. H. Berger, L. D. Labeyrie (Hg.), *Abrupt Climatic Change: Evidence and Implication*, Dordrecht: Kluwer C., 1987.
218 Vgl. etwa M. G. L. Baillie, *A Slice Through Time: Dendro-Chronology and Precision Dating*, London: Batsford, 1995.
219 Siehe W. Nützel, «The Climate Changes of Mesopotamia and Bordering Areas», in: *Sumer*, Bd. XXXII, Nos. 1–2, 1976.

220 Vgl. J. Dayton, *Minerals, Metals, Glazing and Man*, London: Harrap, 1978, S. 191 nach H. H. Lamb, *Climate, History and the Modern World*, London & London: Methuen, 1982; vgl. auch W. H. Stiebing, *Out of the Desert? Archaeology and the Exodus Conquest Narratives*, Buffalo/NY: Prometheus Books, 1979, S. 182–189.
221 I. Velikovsky, *Worlds in Collision*, New York: Macmillan, 1950; deutsch *Welten im Zusammenstoß* (1950), Stuttgart: Kohlhammer, 1951 sowie Frankfurt am Main: Umschau, 1978.
222 R. Bass, «Planetary Distances Explained? 230-Year Old Mystery Solved?», Dokument für *KRONIA*-E-Mail Discussion Group, 20. Januar 1997.
223 Vgl. P. Morrison, «Wonders: Doing the Poincaré Shuffle. The Unpredictable Reshuffling of the Planets», in: *Scientific American*, Bd. 276, Januar 1997, S. 99.
224 S. V. M. Clube, W. M. Napier, *The Cosmic Serpent: A Catastrophist View of Earth History*, London: Faber & Faber, 1982.
225 Vgl. S. V. M. Clube, W. M. Napier, *The Cosmic Winter*, Oxford: Basil Blackwell, 1990, S. 153 f.
226 Vgl. S. V. M. Clube, W. M. Napier, *The Cosmic Serpent: A Catastrophist View of Earth History*, London: Faber & Faber, 1982, S. 131/190. Vgl. auch P. Hut et al., «Comet Showers As a Cause of Mass Extinctions», in: *Nature*, Bd. 329, 1987, S. 118 ff.; S. V. M. Clube, «The Catastrophic Role of Giant Comets», in: S. V. M. Clube (Hg.), *Catastrophes and Evolution: Astronomical Foundations*, New York et al.: Cambridge University Press, 1989, S. 81 ff. sowie M. E. Bailey, S. V. M. Clube, W. M. Napier, *The Origin of Comets*, New York: Pergamon, 1990.
227 F. Hoyle, *The Origin of the Universe and the Origin of Religion*, Anshen Transdisciplinary Lectureships in Art, Science and the Philosophy of Culture, Monograph 2, Wakefield/RI und London: Moyer Bell, 1993.
228 Vgl. R. A. Kerr, «Impact Craters All in a Row»?, in *Science*, Bd. 272, 5. April 1996, S. 33.
229 Vgl. J.-F. Becq-Giraudon, O. Rouzeau, E. Goachet, S. Solages, «Impact hyperveloce d'une météorite géante à l'origine de la depression circulaire d'Aorounga au Tchad (Afrique)», in: *C. R. Acad. Sci.*, Paris, Bd. 315, Serie II, 1992, S. 83 ff.
230 Vgl. R. A. Kerr, «Impact Craters All in a Row»?, in *Science*, Bd. 272, 5. April 1996, S. 33.

VI Tempel und Opferplätze auf Katastrophenschichten

231 N.-A. Boulanger, *Das durch seine Gebräuche aufgedeckte Altertum: Oder Kritische Untersuchung der vornehmsten Meynungen, Ceremonien und Einrichtungen der verschiedenen Völker des Erdbodens in Religions- und bürgerlichen Sachen* (1766), Greifswald: Anton Ferdinand Rösens Buchhandlung, 1767, S. 533/100 f.
232 Vgl. T. Jacobsen, *The Sumerian King List*, Chicago: University of Chicago Press, 1939, S. 71, 77.
233 Vgl. S. N. Kramer, *History Begins at Sumer: Thirty-Nine Firsts in Man's Recorded History*, Philadelphia: University of Pennsylvania Press, 1981, S. 149, meine Hervorhebungen:
«My mankind, in its *destruction* I will ...,

> To Nintu I will return the ... of my creatures,
> I will return the people to their settlements,
> Of the cities, verily they will their place of (divine) ordinances. /
> After the ... of kingship had been lowered from heaven,
> After the exalted tiara and the throne of kingship had been
> owered from heaven,
> He perfected the rites and the exalted divine laws ...,
> Founded the five cities in ... pure places,
> Called their names, apportioned them as *cult centers.*»

Vgl. auch J. B. Pritchard (Hg.), *Ancient Near Eastern Texts Relating to the Old Testament*, Princeton: Princeton University Press, 1969, S. 43. Für eine deutsche Übersetzung vgl. W. H. Ph. Römer, D. O. Edzard, *Texte aus der Umwelt des Alten Testaments. Band III. Lieferung 3, Weisheitstexte, Mythen und Epen I*, Gütersloh: Gütersloher Verlagshaus, 1993, S. 449 ff.

234 Vgl. T. Jacobsen, *The Sumerian King List*, Chicago: University of Chicago Press, 1939, S. 77.

235 Vgl. M. Gibson, «Kis. B. Archäologisch», in: *Reallexikon der Assyriologie*, Bd. 5, Berlin und New York: Walter de Gruyter, 1976–80, S. 618.

236 N. K. Sandars, *The Epic of Gilgamesh*, Revised Edition, Harmondsworth: Penguin Books, 1972, S. 14; vgl. auch die stratigraphische Situation im nordirakischen Kharabeh Schattani bei T. Watkins, «Kharabeh Shattani: An Halaf culture exposure in Northern Iraq», Centre National de la Reserche Scientifique (Hg.), *Préhistorie de la Mésopotamie*, Paris: Edition du Centre National de la Recherche Scientifique, 1987.

237 Vgl. L. Woolley, *Ur Excavations. Vol. IV: The Early Periods*, Oxford: Oxford University Press, 1955, S. 15.

238 Vgl. V. Malycheff, «Analyse des Limons de Kish et d'Ur», *L'Anthropologie*, Bd. XLI, 1931, S. 271.

239 Vgl. G. M. Lees, M. L. Falcon, «The Geographical History of the Mesopotamian Plains», *Geographical Journal*, Bd. CXVIII, Teil I, 1952.

240 Vgl. R. L. Raikes, «The Physical Evidence of Noah's Flood», in: *Iraq*, Bd. XXVIII, 1966, S. 60.

241 R. L. Raikes, «The Physical Evidence of Noah's Flood», in: *Iraq*, Bd. XXVIII, 1966, S. 53.

242 Vgl. Forbes in Appendix VI von L. Woolley, *Ur Excavations. Vol. IV: The Early Periods*, Oxford: Oxford University Press, 1955, S. 160 f.

243 Vgl. M. E. L. Mallowan, «Noahs Flood Reconsidered», in: *Iraq*, Bd. XXVI, 1964, S. 73.

244 Vgl. R. L. Raikes, «The Physical Evidence of Noah's Flood», in: *Iraq*, Bd. XXVIII, 1966, S. 62.

245 Vgl. R. L. Raikes, «The Physical Evidence of Noah's Flood», in: *Iraq*, Bd. XXVIII, 1966, S. 62.

246 Vgl. R. L. Raikes, «The Physical Evidence of Noah's Flood», in: *Iraq*, Bd. XXVIII, 1966, S. 62.

247 K. Keilhack, «Das Rätsel der Lößbildung», in: *Zeitschrift der deutschen geologischen Gesellschaft*, Bd. 72, Nr. 6 und 7, 1920.

248 Vgl. J. B. Penniston, «Note on the Origins of Loess», in: *Popular Astronomy*, Bd. 39, 1929, S. 429 ff.; J. B. Penniston, «Additional Note on the Origin of Loess», in: *Popular Astronomy*, Bd. 51, 1943, S. 170 ff.

249 Vgl. J. Black, A. Green, *Gods, Demons and Symbols of Ancient Mesopotamia: An Illustrated Dictionary*, London: The Trustees of the British Museum, 1992, S. 109.
250 Vgl. J. Black, A. Green, *Gods, Demons and Symbols of Ancient Mesopotamia: An Illustrated Dictionary*, London: The Trustees of the British Museum, 1992, S. 108.
251 Vgl. W. G. Lambert, A. R. Millard, *Atra-Hasis: The Babylonian Story of the Flood*, Oxford: Clarendon Press, 1969, S. 95.
«How did I, with them, command total destruction, she wept after the flood's might came upon the people [like a battle array]».
252 Vgl. J. B. Pritchard (Hg.), *Ancient Near Eastern Texts Relating to the Old Testament*, Princeton: Princeton University Press, 1969, S. 11.
«Slew mankind in the desert»; «the [beer-]mash of the night, to wade in their blood».
253 Vgl. insgesamt zu diesem Texttypus H. W. Parke, *Sibyls and Sibylline Prophecy in Classical Antiquity*, hgg. von B. C. McGing, London und New York: Routledge, 1988.
254 Vgl. F. X. Kugler, *Sibyllinischer Sternkampf und Phaethon in naturgeschichtlicher Beleuchtung*, Münster i. W.: Aschendorffsche Verlagsbuchhandlung, 1927, S. 11, 13.
255 F. X. Kugler, *Sibyllinischer Sternkampf und Phaethon in naturgeschichtlicher Beleuchtung*, Münster i. W.: Aschendorffsche Verlagsbuchhandlung, 1927, S. 9f.
256 Siehe W. v. Engelhardt, «Phaetons Sturz – ein Naturereignis?», *Sitzungsberichte der Heidelberger Akademie der Wissenschaften. Mathematisch-Naturwissenschaftliche Klasse*, 1979, S. 161–199.
257 Vgl. M. G. Kovacs, *The Epic of Gilgamesh*, Stanford: Stanford University Press, 1989, S. 100f.:
«The Annunaki lifted up the torches;
setting the land ablaze with their flare;
Stunned shock over Adad's deeds overtook the heavens
and turned to blackness all that had been light.
The [...] land shattered like a [...] pot.
All day long the South Wind blew [...],
blowing fast, submerging the mountain in water,
overwhelming the people like an attack.
No one could see his fellow,
they could not recognize each other in the torrent.
The gods were frightened by the Flood,
retreated, ascending to the heaven of Anu.
The gods were cowering like dogs, crouching by the outer wall.
Ishtar shrieked like a woman in childbirth,
the sweet-voiced Mistress of the Gods wailed:
‹The olden days have alas turned to clay,
because I said evil things in the Assembly of the Gods!
How could I say evil things in the Assembly of the Gods,
ordering a catastrophe to destroy my people?
No sooner have I given birth to my dear people
than they fill the sea like so many fish!›

The gods – those of the Annunaki- were weeping with her, /
Six days and seven nights
came the wind and flood, the storm flattening the land.
When the seventh day arrived, the storm was pounding,
the flood was a war- struggling with itself like a woman
writhing (in labor).»
Ins Deutsche übertragen unter Beiziehung von K. Hecker, W. G. Lambert, G. G. W. Müller, W. v. Soden, A. Ünal, *Texte aus der Umwelt des Alten Testaments*. Band III. Lieferung 4: *Weisheitstexte, Mythen und Epen II*, Gütersloh: Gütersloher Verlagshaus, 1994, S. 732 f. sowie H. Gressmann et al. (Hg.), *Altorientalische Texte zum Alten Testament*, Berlin und Leipzig: Walter de Gruyter & Co., 1926, S. 178.

258 Vgl. D. Wolkstein, S. N. Kramer, *Inanna: Queen of Heaven and Earth. Her Stories and Hymns from Sumer*, New York et al.: Harper & Row, 1983, S. 95.
«Proud Queen of the Earth Gods, Supreme Among the Heaven Gods
Loud Thundering Storm, you pour your rain over all the lands
                    and all the people.
You make the heavens tremble and the earth quake. /
You flash like lightning over the highlands;
you throw your firebrands across the earth.
Your deafening command, whistling like the South Wind,
splits apart great mountains.
You trample the disobedient like a wild bull; heaven and earth tremble. /
Your frightful cry descending from the heavens devours its victims. /
Holy Inanna, the riverbanks overflow with the flood-waves of your heart.»

259 Vgl. E. Porada, «The Relative Chronology of Mesopotamia. Part I: Seals and Trade (6000–1600 B. C.)», in: R. W. Ehrich (Hg.), *Chronologies in Old World Archaeology*, Chicago und London: The University of Chicago Press, 1965, S. 156.

260 Vgl. C. F. Schaeffer, *Stratigraphie comparée et chronologie de l'Asie Occidentale (IIIe et IIe millénaires)*, London: Oxford University Press, 1948; M. E. L. Mallowan, «Noahs Flood reconsidered», in: *Iraq*, Bd. XXVI, 1964; T. Watkins, «Kharabeh Shattani: An Halaf culture exposure in Northern Iraq», Centre National de la Reserche Scientifique (Hg.), *Préhistorie de la Mésopotamie*, Paris: Edition du Centre National de la Recherche Scientifique, 1987, S. 221 ff.; G. Heinsohn, «Destruction Layers in Archaeological Sites: The Stratigraphy of Armageddon», in: M. Zysman, C. Whelton (Hg.), *Catastrophism 2000*, Toronto: Heretic Press, 1990, S. 213–247; H. Weiss et al., «The Genesis and Collapse of Third Millennium North Mesopotamian Civilization», in: *Science*, Bd. 261, 20. August 1993, S. 995 ff. Vgl. auch N. Dalfes, G. Kukla, H. Weiss (Hg.), *Third Millennium BC Climate Change and Old World Social Collapse*, Berlin: Springer, 1997.

261 Vgl. bereits A. Jeremias, *Das Alte Testament im Lichte des Alten Orients*, 4. völlig erneuerte Auflage, Leipzig: J. C. Hinrichs'sche Buchhandlung, 1930, S. 790.

262 Zu möglicherweise früheren Nachweisen der Göttin mit Kindgott vgl. etwa W. Helck, *Betrachtungen zur großen Göttin und den ihr verbundenen Gottheiten*, München und Wien: R. Oldenbourg, 1971, S. 28 ff.

263 Vgl. M. E. L. Mallowan, «The Early Dynastic Period in Mesopotamia», in: *The Cambridge Ancient History. Third Edition. Volume I. Part 2. Early History of*

the *Middle East* (1971), Cambridge et al.: Cambridge University Press, 1980, S. 305.
264 Vgl. B. van Geel, J. Buurman, H. T. Waterbolk, «Archaeological and Palaeological Indications of an Abrupt Climate Change in the Netherlands, and Evidence for Climatological Telecommunications around 2650 BP», in: *Journal of Quaternary Science*, Bd. 11, 1996, S. 275.
265 Vgl. J. Hartung, «Was the Formation of a 20-km-Diameter Impact Crater on the Moon Observed on June 18, 1178?», in: *Meteoritics*, Nr. 11, 1976, S. 187.
266 Siehe F. Hoyle, N. C. Wickramasinghe, *Diseases from Space*, London et al.: J. M. Dent & Sons, 1979.
267 Siehe J. Ganapathy, «The Tunguska Explosion of 1908: Discovery of Meteoric Debris Near the Explosion Site and at the South Pole», in: *Science*, Bd. 220, 1983, S. 1158 ff.
268 Vgl. H. R. Shaw, *Craters, Cosmos and Chronicles. A New Theory of Earth*, Stanford/CA: Stanford University Press, 1994, S. 429; für das Zitat im Zitat vgl. E. L. Krinov, «The Tunguska and Sikhote-Alin Meteorites», in: B. M. Middlehurst, G. P. Kuiper (Hg.), *The Moon, Meteorites, and Comets*, Chicago: The University of Chicago Press, 1963, S. 210.
269 Vgl. D. I. Steel, *Rogue Asteroids and Doomsday Comets*, London: Wiley & Sons, 1995.
270 Vgl. S. Knight, «Watching Out for Doomsday. An Asteroid Heads Towards the Earth: Sarah Knight Meets the Scientists Who Are Watching the Sky», in: *Élan*, 26.–28. July 1991, S. 16.
271 Vgl. D. I. Steel, *Rogue Asteroids and Doomsday Comets*, London: Wiley & Sons, 1995, S. 91.
272 Vgl. N. Hawkes, «How Great Is the Threat from Comets? Danger from Deep Space», in: *The Times*, 2. Oktober, 1995, S. 18.
273 A. Irwin, «Scientist Calls for Meteor Monitor», in: *The Times Higher Education Supplement*, 6. Oktober 1995.
274 Vgl. insgesamt N. Hawkes, «How Great Is the Threat from Comets? Danger from Deep Space», in: *The Times*, 2. Oktober 1995, S. 18.
275 Vgl. J. Huizinga, *Homo Ludens: Versuch einer Bestimmung des Spielelementes der Kultur* (1938), Basel: Akademische Verlagsanstalt Pantheon, 1944.

VII Das Opfer als spieltherapeutische Kollektiv-«Heilung» für die kosmisch «umdüsterten» Gemeinwesen

276 A. E. Jensen, *Mythos und Kult bei den Naturvölkern: Religionswissenschaftliche Betrachtungen* (1951), m. e. Geleitwort v. E. Haberland, München: dtv, 1991, S. 85/94/248.
277 N.-A. Boulanger, *Das durch seine Gebräuche aufgedeckte Altertum: Oder Kritische Untersuchung der vornehmsten Meynungen, Ceremonien und Einrichtungen der verschiedenen Völker des Erdbodens in Religions- und bürgerlichen Sachen* (1766), Greifswald: Anton Ferdinand Rösens Buchhandlung, 1767, S. 529 f.
278 Statt «beclouded» (für umdüstert, umwölkt, verstört oder verwirrt) wählt eine andere englische Übersetzung «teeming» (überfließend, knospend, fruchtbar). Das paßt in den Kontext sehr gut, wenn «teeming» im Sinne von überbordend,

überdreht oder im Sinne einer wuchernden bzw. blühenden Phantasie- und Geistesverfassung gelesen wird; vgl. S. Dalley, *Myths from Mesopotamia: Creation, The Flood, Gilgamesh, and Others* (1989), Oxford u. New York: Oxford University Press, 1991, S. 190.

279 Vgl. J. B. Pritchard (Hg.), *Ancient Near Eastern Texts Relating to the Old Testament*, Princeton: Princeton University Press, 1969, S. 114 – meine Hervorhebungen.
«The great Annunaki, who decree the fate,
Sat down, taking counsel about the land.
They who created the regions, who set up the establishment,
The Igigi were too lofty for mankind,
A stated time for mankind they decreed.
The *beclouded people*, in all, had not set up a king.
At that time, no tiara had been tied on, nor crown,
And no scepter had been inlaid with lapis;
The shrines had not been built altogether.
The Seven [Igigi] had barred the gates against the settlers [settlements].
Scepter, crown tiara, and (shepherd's) crook
Lay deposited before Anu in heaven,
There being *no counseling* for its people.
(Then) kingship descended from heaven.»

280 H. Frankfort, *Kingship and the Gods: A Study of Ancient Near Eastern Religion as the Integration of Society and Nature* (1948), Chicago and London: University of Chicago Press, 1978, S. 237, meine Hervorhebung.

281 Vgl. S. N. Kramer, *History Begins at Sumer: Thirty-Nine Firsts in Man's Recorded History*, Philadelphia: University of Pennsylvania Press, 1981, S. 149:
«My mankind, in its *destruction* I will ...
I will return the people to their settlements.
After the ... of kingship had been lowered from heaven,
After the exalted tiara and the throne of kingship had been
                    lowered from heaven,
He perfected the rites and the exalted divine laws ...,
Founded the five cities in ... pure places,
Called their names, apportioned them as *cult centers*.»
Vgl. auch J. B. Pritchard (Hg.), *Ancient Near Eastern Texts Relating to the Old Testament*, Princeton: Princeton University Press, 1969, S. 43 – meine Hervorhebungen. Für eine deutsche Übersetzung vgl. W. H. Ph. Römer, D. O. Edzard, *Texte aus der Umwelt des Alten Testaments. Band III. Lieferung 3: Weisheitstexte, Mythen und Epen I*, Gütersloh: Gütersloher Verlagshaus, 1993, S. 449 ff.

282 Vgl. T. Jacobsen, *The Sumerian King List*, Chicago: University of Chicago Press, 1939, S. 77.
«The Flood had swept thereover.
After the Flood had swept thereover,
when the [priest-]kingship was lowered from heaven
the [priest-]kingship was in Kish.»

283 Vgl. T. Jacobsen, *Treasures of Darkness: A History of Mesopotamian Religion*, New Haven and London: Yale University Press, 1976, S. 3.

284 N.-A. Boulanger, *Das durch seine Gebräuche aufgedeckte Altertum: Oder Kriti-*

sche Untersuchung der vornehmsten Meynungen, Ceremonien und Einrichtungen der verschiedenen Völker des Erdbodens in Religions- und bürgerlichen Sachen (1766), Greifswald: Anton Ferdinand Rösens Buchhandlung, 1767, S. 11.

285 Vgl. T. Jacobsen, «Mesopotamia», in: H. Frankfort et al. (Hg.), *The Intellectual Adventure of Ancient Man: An Essay on Speculative Thought in the Ancient Near East*, Chicago und London: University of Chicago Press, 1972, S. 127.

286 Vgl. M. G. Kovacs, *The Epic of Gilgamesh*, Stanford: Stanford University Press, 1989, S. 100.

287 Siehe S. V. M. Clube, W. M. Napier, *The Cosmic Winter*, Oxford: Basil Blackwell, 1990.

288 Vgl. J. B. Pritchard (Hg.), *Ancient Near Eastern Texts Relating to the Old Testament*, Princeton: Princeton University Press, 1969, S. 44.

289 Vgl. J. B. Pritchard (Hg.), *Ancient Near Eastern Texts Relating to the Old Testament*, Princeton: Princeton University Press, 1969, S. 95.

290 *1. Mose* 8: 20.

291 Vgl. D. Shulman, «The Tamil Flood Myths and the Cankam Legend» (1978), in: A. Dundes (Hg.), *The Flood Myth*, Berkeley et al.: University of California Press, 1988, S. 296.

292 Siehe H. Usener, *Die Sintfluthsagen*, Bonn: Friedrich Cohen, 1899, S. 51 f.; J. G. Frazer, *Folklore in the Old Testament: Studies in Comparative Religion, Legend and Law*, Bd. I, London: Macmillan, 1919, S. 146 ff.

293 Ovid, *Metamorphosen*, 8: 620–674.

294 Diodoros, *FGrHist* 548.

295 Zu dieser Übersetzung vgl. H. Brugsch, *Die neue Weltordnung nach Vernichtung des sündigen Menschengeschlechts nach einer altägyptischen Untersuchung*, Berlin: Calvary u. Co., 1881, S. 187.

296 Siehe R. Andree, *Die Flutsagen*, Braunschweig: Friedrich Vieweg, 1891, S. 71 f., 153.

297 Siehe J. Fontenrose, *Python: A Study of Delphic Myth and its Origins* (1959), Berkeley et al.: University of California Press, 1980, S. 419 ff.

298 N.-A. Boulanger, *Das durch seine Gebräuche aufgedeckte Altertum: Oder Kritische Untersuchung der vornehmsten Meynungen, Ceremonien und Einrichtungen der verschiedenen Völker des Erdbodens in Religions- und bürgerlichen Sachen* (1766), Greifswald: Anton Ferdinand Rösens Buchhandlung, 1767, S. 180.

299 N.-A. Boulanger, *Das durch seine Gebräuche aufgedeckte Altertum: Oder Kritische Untersuchung der vornehmsten Meynungen, Ceremonien und Einrichtungen der verschiedenen Völker des Erdbodens in Religions- und bürgerlichen Sachen* (1766), Greifswald: Anton Ferdinand Rösens Buchhandlung, 1767, S. 180.

300 Siehe S. Freud, «Jenseits des Lustprinzips» (1920), in: Idem, *Gesammelte Werke*, Bd. XIII, Frankfurt am Main: S. Fischer, 1947, S. 11–15.

301 *Amos* 9: 2 f.

302 Vgl. J. v. Lawick-Goodall, *Wilde Schimpansen*, Reinbek: Rowohlt, 1971, S. 48 f.

303 W. Burkert, *Structure and History in Greek Mythology and Ritual*, Berkeley et al.: University of California Press, 1979, S. 40 f., spekuliert, ob nicht die aufgerichteten *phalloi* der Hermesstatuen etwas zu tun haben mit den Primatenerek-

tionen, kann sich dann aber nicht vorstellen, unter welchen Umständen Männer in solche Gebärden verfallen.
304 S. Freud, «Jenseits des Lustprinzips» (1920), in: Idem, *Gesammelte Werke*, Bd. XIII, Frankfurt am Main: S. Fischer, 1947, S. 12/13/14f./15, meine Hervorhebung.
305 V. Valeri, *Kingship and Sacrifice: Ritual and Sacrifice in Ancient Hawaii*, Chicago and London: University of Chicago Press, 1985, S. 347.
306 Vgl. A. F. Loisy, *Essai historique sur le sacrifice*, Paris: E. Nourry, 1920.
307 A. L. Oppenheim, *Ancient Mesopotamia*, revised edition completed by E. Reiner, Chicago: University of Chicago Press, 1977, S. 185.
308 Zum aktuellen Forschungsstand vgl. R. Merkelbach, *Mithras*, Königstein/Ts.: Hain, 1984, insbesondere S. 51 ff. und 86–133.
309 N.-A. Boulanger, *Das durch seine Gebräuche aufgedeckte Altertum: Oder Kritische Untersuchung der vornehmsten Meynungen, Ceremonien und Einrichtungen der verschiedenen Völker des Erdbodens in Religions- und bürgerlichen Sachen* (1766), Greifswald: Anton Ferdinand Rösens Buchhandlung, 1767, S. 232.
310 Lukian, *Salt*. 39.
311 E. Stucken, *Astralmythen: Religionsgeschichtliche Untersuchungen* (1896 bis 1907), Leipzig: Eduard Pfeiffer, 1907, S. 433.
312 Vgl. R. Merkelbach, *Mithras*, Königstein/Ts.: Hain, 1984, S. 199.
313 A. E. Jensen, *Mythos und Kult bei den Naturvölkern: Religionswissenschaftliche Betrachtungen* (1951), m. e. Geleitwort v. E. Haberland, München: dtv, 1991, S. 232.
314 Adaptiert von K. Schefold u. M. v. F. Jung, *Die Göttersage in der klassischen und hellenistischen Kunst*, München: Hirmer, 1981, S. 47.
315 Adaptiert von K. Schefold u. M. v. F. Jung, *Die Urkönige Perseus, Bellerophon, Herakles und Theseus in der klassischen und hellenistischen Kunst*, München: Hirmer, 1988, S. 72.
316 Vgl. etwa J. Z. Smith, «Dying and Rising Gods», in: M. Eliade (Hg.), *The Encyclopedia of Religion*, New York u. London: Macmillan/Collier Macmillan, 1987, Bd. 4, S. 521 ff.
317 Vgl. etwa E. Norden, *Die Geburt des Kindes: Geschichte einer religiösen Idee*, Leipzig: Teubner, 1924.
318 Vgl. dazu etwa D. A. Leeming, «Virgin Birth» in: M. Eliade (Hg.), *The Encyclopedia of Religion*, New York u. London: Macmillan/Collier Macmillan, 1987, Bd. 15, S. 272 ff.
319 Vgl. W. Burkert, *Griechische Religion der archaischen und klassischen Epoche*, Stuttgart et al.: Kohlhammer, 1977, S. 101.
320 Vgl. J. Gould, «On Making Sense of Greek Religion», in: P. E. Easterling, J. V. Muir (Hg.), *Greek Religion and Society*, Cambridge et al.: Cambridge University Press, 1985, S. 20.
321 Vgl. W. Burkert, *Griechische Religion der archaischen und klassischen Epoche*, Stuttgart et al.: Kohlhammer, 1977, S. 178.
322 W. Burkert, *Griechische Religion der archaischen und klassischen Epoche*, Stuttgart et al.: Kohlhammer, 1977, S. 171.
323 Adaptiert von C. Johns, *Sex or Symbol: Erotic Images of Greece and Rome* (1982), London: British Museum Press, 1989, S. 146.
324 Adaptiert von C. Johns, *Sex or Symbol: Erotic Images of Greece and Rome* (1982), London: British Museum Press, 1989, S. 43.

325 Vgl. K. C. Chang, *Art, Myth, and Ritual: The Path to Political Authority in Ancient China*, Cambridge/Mass. und London: Harvard University Press, 1983, S. 116, 118.
326 C. Beaumont, *The Mysterious Comet. Or: The Origin, Building up, and Destruction of Worlds by Means of Cometary Contacts*, London: Rider, 1932, S. 85.
327 Zum Stoff vgl. S. Eitrem, *Opferritus und Voropfer der Griechen und Römer*, Kristiania: J. Dybwad, 1915; Reprint Hildesheim & New York: Georg Olms, 1977, Kapitel 7: Das Haar, S. 344 ff.
328 *Odyssee* III: 446.
329 W. Burkert, «Griechische Tragödie und Opferritual», in: Idem, *Wilder Ursprung: Opferritual und Mythos bei den Griechen*, Berlin: Wagenbach, 1990, S. 22.
330 Vgl. W. Burkert, «Griechische Tragödie und Opferritual», in: Idem, *Wilder Ursprung: Opferritual und Mythos bei den Griechen*, Berlin: Wagenbach, 1990, S. 22.
331 *Odyssee* III: 435.
332 Vgl. etwa C. Kühne, «Voropfer im alten Anatolien», in: B. Janowski, K. Koch, G. Wilhelm (Hg.), *Religionsgeschichtliche Beziehungen zwischen Kleinasien, Nordsyrien und dem Alten Testament: Internationales Symposium Hamburg 17.–21. März 1990*, Freiburg/Schweiz: Universitätsverlag sowie Göttingen: Vandenhoeck & Ruprecht, 1993, S. 276 f.
333 Vgl. H. Junker, «Die Schlacht- und Brandopfer im Tempelkult der Spätzeit», in: *Zeitschrift für ägyptische Sprache und Altertumskunde*, Bd. 47, 1910, S. 72.
334 Vgl. H. Junker, «Die Schlacht- und Brandopfer im Tempelkult der Spätzeit», in: *Zeitschrift für ägyptische Sprache und Altertumskunde*, Bd. 47, 1910, S. 72.
335 *Ilias* IV: 75–79.
336 C. Beaumont, *The Mysterious Comet. Or: The Origin, Building up, and Destruction of Worlds by Means of Cometary Contacts*, London: Rider, 1932, S. 84.
337 Vgl. P. Derchain, *Rites Ègyptiens. I: Le sacrifice de l'oryx*, Bruxelles: Fondation ‹Egyptologique Reine Èlisabeth›, 1962, S. 9.
338 Vgl. H. Junker, «Die Schlacht- und Brandopfer im Tempelkult der Spätzeit», in: *Zeitschrift für ägyptische Sprache und Altertumskunde*, Bd. 47, 1910, S. 73.
339 Vgl. H. Junker, «Die Schlacht- und Brandopfer im Tempelkult der Spätzeit», in: *Zeitschrift für ägyptische Sprache und Altertumskunde*, Bd. 47, 1910, S. 74 f.
340 Vgl. H. Willems, «Crime, Cult and Capital Punishment (Mo'alla Inscription 8)», in: *Journal of Egyptian Archaeology*, Bd. 76, 1990, S. 52.
341 Vgl. H. Willems, «Crime, Cult and Capital Punishment (Mo'alla Inscription 8)», in: *Journal of Egyptian Archaeology*, Bd. 76, 1990, S. 52.
342 Vgl. S. Eitrem, *Opferritus und Voropfer der Griechen und Römer*, Kristiania: J. Dybwad, 1915; Reprint Hildesheim & New York: Georg Olms, 1977, Kapitel 5: Die Opfergerste, S. 261 ff.
343 Vgl. S. Eitrem, *Opferritus und Voropfer der Griechen und Römer*, Kristiania: J. Dybwad, 1915; Reprint Hildesheim & New York: Georg Olms, 1977, S. 281.
344 E. Durkheim, *Die elementaren Formen des religiösen Lebens* (1915), Frankfurt am Main: Suhrkamp, 1981, S. 469.
345 Vgl. W. Burkert, «Griechische Tragödie und Opferritual», in: Idem, *Wilder Ursprung*, Berlin: Wagenbach, 1990, S. 22.
346 Vgl. W. Burkert, *Griechische Religion der archaischen und klassischen Epoche*, Stuttgart et al.: Kohlhammer, 1977, S. 76 f.

347 Vgl. M. C. A. Korpel, «Stone», in: K. van der Toorn, B. Becking, P. W. van der Horst (Hg.), *Dictionary of Deities and Demons in the Bible (DDD)*, Leiden et al.: E. J. Brill, 1994, Sp. 1547.
348 Vgl. R. H. Faherty, «Sacrifice», in: *The New Encyclopedia Britannica: Macropedia*, Bd. 26, Chicago et al: Encyclopedia Britannica Inc., 1991, S. 795.
349 *1. Mose* 28: 11/12/18.
350 Vgl. A. Reichert, «Massebe», in: K. Galling (Hg.), *Biblisches Reallexikon*, Tübingen: J. C. B. Mohr, 1977², S. 206.
351 Vgl. W. Huss, *Die Karthager* (1990), München: Beck, 1994², S. 367. Vgl. auch E. D. Stockton, «Phoenician Cult Stones», in: *The Australian Journal of Biblical Archaeology*, Bd. 2/3, 1974/75, S. 1 ff.
352 *1. Mose* 49: 24.
353 Vgl. M. C. A. Korpel, «Stone», in: K. van der Toorn, B. Becking, P. W. van der Horst (Hg.), *Dictionary of Deities and Demons in the Bible (DDD)*, Leiden et al.: E. J. Brill, 1994, Sp. 1547.
354 *Apostelgeschichte* 19: 35.
355 Vgl. M. Jastrow, *Die Religion Babyloniens und Assyriens*, Bd. II/2, Gießen: Ricker, 1912, S. 153 f.; vgl. D. Cardona, «The Kaaba», in: *Kronos*, Bd. XII, 1988, S. 25.
356 *2. Mose* 9: 23/24/25.
357 Vgl. etwa *Ilias* I: 458; II: 410; *Odyssee* III: 447.
358 I. Velikovsky, *Welten im Zusammenstoß* (1950), Frankfurt am Main: Umschau, 1978, S. 50 f.
359 Vgl. K. Heinrich, *Dahlemer Vorlesungen 2: Anthropomorphe*, Basel und Frankfurt: Stroemfeld/Roter Stern, 1986, S. 39.
360 Vgl. W. Burkert, *Homo Necans: Interpretationen altgriechischer Opferriten und Mythen*, Berlin und New York: Walter de Gruyter, 1972, S. 131 f.
361 M. Davis, «Cosmic Dancers on History's Stage. The Permanent Revolution of the Earth Sciences», in: *New Left Review*, Nr. 217, 1966, S. 84.
362 Vgl. T. Jacobsen, *The Harps that once ...*, New Haven & London: Yale University Press, 1987, Kapitel: «The Cursing of Akkade», S. 366 f.
363 Vgl. V. Haas, «Ein hurritischer Blutritus», in: B. Janowski, K. Koch, G. Wilhelm (Hg.), *Religionsgeschichtliche Beziehungen zwischen Kleinasien, Nordsyrien und dem Alten Testament: Internationales Symposium Hamburg 17.–21. März 1990*, Freiburg/Schweiz: Universitätsverlag sowie Göttingen: Vandenhoeck & Ruprecht, 1993, S. 75.
364 W. Burkert, *Griechische Religion der archaischen und klassischen Epoche*, Stuttgart et al.: Kohlhammer, 1977, S. 396.
365 W. Burkert, «Glaube und Verhalten: Zeichengehalt und Wirkungsmacht von Opferritualen», in: J. Rudhardt, O. Reverdin (Hg.), *Le Sacrifice dans L'Antiquité*, Genève: Vandœuvres, Foundation Hardt Pour l'Étude de L'Antiquité Classiques, Entretiens, Tome XXVII, 1981, S. 111.
366 W. Burkert, *Griechische Religion der archaischen und klassischen Epoche*, Stuttgart et al.: Kohlhammer, 1977, S. 139.
367 Vgl. H. F. Ellenberger, *Die Entdeckung des Unbewussten*, Bern, Stuttgart & Wien; Hans Huber, 1973, S. 58.
368 Vgl. O. Pfister, «Instinktive Psychoanalyse unter den Navaho-Indianern», in: *Imago*, Bd. 18, 1932, Nr. 1, S. 86.

VIII Die Entstehung der *professionellen* Künste

369 Vgl. H. Junker, «Die Schlacht- und Brandopfer im Tempelkult der Spätzeit», in: *Zeitschrift für ägyptische Sprache und Altertumskunde*, Bd. 47, 1910, S. 70.
370 T. H. Gaster, *Thespis: Ritual, Myth and Drama in the Ancient Near East* (1950, 1961), New York: Harper Torchbooks, 1966, S. 18.
371 Siehe K. Sethe, *Dramatische Texte zu altägyptischen Mysterienspielen. II. Der dramatische Ramesseumpapyrus: Ein Spiel zur Thronbesteigung des Königs*, Leipzig: Hinrichs, 1928.
372 Vgl. H. Junker, «Die Schlacht- und Brandopfer im Tempelkult der Spätzeit», in: *Zeitschrift für ägyptische Sprache und Altertumskunde*, Bd. 47, 1910, S. 74.
373 W. Helck, «Opfertier», in: *Lexikon der Ägyptologie*, Band IV, Wiesbaden: Otto Harrassowitz, 1982, Sp. 594.
374 Vgl. H. te Velde, «Seth», in: *Lexikon der Ägyptologie*, Band V, Wiesbaden: Otto Harrassowitz, 1984, Sp. 909.
375 Vgl. T. H. Gaster, *Thespis: Ritual, Myth and Drama in the Ancient Near East* (1950, 1961), New York: Harper Torchbooks, 1966, S. 18.
376 Herodot, *Historien*, I: 132.
377 Tacitus, *Germania* 39, Hervorhebungen G. H.
378 Vgl. bereits G. Murray, «Excursus on the Ritual Forms Preserved in Greek Tragedy» (1927), in: J. E. Harrison, *Epilegomena to the Study of Greek Religion* (1903, 1922³). And: *Themis. A Study of the Social Origins of Greek Religion* (1912, 1927²), New York: University Books, 1962, S. 341 ff.
379 W. Burkert, «Griechische Tragödie und Opferritual», in: Idem, *Wilder Ursprung: Opferritual und Mythos bei den Griechen*, Berlin: Wagenbach, 1990, S. 26.
380 J. Huizinga, *Homo Ludens: Versuch einer Bestimmung des Spielelementes der Kultur* (1938), Basel: Akademische Verlagsanstalt Pantheon, 1944, S. 29.
381 Die Gewänder für Gottesdarsteller und Statuen sind nicht allein für den Vorderen Orient, sondern auch für das minoische bzw. palastzeitliche Kreta belegt. Vgl. P. M. Warren, *Minoan Religion as Ritual Action*, Göteborg: Göteborg University, 1988, S. 20 ff.
382 Vgl. Bergquist, B., «Bronze Age Sacrificial *Koine* in the Eastern Mediterranean», in: J. Quaegebeur (Hg.), *Ritual and Sacrifice in the Ancient Near East: Proceedings of the International Conference Organized by the Katholieke Universiteit Leuven from the 17th to 20th of April 1991*, Leuven: Uitgeverij Peeters & Department Orientalistiek Leuven, 1993, S. 31.
383 Vgl. G. van der Leeuw, *Phänomenologie der Religion* (1956²), Tübingen: J. C. B. Mohr, 1970, S. 517.
384 Vgl. W. Burkert, *Homo Necans: Interpretationen altgriechischer Opferriten und Mythen*, Berlin und New York: Walter de Gruyter, 1972, S. 50.
385 Homer, *Odyssee*, III: 442–451; Hervorhebung G. H.
386 Aischylos, *Die Sieben gegen Theben*, 268 f.; Hervorhebung G. H.; vgl. W. Burkert, «Griechische Tragödie und Opferritual», in: Idem, *Wilder Ursprung: Opferritual und Mythos bei den Griechen*, Berlin: Wagenbach, 1990, S. 22.

IX Wie kommt es zu Göttern in Tier-, Menschen- oder Mischgestalt?

387 G. Lanczkowski, «Bilder I», in: *Theologische Realenzyklopädie*, Berlin und New York: de Gruyter, Bd. VI, 1980, S. 515 f.
388 Vgl. K. Meuli, «Griechische Opferbräuche» (1946), in: Idem, *Gesammelte Schriften*, hgg. von T. Gelzer, Bd. II, Basel: Schwabe & Co., 1975, S. 995 f. und 1005–1010.
389 Zu diesem Terminus vgl. H. Maccoby, *The Sacred Executioner: Human Sacrifice and the Legacy of Guilt*, London: Thames and Hudson, 1982, Titel u. S. 21.
390 Vgl. P. Charvat, «Early Ur», in: *Archiv Orientalni*, Bd. 47, 1979, S. 18.
391 Vgl. W. Burkert, *Griechische Religion der archaischen und klassischen Epoche*, Stuttgart et al.: Kohlhammer, 1977, S. 94, 158.
392 A. L. Oppenheim, *Ancient Mesopotamia*, revised edition completed by E. Reiner, Chicago: University of Chicago Press, 1977, S. 96.
393 Bergquist, B., «Bronze Age Sacrificial *Koine* in the Eastern Mediterranean», in: J. Quaegebeur (Hg.), *Ritual and Sacrifice in the Ancient Near East: Proceedings of the International Conference Organized by the Katholieke Universiteit Leuven from the 17th to 20th of April 1991*, Leuven: Uitgeverij Peeters & Departement Orientalistiek Leuven, 1993, S. 41.
394 Siehe K. Jaspers, *Vom Ursprung und Ziel der Geschichte*, München: Piper, 1949, S. 15–106.
395 Siehe L. Schele, M. E. Miller, *The Blood of Kings: Dynasty and Ritual in Maya Art*, Fort Worth: Kimbell Art Museum, 1986.
396 Siehe etwa W. Burkert, *Structure and History in Greek Mythology and Ritual*, Berkeley et al.: University of California Press, 1979, S. 104 ff.
397 Siehe A. Taladoire, *Les terrains de jeu de balle*, Mexico City: Mission archéologique et éthnologique française au Mexique, 1981, S. 542.
398 Vgl. ausführlich zu dieser Gottheit M. Hörig, *Dea Syria: Studien zur religiösen Tradition der Fruchtbarkeitsgöttin in Vorderasien*, Kevelaer: Butzon & Bercker sowie Neukirchen-Vluyn: Neukirchner Verlag, 1979; R. A. Oden Jr., *Studies in Lucian's Dea Syria*, Missoula/Montana: Scholars Press for Harvard Semitic Museum, 1971.
399 *Odyssee* 5: 128.
400 Vgl. H. v. Geisau, «Iasion», in: *Der Kleine Pauly. Lexikon der Antike in fünf Bänden* (1975), München: dtv, 1979, Bd. 2, Sp. 1321.
401 Vgl. M. M. Rind, *Menschenopfer: Vom Kult der Grausamkeit*, Regensburg: Universitätsverlag Regensburg, 1996, S. 20.
402 Vgl. P. Vogel, «Opfer durch Selbstenthauptung, dargestellt in indischen Höhlentempeln», in: *Bulletin of the School of Oriental Studies [London]*, Bd. 6, 1931.
403 Adaptiert von C. Johns, *Sex or Symbol: Erotic Images of Greece and Rome* (1982), London: British Museum Press, 1989, S. 53.
404 Vgl. typisch G. Róheim, «The Flood Myth as Vesical Dream» (1952), in: A. Dundes (Hg.), *The Flood Myth*, Berkeley et al.: University of California Press, 1988, S. 151 ff.
405 Adaptiert von Felszeichnungen aus Vitlycke im westschwedischen Bohuslän (vielleicht bronzezeitlich).
406 Siehe C. Blöss, *Planeten, Götter, Katastrophen: Das neue Bild vom kosmischen Chaos*, Frankfurt am Main: Eichborn, 1991, S. 61 u. T. Van Flandern, R. S.

Harrington, «A Dynamical Investigation of the Conjecture that Mercury is an Escaped Satellite of Venus», in: Icarus, Bd. 28, 1976, S. 435 ff. Zu Kollisionen von Merkur vgl. auch A. G. W. Cameron et al., «The Strange Density of Mercury: Theoretical Considerations», in: F. Vilas et al. (Hg.), Mercury, Tucson/ AZ: The University of Arizona Press, 1988, S. 692 ff. sowie G. R. Stewart, «A Violent Birth of Mercury?», in: Nature, Bd. 335, 1988, S. 496 f.

407 Vgl. W. Huss, *Die Karthager* (1990), München: Beck, 1994², S. 367.
408 Vgl. W. Huss, *Die Karthager* (1990), München: Beck, 1994², S. 367.
409 Siehe W. Burkert, *Homo Necans: Interpretationen altgriechischer Opferriten und Mythen*, Berlin und New York: Walter de Gruyter, 1972, S. 81.
410 Siehe W. Burkert, *Griechische Religion der archaischen und klassischen Epoche*, Stuttgart et al.: Kohlhammer, 1977, S. 244 ff.
411 Tertullian (2. Jh. u. Z.), *Apologeticum* 15, 4; vgl. ausführlich K. M. Coleman, «Fatal Charades: Roman Executions Staged as Mythological Reenactments», in: *Journal of Roman Studies*, Bd. 130, 1990.
412 Andernorts heißt der Zerstückelte Attis, Dionysos, Hadad, Tammuz etc.
413 «Bei der Anthropomorphisierung der Mächte erhielt sie die Gestalt einer sitzenden Frau, die ein Kind auf dem Schoß hält; dieses Motiv wurde letztlich Vorbild der Madonnenfiguren.» Vgl. W. Helck, «Isis», in: *Der Kleine Pauly. Lexikon der Antike in fünf Bänden* (1975), München: dtv, 1979, Bd. 2, Sp. 1463.
414 Vgl. H. Müller-Karpe, *Handbuch der Vorgeschichte. Vierter Band: Bronzezeit. Dritter Teilband. Tafeln*, München: Beck, 1980, Tafel 204, Nr. 18.
415 *Evangelium des Johannes* 19: 34.
416 Vgl. R. Haussherr, «Kruzifixus», in: E. Kirschbaum (Hg.), *Lexikon der christlichen Ikonographie*, Rom et al.: Herder, 1970, Zweiter Band, Sp. 683.
417 Siehe etwa W. Burkert, *Griechische Religion der archaischen und klassischen Epoche*, Stuttgart et al.: Kohlhammer, 1977, S. 171. Die ältesten Herabilder sind ja Gorgonen, wie auch der ursprüngliche bzw. kretische Zeus ein in der Idahöhle geborener und bei Knossos sterbender Kindgott ist, der mit seiner Hervorbringerin Hera in fatalem Kampfe steht; vgl. auch die entsprechenden Kinddarstellungen für die Dionysosvariante des Kindgottes bei R. Merkelbach, *Die Hirten des Dionysos: Die Dionysos-Mysterien der römischen Kaiserzeit und der bukolische Roman des Longus*, Stuttgart: B. G. Teubner, 1988, Abbildungen 1, 10 f., 30, 43–48, 81, 83, 88; vgl. auch B. Peiser, «The Divine Child in Ancient Greek Athletics», in: *The Sports Historian. The Journal of the British Society of Sports History*, Nr. 15, Mai 1995, S. 3 ff.
418 Vgl. F. Annibali, *Guida al museo civico di Assisi e agli scavi archeologici della città*, Assisi: Editrice Minerva, 1995, S. 20.
419 Nach D. E. McCown, R. C. Haines, D. P. Hansen, *Nippur I: Temple of Enlil, Scribal Quarter, and Soundings*, Chicago: The University of Chicago Press, 1967, Tafel 137, Nr. 6.
420 *Sacharja* 12: 10.
421 *Sacharja* 12: 11.
422 Vgl. W. G. Lambert, «Trees, Snakes and Gods in Ancient Syria and Anatolia», in: *Bulletin of the School of Oriental and African Studies*, Bd. 48, 1985, S. 435 ff.
423 Vgl. G. W. Ahlström, *The History of Ancient Palestine from the Palaeolithic Period to Alexander's Conquest*, hgg. von D. Edelman, mit einem Beitrag von G. O. Rollefson, Sheffield: JSOT Press, 1993, S. 586.

424 Vgl. C. Johns, *Sex or Symbol: Erotic Images of Greece and Rome* (1982), London: British Museum Press, 1989, S. 69.
425 Kupferstich aus dem Jahre 1723 adaptiert von J. Campbell, *Historical Atlas of World Mythology. Volume II. Part 1: The Sacrifice*, New York et al.: Harper & Row, 1988, S. 42.
426 Die Reden von gefährlichen und am Ende stürzenden Haarsternen können im Zuge einer Anthropomorphisierung zu Geschichten von Jungfrauen werden, die sich in der Wildnis eines Waldes an ihrem Haar erhängen. Sie können aber auch zu ungewöhnlich haarreichen Jünglingen umgesetzt werden: «Es war aber in ganz Israel kein Mann so schön wie Absalom. / Und wenn man sein Haupt schor – das geschah alle zwei Jahre, denn es war ihm zu schwer, so daß man es abscheren mußte – so wog sein Haupthaar zweihundert Schekel nach dem königlichen Gewicht» (*2. Samuel* 14: 25f.). Der kosmologische Mythos des Tammuz/Attis/Baal/Osiris etc. als Hintergrund der Geschichten über Absalom (*2. Samuel* 13–19) ist längst gesehen worden: «Und Absalom begegnete den Männern Davids und ritt auf einem Maultier. Und als das Maultier unter eine große Eiche mit dicken Zweigen kam, blieb sein Haupt an der Eiche hängen, und er schwebte zwischen Himmel und Erde» (*2. Samuel* 18: 9). Vgl. etwa A. Jeremias, *Das Alte Testament im Lichte des Alten Orients*, 4. völlig erneuerte Auflage, Leipzig: J. C. Hinrichs'sche Buchhandlung, 1930, S. 526f.
427 Herodot, Historien II: 40.
428 Vgl. J. Dickie, E. M. Pye, «Religious Dress and Vestments», in: *The New Encyclopedia Britannica: Macropedia*, Bd. 26, Chicago et al.: Encyclopedia Britannica Inc., 1991, S. 830.
429 Vgl. J. Campbell, *Historical Atlas of World Mythology. Volume II. Part 1: The Sacrifice*, New York et al.: Harper & Row, 1988, S. 42.
430 B. Picart, *The Religious Ceremonies and Customs of the Various Nations of the Known World* (1723ff.), London: Claude Du Bosc, 1733–1739, 7 Bände.
431 Adaptiert von S. Selbmann, *Der Baum: Symbol und Schicksal des Menschen*, Karlsruhe: Badische Landesbibliothek Karlsruhe, 1984, S. 24.
432 Vgl. ausführlich M. Collinet-Guérin, *Histoire du nimbe des origines aux temps modernes*, Paris: Nouvelles Éditions Latines, 1961.
433 Nach H. Müller-Karpe, *Handbuch der Vorgeschichte. Vierter Band: Bronzezeit. Dritter Teilband. Tafeln*, München: Beck, 1980, Tafel 205, Nr. 17.
434 Vgl. C. Bötticher, *Der Baumkult der Hellenen*, Berlin: Weidmannsche Buchhandlung, 1856, Tafel 31.
435 Vgl. auch O. Dickinson, *The Aegean Bronze Age*, Cambridge: Cambridge University Press, 1994, S. 265 sowie N. Marinatos, «Role and Sex Division in Ritual Scenes of Aegean Art», in *Journal of Prehistoric Religion*, Bd. 1, 1987, S. 23ff.
436 Vgl. Bergquist, B., «Bronze Age Sacrificial *Koine* in the Eastern Mediterranean», in: J. Quaegebeur (Hg.), *Ritual and Sacrifice in the Ancient Near East: Proceedings of the International Conference Organized by the Katholieke Universiteit Leuven from the 17th to 20th of April 1991*, Leuven: Uitgeverij Peeters & Departement Orientalistiek Leuven, 1993, S. 24.
437 Nach H. H. Scullard, *Römische Feste: Kalender und Kult* (1981), Mainz am Rhein: Philipp von Zabern, 1985, S. 176 (Abb. S. 177).
438 Illustration aus Pater Durans *Historia de las Indias de Nueva Espana e Islas de la Tierra Firme*; adaptiert von N. Davis, *Human Sacrifice in History and Today*, London und Basingstoke: Nacmillan, 1981, S. 223.

439 Adaptiert von A. Taladoire, *Les terrains de jeu de balle*, Mexico City: Mission archéologique et éthnologique française au Mexique, 1981, Tafel 15.
440 Adaptiert von A. Ruz, *Chichen Itza*, Mexico D. F.: Instituto Nacional de Antropologia e Historia, 1981, S. 18.
441 Evangelium des Johannes 3: 14.
442 Die Evangelien schildern die Dornenkrone keineswegs als Folterinstrument. Die römischen Soldaten schaffen in ihr vielmehr eine improvisierte Sternstrahlenkrone, wie sie die hellenistischen Herrscher als Verkörperungen eines vergotteten Himmelskörpers trugen. Vgl. K. M. Coleman, «Fatal Charades: Roman Executions Staged as Mythological Reenactments», in: *Journal of Roman Studies*, Bd. 130, 1990, S. 45.
443 Da auch die aztekischen Rituale kosmische Katastrophen nachspielen – vor allem durch die großen Sternen-Ballspiele – kennen sie den Spieler in der Maskierung als Himmelskörper auf ganz ähnliche Weise wie in Altmesopotamien (vgl. Abb. 6, 8 und 9).
444 Offenbarung des Johannes 22: 16, meine Hervorhebung.
445 Offenbarung des Johannes 19: 15.
446 Vgl. ausführlich dazu P. M. Warren, *Minoan Religion as Ritual Action*, Göteborg: Göteborg University, 1988.
447 Siehe E. Vermeule, *Greece in the Bronze Age*, Chicago and London: The University of Chicago Press, 1972, S. 291.
448 Vgl. ausführlich B. J. Peiser, *Das Dunkle Zeitalter Olympias: Kritische Untersuchungen der historischen, archäologischen und naturgeschichtlichen Probleme der griechischen Achsenzeit am Beispiel der antiken Olympischen Spiele*, Frankfurt am Main et al.: Peter Lang, 1993.
449 Die frühesten Kultbilder in vereinzelten Heiligtümern stammen aus der Schlußphase des bronzezeitlich-minoischen Kreta und ähneln bereits den eisenzeitlichen Stücken aus Böotien: «In vielen Heiligtümern wurden keine Kultbilder gefunden, nur Kultgeräte»; vgl. B. Rutkowski, *The Cult Places of the Aegean*, New Haven und London: Yale University Press, 1986, S. 145.
450 Siehe die Abbildungen in O. Dickinson, *The Aegean Bronze Age*, Cambridge: Cambridge University Press, 1994, S. 290 (Abb. 8.13, 3 u. 7).
451 Vgl. etwa A. J. Evans, «The Mycenaean Tree and Pillar Cult and its Mediterranean Relations», *The Journal of Hellenic Studies*, Bd. 21, 1901, S. 99–204.
452 Vgl. C. Renfrew, *The Archaeology of Cult: The Sanctuary at Phylakopi*, London: Thames and Hudson, 1985, S. 375 ff.
453 W. Burkert, *Homo Necans: Interpretationen altgriechischer Opferriten und Mythen*, Berlin und New York: Walter de Gruyter, 1972, S. 90.
454 Foto nach K. Meuli, «Die gefesselten Götter» (1964), in: Idem, *Gesammelte Schriften*, hgg. von T. Gelzer, Bd. II, Basel: Schwabe & Co., 1975, Tafel 47 links.
455 E. Graefe, «Die Deutung der sogenannten ‹Opfergaben›», in: J. Quaegebeur (Hg.), *Ritual and Sacrifice in the Ancient Near East: Proceedings of the International Conference Organized by the Katholieke Universiteit Leuven from the 17th to 20th of April 1991*, Leuven: Uitgeverij Peeters & Department Orientalistiek Leuven, 1993, S. 153.
456 W. Daum, *Ursemitische Religion*, Stuttgart et al.: Kohlhammer, 1985, S. 47.
457 Zu den astralmythischen Motiven des Jakobstoffes vgl. etwa A. Jeremias, *Das Alte Testament im Lichte des Alten Orients*, 4. völlig erneuerte Auflage, Leipzig: J. C. Hinrichs'sche Buchhandlung, 1930, S. 354 ff. u. 364 ff.

458 *1. Mose* 32: 32.
459 *1. Mose* 31: 54.
460 *1. Mose* 32: 29.
461 W. Burkert, *Griechische Religion der archaischen und klassischen Epoche*, Stuttgart et al.: Kohlhammer, 1977, S. 47.
462 J. Fontenrose, *Python: A Study of Delphic Myth and its Origins* (1959), Berkeley et al.: University of California Press, 1980, S. 443, meine Hervorhebungen.
463 Hesiod, *Frauenkataloge*, Fragmente 25 MW, 27–28.
464 T. H. Gaster, *Thespis: Ritual, Myth and Drama in the Ancient Near East* (1950, 1961); New York: Harper Torchbooks, 1966, S. 61 ff.; J. Fontenrose, *Python: A Study of Delphic Myth and its Origins* (1959), Berkeley et al.: University of California Press, 1980, S. 446; H. H. Scullard, *Römische Feste: Kalender und Kult* (1981), Mainz am Rhein: Philipp von Zabern, 1985, S. 102.
465 G. van der Leeuw, *Phänomenologie der Religion*, Tübingen: J. C. B. Mohr, 1933, S. 87.
466 T. Jacobsen, *Treasures of Darkness: A History of Mesopotamian Religion*, New Haven and London: Yale University Press, 1976, S. 18; vgl. ähnlich bereits S. A. Pallis, *The Babylonian Akitu Festival*, Copenhagen: Höst, 1926.
467 H. Hubert, M. Mauss, *Sacrifice: Its Nature and Function* (1898), mit einem Vorwort von E. E. Evans-Pritchard, Chicago: The University of Chicago Press, 1964, S. 77.
468 S. Schoske, «Vernichtungsrituale», in: *Lexikon der Ägyptologie*, Band VI, Wiesbaden: Otto Harrassowitz, 1986, Sp. 1009.
469 Vgl. etwa R. Hägg, «Epiphany in Minoan Ritual», in: *Bulletin of the Institute of Classical Studies*, Bd. 30, 1983, S. 184 f.
470 W. Burkert, *Homo Necans: Interpretationen altgriechischer Opferriten und Mythen*, Berlin und New York: Walter de Gruyter, 1972, S. 78 f.
471 Siehe T. H. Gaster, *Thespis: Ritual, Myth and Drama in the Ancient Near East* (1950, 1961); New York: Harper Torchbooks, 1966, S. 99.
472 Hesiod, *Theogonie*: 535.
473 P. Gerlitz, «Opfer: I. Religionsgeschichte», in: *Theologische Realenzyklopädie*, Bd. XXV, Berlin und New York: de Gruyter, 1995, S. 254.
474 K. Meuli, «Die Baumbestattung und die Ursprünge der griechischen Göttin Artemis», in: Idem, *Gesammelte Schriften*, hgg. von T. Gelzer, Bd. II, Basel: Schwabe & Co., 1975, S. 1083 ff.
475 Vgl. etwa J. M. Robertson, *Die Evangelienmythen*, Jena: Eugen Diederichs, 1910, S. 132 ff.
476 Dort sind es ja die Monotheisten, die dafür sorgen, daß die Säulen der Himmelskörpergottheit Ashera (=Artemis) niedergelegt und verbrannt werden (vgl. etwa die zu Meulis Zeit weitverbreitete Arbeit von W. F. Albright, *From the Stone Age to Christianity: Monotheism and the Historical Process* (1946²), Garden City/NY: Doubleday Anchor Books, 1957, S. 310.
477 K. Meuli, «Die gefesselten Götter» (1964), in: Idem, *Gesammelte Schriften*, hgg. von T. Gelzer, Bd. II, Basel: Schwabe & Co., 1975, S. 1044.
478 K. Meuli, «Die gefesselten Götter» (1964), in: Idem, *Gesammelte Schriften*, hgg. von T. Gelzer, Bd. II, Basel: Schwabe & Co., 1975, S. 1044, Gelzers Rekonstruktion der Meulischen Notizen.
479 K. Meuli, «Biographisches Nachwort» (1964), in: Idem, *Gesammelte Schriften*, hgg. von T. Gelzer, Bd. II, Basel: Schwabe & Co., 1975, S. 1204.

480 Vgl. G. Lanczkowski, «Bilder I», in: *Theologische Realenzyklopädie*, Berlin und New York: de Gruyter, Bd. VI, 1980, S. 516.
481 Vgl. R. Germer, «Salbe», in: *Lexikon der Ägyptologie*, Wiesbaden: Otto Harrassowitz, Bd. V, 1984, Sp. 361.
482 G. van der Leeuw, *Phänomenologie der Religion* (1956²), Tübingen: J. C. B. Mohr, 1970, S. 27 f.
483 R. Girard, Gespräch in *Diacritics*, März, 1978, S. 46.

X Die Verwerfung des Opfers, die Entstehung des Monotheismus und die Isolation der Juden unter den Völkern

484 H. Cohen, *Religion der Vernunft aus den Quellen des Judentums* (1919), Wiesbaden: Fourier, 1978, S. 199.
485 I. Velikovsky, *Welten im Zusammenstoß* (1950), Stuttgart: Kohlhammer, 1951, S. 397.
486 W. H. Schmidt, «Gott II», in: *Theologische Realenzyklopädie*, Bd. XIII, Berlin und New York: de Gruyter, 1984, S. 613.
487 *Jesaja* 15: 12 f.
488 Siehe auch *Lukas* 10:18 und Anm. 641.
489 S. C. Humphreys, «Dynamics of the Greek Breakthrough: the Dialogue Between Philosophy and Religion», in: S. N. Eisenstadt (Hg.), *The Origins and Diversity of Axial Age Civilizations*, New York: State University of New York Press, 1986, S. 93.
490 Siehe ausführlich G. Heinsohn, *Privateigentum, Patriarchat, Geldwirtschaft. Eine sozialtheoretische Rekonstruktion zur Antike*, Frankfurt am Main: Suhrkamp 1984 sowie G. Heinsohn, O. Steiger, *Eigentum, Zins und Geld: Ungelöste Rätsel der Wirtschaftswissenschaft*, Reinbek: Rowohlt, 1996, B: «Das Kapitel vom Eigentum».
491 Bei Iamblichos, *De vita pythagorica liber* 255 heißt es: «Da brach der heimliche Haß hervor, und das Volk sagte sich von den Pythagoreern los». Vgl. auch B. J. Peiser, *Das Dunkle Zeitalter Olympias: Kritische Untersuchungen der historischen, archäologischen und naturgeschichtlichen Probleme der griechischen Achsenzeit am Beispiel der antiken Olympischen Spiele*, Frankfurt am Main et al.: Peter Lang, 1993, S. 244.
492 Vgl. W. Nestle, *Vom Mythos zum Logos: Die Selbstfindung des griechischen Denkens von Homer bis auf die Sophistik und Sokrates* (1941²), Stuttgart: Kröner, 1975, S. 79.
493 Siehe etwa A. Schimmel, «Opfer. I. Religionsgeschichtlich», in: *Die Religion in Geschichte und Gegenwart: Handwörterbuch für Theologie und Religionswissenschaft*, 3. völlig neu bearb. Aufl., Vierter Band, Tübingen: J. C. B. Mohr, 1966, Sp. 1640.
494 Plutarch, *Numa* 8, Hervorhebungen G. H.
495 G. B. Walker, *The Hindu World: An Encyclopedic Survey of Hinduism*, New York: Praeger, 1968.
496 Siehe etwa A. Schimmel, «Opfer. I. Religionsgeschichtlich», in: *Die Religion in Geschichte und Gegenwart: Handwörterbuch für Theologie und Religionswis-*

senschaft, 3. völlig neu bearb. Aufl., Vierter Band, Tübingen: J. C. B. Mohr, 1966, Sp. 1641; P. Gerlitz, «Opfer: I. Religionsgeschichte», in: *Theologische Realenzyklopädie*, Bd. XXV, Berlin und New York: de Gruyter, 1995, S. 257.
497 Vgl. H. Lommel, «Die Sonne das Schlechteste?», in: B. Schlerath (Hg.), *Zarathustra*, Darmstadt: Wissenschaftliche Buchgesellschaft, 1970, S. 361.
498 Vgl. auch R. Merkelbach, *Mithras*, Königstein/Ts.: Hain, 1984, S. 10f. («Zarathustra und das Stieropfer»).
499 Vgl. K. Rudolph, «Zarathustra – Priester und Prophet: Neue Aspekte der Zarathustra- bzw. Gatha-Forschung», in: B. Schlerath (Hg.), *Zarathustra*, Darmstadt: Wissenschaftliche Buchgesellschaft, 1970, S. 293 f.
500 Zur archäologischen Evidenz in Karthago, wo ca. 20 000 Urnen mit den verkohlten Überresten von bis zu drei Jahre alten Kindern für die Zeit von 400 bis 200 v. u. Z. ausgegraben wurden, vgl. L. E. Stager, «The Rite of Child Sacrifice at Carthage», in: J. G. Pedley (Hg.), *New Light on Ancient Carthage: Papers of a Symposium by the Kelsey Museum of Archaeology, the University of Michigan, Marking the Fiftieth Anniversary of the Museum*, Ann Arbor/Michigan: University of Michigan Press, 1980, S. 1 ff.; vgl. auch S. Moscati, *Gli adoratori di Moloch: Indagine su un celebre rito cartaginese*, Milano: Jaca Books, 1991 sowie M. S. Bergmann, *In the Shadow of Moloch: The Sacrifice of Children and its Impact on Western Religions*, New York: Columbia University Press, 1992.
501 Pompeius Trogus, *Weltgeschichte von den Anfängen bis Augustus im Auszug des Justin*, 19: 1.
502 Vgl. G. Lanczkowski, «Bilder I», in: *Theologische Realenzyklopädie*, Berlin und New York: de Gruyter, Bd. VI, 1980, S. 517.
503 M. Elvin, «Hat es in China einen transzendentalen Durchbruch gegeben?» (1986), in: S. N. Eisenstadt (Hg.), *Kulturen der Achsenzeit: Ihre Ursprünge und ihre Vielfalt. Teil 2. Spätantike, Indien, China, Islam* (1986), Frankfurt am Main: Suhrkamp, 1987, S. 138.
504 Vgl. auch G. C. Picard und C. Picard, *Carthage: A Survey of Punic History and Culture from its Birth to the Final Tragedy* (1968), London: Sidgwick & Jackson, 1987, Tafel 25.
505 Cho-Yun Hsu, «Historische Bedingungen für die Entstehung und Herauskristallisierung des konfuzianischen Systems», in: S. N. Eisenstadt (Hg.), *Kulturen der Achsenzeit: Ihre Ursprünge und ihre Vielfalt. Teil 2. Spätantike, Indien, China, Islam* (1986), Frankfurt am Main: Suhrkamp, 1987, S. 113.
506 Vgl. Cho-Yun Hsu, «Historische Bedingungen für die Entstehung und Herauskristallisierung des konfuzianischen Systems», in: S. N. Eisenstadt (Hg.), *Kulturen der Achsenzeit: Ihre Ursprünge und ihre Vielfalt. Teil 2. Spätantike, Indien, China, Islam* (1986), Frankfurt am Main: Suhrkamp, 1987, S. 112.
507 T.-T. Chang, *Der Kult der Shang-Dynastie im Spiegel der Orakelschriften: Eine paläographische Studie zur Religion im archaischen China*, Wiesbaden: Otto Harrassowitz, 1970, S. 73 f.
508 *2. Könige*: 23: 4f.; vgl. auch *2. Chronik* 34: 1–7.
509 Für diese Entwicklung siehe G. Heinsohn, *Was ist Antisemitismus? – Der Ursprung von Monotheismus und Judenhaß. – Warum Antizionismus?*, Frankfurt am Main: Eichborn Verlag/Reihe Scarabäus, 1988, S. 51 ff.
510 Vgl. dazu M. Knapp, *Pentagramma Veneris: Eine historisch-astronomische Studie zum Verständnis alter astronomischer Symbole und ihrer Anwendung*, Basel: Helbing und Lichtenhahn, 1934.

511 Vgl. G. W. Ahlström, *The History of Ancient Palestine from the Palaeolithic Period to Alexander's Conquest*, hgg. von D. Edelman, mit einem Beitrag von G. O. Rollefson, Sheffield: JSOT Press, 1993, S. 257.
512 Vgl. etwa T. Van Flandern, R. S. Harrington, «A Dynamical Investigation of the Conjecture that Mercury is an Escaped Satellite of Venus», in: *Icarus*, Bd. 28, 1976, S. 435 ff. sowie G. R. Stewart, «A Violent Birth of Mercury?», in: *Nature*, Bd. 335, 1988, S. 496 f.
513 Vgl. W. Burkert, *Griechische Religion der archaischen und klassischen Epoche*, Stuttgart et al.: Kohlhammer, 1977, S. 260/212.
514 Vgl. W. Burkert, *Griechische Religion der archaischen und klassischen Epoche*, Stuttgart et al.: Kohlhammer, 1977, S. 212.
515 Siehe R. Jeanloz, D. L. Mitchell, A. L. Sprague, I. de Pater, «Evidence for a Basalt-Free Surface on Mercury and Implications for Internal Heat», in: *Science*, Bd. 268, 1995, S. 1455 ff.
516 Vgl. zum jüngeren archäologischen Befund über das Götterpaar Jahwe *und* Aschera W. G. Dever, «Recent Archaeological Confirmation of the Cult of Ashera in Ancient Israel», in: *Hebrew Studies*, Bd. 23, 1982, S. 37 ff. sowie D. N. Freedman, «Yahwe of Samaria and his Asherah», in: *Biblical Archaeologist*, Bd. 50, Nr. 4, 1987, S. 241 ff.
517 Vgl. zur Literatur J. C. De Moor, *The Rise of Yahwism: The Roots of Israelite Monotheism*, Leuven: University Press/Uitgeverij Peeters, 1990, S. 11 (Fn 3).
518 Vgl. etwa A. Jeremias, *Das Alte Testament im Lichte des Alten Orients*, 4. völlig erneuerte Auflage, Leipzig: J. C. Hinrichs'sche Buchhandlung, 1930, S. 416.
519 Vgl. oben Kapitel III.
520 *Hesekiel* 20: 25–26; zum Kindesopfer der vormonotheistischen Israeliten vgl. auch *2. Mose* 4: 24–36; *3. Mose* 18: 21; *5. Mose* 12: 31 u. 18: 10; *2. Könige* 16: 3 u. 23: 10; *Psalm* 106: 37–38; *Jeremia* 7: 31.
521 *5. Mose* 4: 19/*Jeremia* 8: 2.
522 *2. Könige* 21: 3–6.
523 *5. Mose* 5: 8 f.; vgl. auch *2. Mose* 20: 4 f.
524 Vgl. ausführlich für alle Bibelstellen M. K. Wakeman, *God's Battle with the Monster: A Study in Biblical Imagery*, Leiden: E. J. Brill, 1973, S. 56 ff. sowie M. Landmann, *Das Tier in der jüdischen Weisung*, Heidelberg: Lambert Schneider, 1959, S. 29.
525 Vgl. W. Beltz, *Gott und die Götter: Biblische Mythologie* (1975) München: dtv, 1980, S. 63.
526 *Jesaja* 52: 9; vgl. ähnlich *Jesaja* 27: 1.
527 *Jeremia* 10: 2 f.
528 Vgl. K. van der Toorn, «Yahwe», in: K. van der Toorn, B. Becking, P. W. van der Horst (Hg.), *Dictionary of Deities and Demons in the Bible (DDD)*, Leiden et al.: E. J. Brill, 1994, Sp. 1711.
529 J. Wellhausen, «Israelitisch-Jüdische Religion», in: *Die christliche Religion mit Einschluß der Israelitisch-Jüdischen Religion*, Berlin und Leipzig: B. G. Teubner, 1906, S. 35.
530 *1. Mose* 8: 21 f.
531 *Psalm* 50: 7–15; vgl. ähnlich die *Psalmen* 40: 6–10 und 51: 17–19.
532 Anders als die momentan herrschende Lehre, tendiert der Autor als Zeitraum für die Fertigstellung des zweiten Tempels und damit auch für die Herausbildung des Monotheismus nicht zum späten 6., sondern zum späten 5. bis frühen 4. Jahr-

hundert v. u. Z. Er tendiert damit zur rabbinisch-talmudischen Chronologie, die – über Rückrechnung der Amtsjahre der Hohepriester – den zweiten Tempel nicht vor 350 v. u. Z. ansetzt. Der Autor identifiziert den «Darius» aus *Esra* 6: 15 also nicht mit Darius I. (521–485), sondern eher mit Darius II. (423–404). Vgl. G. Heinsohn, «Jüdische Geschichte und die Illig-Niemitzsche Verkürzung der christlichen Chronologie des Mittelalters», in: *Vorzeit – Frühzeit – Gegenwart*, Bd. 3, Nr. 5, 1991; vgl. in dieselbe Richtung L. Dequeker, «Darius the Persian», in: J. Quaegebeur (Hg.), *Ritual and Sacrifice in the Ancient Near East: Proceedings of the International Conference Organized by the Katholieke Universiteit Leuven from the 17th to 20th of April 1991*, Leuven: Uitgeverij Peeters & Department Orientalistiek Leuven, 1993, S. 68 ff.

533 Zu den Auseinandersetzungen um die Wiedereinnahme der Ländereien nach dem Exil vgl. E. Stern, «The Persian Empire and the Political and Social History of Palestine in the Persian Period», in: W. D. Davies, L. Finkelstein (Hg.), *The Cambridge History of Judaism*, Volume One, Cambridge et al.: Cambridge University Press, 1984, S. 70 sowie P. R. Ackroyd, «The Jewish Community in Palestine in the Persian Period», in: W. D. Davies, L. Finkelstein (Hg.), *The Cambridge History of Judaism*, Volume One, Cambridge et al.: Cambridge University Press, 1984, S. 178.

534 Bei den in Juda Zurückgebliebenen wird der Planetenkult nur sehr langsam zurückgedrängt. Vgl. M. Smith, «Jewish Religious Life in the Persian Period», in: W. D. Davies, L. Finkelstein (Hg.), *The Cambridge History of Judaism*, Volume One, Cambridge et al.: Cambridge University Press, 1984, S. 271.

535 *Jesaja* 66: 1–4.

536 E. Meyer, *Ursprung und Anfänge des Christentums. Erster Band. Teil II: Die Entwicklung des Judentums und Jesus von Nazaret* [1923], Gütersloh o. J., S. 26 f.

537 M. Weber, «Die Entstehung des jüdischen Pariavolkes» (1920), in: Idem: *Gesammelte Aufsätze zur Religionssoziologie III: Das antike Judentum*, Tübingen: J. C. B. Mohr, 1963, S. 375, Hervorhebungen im Original.

538 E. Meyer, *Ursprung und Anfänge des Christentums. Erster Band. Teil II: Die Entwicklung des Judentums und Jesus von Nazaret* [1923], Gütersloh o. J., S. 28.

539 H. Tadmor, «The Period of the First Temple, the Babylonian Exile and the Restoration», in: H. H. Ben-Sasson (Hg.), *A History of the Jewish People* (1969), Cambridge/MA: Harvard University Press, 1976, S. 172.

540 M. Weber, «Die Pharisäer» (1920), in: Idem: *Gesammelte Aufsätze zur Religionssoziologie III: Das antike Judentum*, Tübingen: J. C. B. Mohr, 1963, S. 404.

541 *5. Mose* 4: 31.

542 *5. Mose* 7: 8.

543 Vgl. G. Braulik, «Das Deuteronium und die Geburt des Monotheismus», in: E. Haag (Hg.), *Gott, der einzige: Zur Entstehung des Monotheismus in Israel*, Freiburg et al.: Herder, 1985, S. 133 u. 134.

544 *Hosea* 11: 8 f.

545 Darin formulieren die Propheten Vorstellungen, wie sie auch in Papyrustexten aus dem Neuen Reich Ägyptens überliefert sind. In der «Belehrung Merikares» (Zeilen 128–129) heißt es: «Lieber wird die Tugend des Rechtgesinnten angenommen als das Rind des Sünders.» Vgl. auch M. Lichtheim, *Ancient Egyptian Literature. Volume I: The Old and Middle Kingdoms* (1973), Berkeley et al.: University of Chicago Press, 1975, S. 106.

546 *Hosea* 6: 6.
547 *Jesaja* 1: 13/15–17.
548 *Micha* 6: 7–8.
549 *Amos* 5: 24.
550 *Amos* 9: 7.
551 *3. Mose* 19: 18 u. 33–34.
552 *3. Mose* 19: 18.
553 Siehe M. Mieses, *Der Ursprung des Judenhasses*, Berlin und Wien: Benjamin Harz, 1923, S. 337.
554 *Matthäus* 5: 43f.
555 *Babylonischer Talmud*, «Traktat Sabbat» 31a.
556 Philo, *De specialibus legibus* II: 63.
557 *Babylonischer Talmud*, «Traktat Sanhedrin» 59b.
558 D. Flusser, «A New Sensitivity in Judaism and the Christian Message», in: Idem, *Judaism and the Origins of Christianity*, Jerusalem: The Magnes Press, The Hebrew University, 1988, S. 121.
559 Siehe etwa *Matthäus* 19: 19 und 22: 39; *Lukas* 10: 27 sowie *Römerbrief* 13: 9.
560 Siehe etwa M. Stern, *Greek and Latin Authors on Jews and Judaism. Volume One: From Herodotus to Plutarch*, Jerusalem: The Israel Academy of Sciences and Humanities, 1976, S. 29.
561 Tacitus, *Historiae* V: 5; M. Stern, *Greek and Latin Authors on Jews and Judaism. Volume Two: From Tacitus to Simplicius*, Jerusalem: The Israel Academy of Sciences and Humanities, 1980, S. 26.
562 Philo, *De specialibus legibus* III: 20.
563 Siehe G. Heinsohn, «Theorie des Tötungsverbotes und des Monotheismus bei den Israeliten sowie der Genese, der Durchsetzung und der welthistorischen Rolle der christlichen Familien- und Fortpflanzungsmoral» (hebr. 1977), in: J. Müller, B. Wassmann (Hg.), *L'invitation au voyage zu Alfred Sohn-Rethel* (Festschrift für Alfred Sohn-Rethel zum 80. Geburtstag), Bremen: Unibuchladen Wassmann, 1979, Beitrag Nr. 7; G. Heinsohn, R. Knieper, O. Steiger, *Menschenproduktion: Allgemeine Bevölkerungstheorie der Neuzeit*, Frankfurt am Main: Suhrkamp, 1979, S. 316ff.
564 Vgl. H. W. Schmuhl, *Rassenhygiene, Nationalsozialismus, Euthanasie: Von der Verhütung zur Vernichtung «lebensunwerten Lebens», 1890–1945* (1987[1]), Göttingen: Vandenhoeck und Ruprecht, 1992, S. 321.
565 Vgl. H. Portmann, *Kardinal von Galen: Ein Gottesmann seiner Zeit – Mit einem Anhang: Die drei weltberühmten Predigten* (1948), Münster: Aschendorff, 1961, S. 357/361.
566 *5. Mose* 30: 15/19.
567 Siehe G. Heinsohn, «Jewish Ethics and Universal Values or: What is Judaism?», Vortrag auf der *Internationalen Tagung Remembering for the Future II*, Berlin, 13.–17. März 1994.
568 H. Cohen, *Religion der Vernunft aus den Quellen des Judentums* (1919), Wiesbaden: Fourier, 1978, S. 394.
569 Vgl. M. Stern, *Greek and Latin Authors on Jews and Judaism. Volume One: From Herodotus to Plutarch*, Jerusalem: The Israel Academy of Sciences and Humanities, 1976, S. 10.
570 Vgl. J. Geffcken, «Der Bilderstreit des heidnischen Altertums», in: *Archiv für Religionswissenschaft*, Bd. 19, 1919, S. 286–289.

571 Vgl. M. Stern, *Greek and Latin Authors on Jews and Judaism. Volume Two: From Tacitus to Simplicius*, Jerusalem: The Israel Academy of Sciences and Humanities, 1980, S. 165; in negativer Akzentsetzung wird daraus natürlich «gottlos».
572 Vgl. dazu etwa R. E. Friedmann, *Who Wrote the Bible?* (1987), New York et al.: Harper & Row, 1989, S. 104 ff.
573 Vgl. etwa H. Butterfield, *The Origins of History*, New York: Basic Books, 1981.
574 H. Butterfield, *The Origins of History*, New York: Basic Books, 1981, S. 80 f.
575 Siehe noch immer A. Jeremias, *Das Alte Testament im Lichte des Alten Orients*, 4. völlig erneuerte Auflage, Leipzig: J. C. Hinrichs'sche Buchhandlung, 1930.
576 Vgl. J. Keegan, *A History of Warfare*, New York: Alfred A. Knopf, 1993, S. 101 / 387 / 29.
577 Siehe etwa 5. *Mose* 6: 10–11 und 7: 16.
578 Siehe exemplarisch den antisemitischen Chefideologen der deutschen Diktatur T. Fritsch, *Handbuch der Judenfrage: Die wichtigsten Tatsachen zur Beurteilung des jüdischen Volkes*, Leipzig: Hammer Verlag, 1933, S. 116.
579 Siehe G. Heinsohn, *Warum Auschwitz? Hitlers Plan und die Ratlosigkeit der Nachwelt*, Reinbek: Rowohlt, 1995 sowie G. Heinsohn, «Auschwitz ohne Hitler?», in: *Lettre International*, Heft 33, Sommer 1996, S. 21 ff. sowie G. Heinsohn, *Was wollte Hitler? Auschwitz und die Lehre von den drei Weltzeitaltern*, Bremen: Raphael-Lemkin-Institut für Xenophobie und Genozidforschung / Uni-Druck, 1996.
580 Vgl. H. Schneider, *Kultur und Denken der Babylonier und Juden*, Leipzig: J. C. Hinrichs'sche Buchhandlung, 1910, S. 434.
581 Vgl. etwa *Parerga und Paralipomena*, §§ 28, 132.
582 M. Weber, «Die Pharisäer» (1920), in: Idem: *Gesammelte Aufsätze zur Religionssoziologie III: Das antike Judentum*, Tübingen: J. C. B. Mohr, 1963, S. 430.
583 *Daniel*, 3: 5 f. / 8 / 12 / 21.
584 *Esther* 3: 13.
585 Siehe E. Meyer, *Ursprung und Anfänge des Christentums. Erster Band. Teil II: Die Entwicklung des Judentums und Jesus von Nazaret* [1923], Gütersloh o. J., S. 28.
586 *Jeremia* 44: 17 f.
587 *Das erste Buch der Makkabäer* 1: 12.
588 *Das erste Buch der Makkabäer* 2: 22.
589 Vgl. A. Schimmel, «Opfer. I. Religionsgeschichtlich», in: *Die Religion in Geschichte und Gegenwart: Handwörterbuch für Theologie und Religionswissenschaft*, 3. völlig neu bearb. Aufl., Vierter Band, Tübingen: J. C. B. Mohr, 1966, Sp. 1641.
590 *Awot be Rabbi Natan* 4,5.
591 M. Weber, «Die Entstehung des jüdischen Pariavolkes» (1920), in: Idem: *Gesammelte Aufsätze zur Religionssoziologie III: Das antike Judentum*, Tübingen: J. C. B. Mohr, 1963, S. 391.
592 M. Weber, «Die Entstehung des jüdischen Pariavolkes» (1920), in: Idem: *Gesammelte Aufsätze zur Religionssoziologie III: Das antike Judentum*, Tübingen: J. C. B. Mohr, 1963, S. 392; vgl. ähnlich M. Weber, *Wirtschaft und Gesellschaft: Grundriß der verstehenden Soziologie* (1925, 1956[4]), Studienausgabe hgg. v. J. Winckelmann, Köln und Berlin: Kiepenheuer & Witsch, 1964[5], S. 386 ff.

593 So Apollonius Molon; vgl. M. Stern, *Greek and Latin Authors on Jews and Judaism. Volume One: From Herodotus to Plutarch*, Jerusalem: The Israel Academy of Sciences and Humanities, 1976, S. 155.
594 So Cassius Dio; vgl. M. Stern, *Greek and Latin Authors on Jews and Judaism. Volume One: From Herodotus to Plutarch*, Jerusalem: The Israel Academy of Sciences and Humanities, 1976, S. 380.
595 Vgl. J. Klausner, *Jesus von Nazareth: Seine Zeit, sein Leben und seine Lehre*, Berlin: Jüdischer Verlag, 1930, S. 38.
596 M. Weber, «Die Pharisäer» (1920), in: Idem: *Gesammelte Aufsätze zur Religionssoziologie III: Das antike Judentum*, Tübingen: J. C. B. Mohr, 1963, S. 434.
597 So Hecatäus von Abdera; vgl. M. Stern, *Greek and Latin Authors on Jews and Judaism. Volume One: From Herodotus to Plutarch*, Jerusalem: The Israel Academy of Sciences and Humanities, 1976, S. 28.
598 So neben Apollonius Molon vor allem Apion; vgl. M. Stern, *Greek and Latin Authors on Jews and Judaism. Volume One: From Herodotus to Plutarch*, Jerusalem: The Israel Academy of Sciences and Humanities, 1976, S. 411–414.
599 Vgl. M. Stern, *Greek and Latin Authors on Jews and Judaism. Volume One: From Herodotus to Plutarch*, Jerusalem: The Israel Academy of Sciences and Humanities, 1976, S. 341.
600 Vgl. J. Renger, «Heilige Hochzeit. A. Philologisch», in: *Reallexikon der Assyriologie*, Bd. 4, Berlin und New York: Walter de Gruyter, 1972–75, S. 251 ff.
601 J. S. Cooper, «Heilige Hochzeit. B. Archäologisch», in: *Reallexikon der Assyriologie*, Bd. 4, Berlin und New York: Walter de Gruyter, 1972–75, S. 263.
602 Vgl. oben Abbildung 15.
603 *1. Könige* 14: 24/15: 12.
604 M. Weber, «Die Pharisäer» (1920), in: Idem: *Gesammelte Aufsätze zur Religionssoziologie III: Das antike Judentum*, Tübingen: J. C. B. Mohr, 1963, S. 419 f.
605 Vgl. W. Burkert, *Griechische Religion der archaischen und klassischen Epoche*, Stuttgart et al.: Kohlhammer, 1977, S. 177.
606 Beides aus H. Cohen, *Religion der Vernunft aus den Quellen des Judentums* (1919), Wiesbaden: Fourier, 1978, S. 199, 200.
607 Adaptiert von J. Black, A. Green, *Gods, Demons and Symbols of Ancient Mesopotamia: An Illustrated Dictionary*, London: The Trustees of the British Museum, 1992, S. 152; zur Beschreibung ähnlicher Darstellungen vgl. J. S. Cooper, «Heilige Hochzeit. B. Archäologisch», in: *Reallexikon der Assyriologie*, Bd. 4, Berlin und New York: Walter de Gruyter, 1972–75, S. 264.
608 Adaptiert von C. Johns, *Sex or Symbol: Erotic Images of Greece and Rome* (1982), London: British Museum Press, 1989, S. 40.
609 Adaptiert von C. Johns, *Sex or Symbol: Erotic Images of Greece and Rome* (1982), London: British Museum Press, 1989, S. 81.
610 Adaptiert von C. Johns, *Sex or Symbol: Erotic Images of Greece and Rome* (1982), London: British Museum Press, 1989, S. 149.
611 Siehe dazu etwa *Jesaja* 66: 1–2.
612 L. Lucas, *Zur Geschichte der Juden im vierten Jahrhundert: Der Kampf zwischen Christentum und Judentum*, Hildesheim et al.: Georg Olms, 1985, S. 81.
613 *2. Mose* 16: 23.
614 *2. Mose* 35: 3.
615 *2. Mose* 16: 29.

616 *Hosea* 4: 13.
617 Siehe exemplarisch J. Z. Smith et al. (Hg.), *The Harper Collins Dictionary of Religion*, San Francisco: Harper Collins, 1995, Stichwort «Sabbath», S. 940.
618 *1. Mose* 17: 10–14.
619 Siehe P. Mosca, *Child Sacrifice in Canaanite and Israelite Religion*, Cambridge/Mass: Harvard University, Dissertation, 1975.
620 *2. Mose* 22: 28 ff.
621 Vgl. S. M. Wall, J. H. Musgrave, P. M. Warren, «Human Bones from a Late Minoan IB House at Knossos», in: *Annual of the British School of Archaeology at Athens*, Bd. 81, 1986, S. 333 ff.
622 *1. Mose* 17: 10–12.
623 *2. Mose* 4: 24–26.
624 *Jeremia* 10: 2 f.

XI Der sohnesopfernde Gott der Christen gegen den sohnesverschonenden Gott Abrahams

625 H. M. Broder, *Der ewige Antisemit*, Frankfurt am Main: S. Fischer, 1986, S. 214.
626 *Die Apostelgeschichte* 26: 13 f./19; vgl. ähnlich *Die Apostelgeschichte* 22: 6.
627 *Die Apostelgeschichte* 9: 3.
628 W. J. Board, «Earth Is Target for Space Rocks at Higher Rate than Thought», in: *The New York Times/The Science Times*, 6. Januar 1997.
629 *Die Apostelgeschichte* 25: 11.
630 *Die Apostelgeschichte* 25: 12.
631 M. Grant, *Paulus: Apostel der Völker* (1976), Bergisch-Gladbach: Gustav Lübbe Verlag, 1978, S. 158.
632 Zit. n. H. Leisegang, *Die Gnosis* (1924), Stuttgart: Kröner, 1985, S. 375 f.
633 Die Wiederkehr des altisraelitischen Planetengottes Yahwe im mythisch-kosmischen Aspekt der Jesusfigur ist längst gesehen worden. Vgl. etwa W. B. Smith, *Der vorchristliche Jesus nebst weiteren Vorstudien zur Entstehungsgeschichte des Urchristentums*, Gießen: Alfred Töpelmann, 1906, S. 49 f.
634 *Evangelium des Johannes* 6: 53–58.
635 *Offenbarung des Johannes* 22: 16.
636 *Offenbarung des Johannes* 19: 11–15.
637 *Markus* 13: 24–25/*Lukas* 21: 11; vgl. ähnlich *Offenbarung des Johannes* 6: 12.
638 I. Velikovsky, *Welten im Zusammenstoß* (1950), Frankfurt am Main: Umschau, 1978, S. 316.
639 Siehe zur historischen Rekonstruktion und immer wieder neuen seelischen Verankerung der apokalyptischen Angst G. Heinsohn, C. Marx, *Kollektive Verdrängung und die zwanghafte Wiederholung des Menschenopfers/Collective Amnesia and the Compulsive Repetition of Human Sacrifice*, Basel: P. A. F. Verlag, 1984 sowie N. Cohn, *Cosmos, Chaos and the World to Come: The Ancient Roots of Apocalyptic Faith*, New Haven and London: Yale University Press, 1993.
640 N.-A. Boulanger, *Das durch seine Gebräuche aufgedeckte Altertum: Oder Kritische Untersuchung der vornehmsten Meynungen, Ceremonien und Einrichtungen der verschiedenen Völker des Erdbodens in Religions- und bürgerlichen Sa-*

chen (1766), Greifswald: Anton Ferdinand Rösens Buchhandlung, 1767, S. 274/ 565 f.
641 *Lukas* 10: 18.
642 *Jesaja* 14: 12.
643 G. Kretschmar, *Die Offenbarung des Johannes: Die Geschichte ihrer Auslegung im 1. Jahrtausend*, Stuttgart: Calwer, 1985, S. 9.
644 A. Strobel, «Apokalypse des Johannes», in: *Theologische Realenzyklopädie*, Bd. III, Berlin und New York: de Gruyter, 1978, S. 187.
645 Vgl. J. Maier, K. Schubert, *Die Qumran-Essener*, München/Basel: Ernst Reinhardt (UTB), 1982, S. 38.
646 T. Gehrels, «Collisions with Comets and Asteroids: The Chances of a Celestial Body Colliding with the Earth Are Small, But the Consequences Would Be Catastrophic», in *Scientific American*, Nr. 3, 1996, S. 34/39.
647 Vgl. ausführlich G. Heinsohn, «Imaginary and Expected Catastrophes: Apokalyptic Desire and Scientific Prognosis», in: *Chronology and Catastrophism Review*, Bd. XVII, 1995 Special Issue «Cosmic Catastrophism», 1996, S. 22 ff.
648 Siehe etwa D. Flusser, «No Temple in the City», in: Idem, *Judaism and the Origins of Christianity*, Jerusalem: The Magnes Press, The Hebrew University, 1988, S. 454–465.
649 *Markus* 3: 31 ff. und 6: 3 ff.
650 Siehe etwa *Evangelium des Johannes 2: 15*.
651 Vgl. E. Hennecke, W. Schneemelcher, *Neutestamentliche Apokryphen in deutscher Übersetzung*. I. Band: Evangelien, Tübingen: J. C. B. Mohr, 4. Aufl., 1968, S. 97, meine Hervorhebungen.
652 *Evangelium des Mattäus* 19: 19.
653 G. Lanczkowski, «Apokalyptik/Apokalypsen I», in: *Theologische Realenzyklopädie*, Berlin und New York: de Gruyter, Bd. III, 1978, S. 190.
654 Vgl. etwa R. J. Z. Werblowsky, G. Wigoder (Hg.), *The Encyclopedia of the Jewish Religion*, New York et al.: Holt, Rinehart and Winston, 1966, S. 46.
655 A. Hitler, *Mein Kampf* (1925/27), einbändige Volksausgabe, München: Franz Eher Nachfolger, 1930, S. 751.
656 Zit. n. L. Poliakov, *Geschichte des Antisemitismus. Band V: Die Aufklärung und ihre judenfeindliche Tendenz*, Worms: Georg Heinz, 1983, S. 192.
657 H. Conzelmann, *Heiden–Juden–Christen: Auseinandersetzungen in der Literatur der hellenistisch-römischen Zeit*, Tübingen: J. C. B. Mohr 1981, S. 4.
658 So Dieter Henrich in «Diskussion» zu F.-X. Kaufmann, «Macht Zivilisation das Opfer überflüssig?», in: R. Schenk (Hg.), *Zur Theorie des Opfers: Ein interdisziplinäres Gespräch*, Stuttgart-Bad Cannstadt: Frommann-Holzboog, 1995, S. 190.
659 H. Bürkle, «Die religionsphänomenologische Sicht des Opfers und ihre theologische Relevanz», in: R. Schenk (Hg.), *Zur Theorie des Opfers: Ein interdisziplinäres Gespräch*, Stuttgart-Bad Cannstadt: Frommann-Holzboog, 1995, S. 153.
660 Im 2. Jahrhundert u. Z. waren griechische Kreise davon überzeugt, daß die Christen bei der heiligen Verspeisung von Brotfleisch und Weinblut ihres Herren einer thyestischen Mahlzeit frönten. Atreus von Mykene hatte seinem Bruder Thyestes die Söhne geschlachtet und zum Mahl vorgesetzt. Vgl. A. Henrichs, «Human Sacrifice in Greek Religion», in: J. Rudhardt, O. Reverdin (Hg.), *Le Sacrifice dans L'Antiquité*, Genève: Vandœuvres, Foundation Hardt Pour l'Étude de L'Antiquité Classiques, Entretiens, Tome XXVII, 1981, S. 226.

661 Siehe dazu M. Brumlik, «Die Angst vor dem Vater: Judenfeindliche Tendenzen im Umkreis neuer sozialer Bewegungen», in: A. Silbermann, J. H. Schoeps (Hg.), *Antisemitismus nach dem Holocaust: Bestandsaufnahme und Erscheinungsformen in deutschsprachigen Ländern*, Köln: Wissenschaft und Politik, 1986, S. 133 ff.
662 *Brief an die Hebräer* 10: 14,18.
663 *Brief an die Epheser* 5: 2.
664 *Fragment* 42, meine Hervorhebung.
665 *Buch der Jubiläen* (wohl 2. Jh. v. u. Z.), zit. n. E. Kautzsch (Hg.), *Die Apokryphen und Pseudoepigraphen des Alten Testaments*, Bd. 2, Tübingen: J. C. B. Mohr, 1900, S. 61 f.
666 So erregt sich der katholische Erzbischof von München und Freising, Kardinal Friedrich Wetter, am 23. 9. 1995 vor 25000 Menschen in München darüber, daß nach Urteil des deutschen Bundesverfassungsgerichtes Kruzifixe zwar im privaten Bereich sowie in Kirchen und ihren Einrichtungen, nicht aber auch noch in staatlichen Schulen hängen dürfen. Diese Entscheidung – verkündet er – hat «eine Woge der Empörung ausgelöst, die in der Geschichte der Bundesrepublik einmalig ist» (vgl. *Kurier am Sonntag*, Bremen, 24. 9. 1995, S. 1).
667 *Buch der Jubiläen* (wohl 2. Jh. v. u. Z.), zit. n. E. Kautzsch (Hg.), *Die Apokryphen und Pseudoepigraphen des Alten Testaments*, Bd. 2, Tübingen: J. C. B. Mohr, 1900, S. 61 f.
668 Zit. n. *Encyclopaedia Judaica*, Bd. 1, Berlin: Eschkol A.–G., 1928, Sp. 396; vgl. ausführlich L. Ginzberg, *The Legends of the Jews. Vol. I: Bible Times and Characters from the Creation to Jacob* (1937), Philadelphia: The Jewish Publication Society of America, 1968, S. 197 ff.
669 Vgl. M. Stern, *Greek and Latin Authors on Jews and Judaism. Volume One: From Herodotus to Plutarch*, Jerusalem: The Israel Academy of Sciences and Humanities, 1976, S. 341.
670 *Jesaja* 66: 1–4.
671 Siehe M. Stern, *Greek and Latin Authors on Jews and Judaism. Volume One: From Herodotus to Plutarch*, Jerusalem: The Israel Academy of Sciences and Humanities, 1976, S. 153.
672 Siehe M. Stern, *Greek and Latin Authors on Jews and Judaism. Volume One: From Herodotus to Plutarch*, Jerusalem: The Israel Academy of Sciences and Humanities, 1976, S. 410 u. 411.
673 Siehe V. Tcherikover, *Hellenistic Civilization and the Jews* (1959), New York: Atheneum/A Temple Book, 1982, S. 366.
674 Zit. n. M. Simon, *Verus Israel*, Paris: E. de Boccard, 1948, S. 164.
675 Siehe J. Trachtenberg, *The Devil and the Jews: The Medieval Conception of the Jew and its Relation to Modern Anti-Semitism*, New Haven: Yale University Press, 1943, S. 124 ff.
676 Zur frühesten Ausarbeitung der christlichen Theologie vom jüdischen Gottesmord, die Schuld und Genuß am Opfer zwischen opferkritischem Judentum und opferzentriertem Christentum aufteilt, durch Bischof Melitto von Sardes (2. Jahrhundert u. Z.) vgl. E. Werner, «Melito of Sardes, the First Poet of Deicide», in: *Hebrew Union College Annual*, Bd. XXXVII, 1966, S. 191 ff.
677 Siehe L. Poliakov, *Geschichte des Antisemitismus*. Band I: Von der Antike bis zu den Kreuzzügen, Worms: Georg Heinz, 1977, S. 54.
678 *Evangelium des Johannes* 6: 54.

679 Siehe J. Parkes, *The Conflict of the Church and the Synagogue: A Study in the Origins of Antisemitism* (1934), New York: Atheneum. A Temple Book, 1981, S. 207.
680 Siehe P. Browe, «Die Hostienschändungen der Juden im Mittelalter», *Römische Quartalsschrift*, Bd. XXXIV, 1926, S. 169 ff.
681 Vgl. H. Willems, «Crime, Cult and Capital Punishment (Mo'alla Inscription 8)», in: *Journal of Egyptian Archaeology*, Bd. 76, 1990, S. 27 ff.
682 F. Nietzsche, «Zur Genealogie der Moral» (1887), in: Idem, *Werke*, hgg. v. K. Schlechta, Darmstadt: Wissenschaftliche Buchgesellschaft, 1966, Zweiter Band, S. 780, Hervorhebung im Original.
683 F. Nietzsche, «Die fröhliche Wissenschaft» (1882), in: Idem, *Werke*, hgg. v. K. Schlechta, Darmstadt: Wissenschaftliche Buchgesellschaft, 1966, Zweiter Band, S. 136, Hervorhebung im Original.
684 H. Rauschning, *Gespräche mit Hitler* (1939[1]), Wien: Europaverlag 1988, S. 189/210, meine Hervorhebungen. Vgl. zu Hitlers Motiv für seinen Krieg gegen das Judentum G. Heinsohn, *Warum Auschwitz? Hitlers Plan und die Ratlosigkeit der Nachwelt*, Reinbek: Rowohlt, 1995 sowie G. Heinsohn, «Auschwitz ohne Hitler?», in: *Lettre International*, Heft 33, Sommer 1996, S. 21 ff.
Zur Authentizität der Äußerungen Hitlers in den Aufzeichnungen von Hermann Rauschning gibt es in der historischen Beurteilung ein ausgeprägtes und keineswegs abgeschlossenes *pro* und *contra*. Die etablierte Geschichtsschreibung verteidigt die Grundsubstanz seiner Berichte über Hitlers Aussagen (vgl. etwa Th. Schieder, *Hermann Rauschnings «Gespräche mit Hitler» als Geschichtsquelle*, Opladen: Westdeutscher Verlag sowie M. Broszat, «Enthüllung? Die Rauschning-Kontroverse» [1985], in: Idem, *Nach Hitler. Der schwierige Umgang mit unserer Vergangenheit* [1986], München: dtv, 1988, S. 249 ff.). Abweichende und besonders im rechten Lager stehende Autoren lehnen Rauschning als Quelle vollkommen ab (vgl. etwa W. Hänel, *Hermann Rauschnings «Gespräche mit Hitler» – Eine Geschichtsfälschung*, Ingolstadt: Veröffentlichungen der Zeitgeschichtlichen Forschungsstelle Ingolstadt, 1980 sowie F. Tobias, «Auch Fälschungen haben lange Beine. Des Senatspräsidenten Rauschnings ‹Gespräche mit Hitler›» [1988], in H. Corino [Hg.], *Gefälscht! Betrug in Literatur, Kunst, Musik, Wissenschaft und Politik*, Frankfurt am Main: Eichborn, 1990, S. 91 ff.). Einige Autoren zitieren Rauschning gar nicht, während die meisten ihn *cum grano salis* heranziehen. Daß Rauschning keine stenographischen Mitschriften seiner ein bis drei Begegnungen mit Hitler geliefert hat und in seinem Text auch Interpretationen von Hitlers Gedankengut stecken, ist für alle an der Kontroverse Beteiligten unstrittig. Wollte man bei Rauschning referierte Gedanken Hitlers zur Gewissensbildung durch das Judentum als genuine Quelle verwerfen, müßte man Rauschning selbst zum Schöpfer dieser Überlegungen erklären. Doch lassen sich keinerlei Hinweise darauf finden, daß die hier betrachteten Formulierungen Frucht von Rauschnings eigener Forschungsarbeit gewesen wären.
685 Siehe M. Joseph, «Circumcision» (1941), in: *The Universal Jewish Encyclopedia*, New York: Universal Jewish Encyclopedia Inc., 1948, Bd. 3, S. 216.
686 *Hosea* 6: 6.

Literaturliste

Ackroyd, P. R., «The Jewish Community in Palestine in the Persian Period», in: W. D. Davies, L. Finkelstein (Hg.), *The Cambridge History of Judaism*, Volume One, Cambridge et al.: Cambridge University Press, 1984.
Adler, J., Rogers, A., «The Great Boneyard of the Gobi», in: *Newsweek*, 5. Juni 1995.
Ager, D., *The New Catastrophism: The Importance of the Rare Event in Geological History*, Cambridge: Cambridge University Press, 1993.
Ahlström, G. W., *The History of Ancient Palestine from the Palaeolithic Period to Alexander's Conquest*, hgg. von D. Edelman, mit einem Beitrag von G. O. Rollefson,Sheffield: JSOT Press, 1993.
Aischylos, *Die Sieben gegen Theben*.
Albright, W. F., *From the Stone Age to Christianity: Monotheism and the Historical Process* (1946[2]), Garden City/NY: Doubleday Anchor Books, 1957.
Albritton, C. C., *The Abyss of Time: Changing Conceptions of the Earth's Antiquity after the Sixteenth Century*, San Francisco: Freeman Cooper, 1980.
Allan, D. S., Delair, J. B., *When the Earth Nearly Died: Compelling Evidence of a Catastrophic World Change 9,500 BC*, Bath: Gateway Books, 1995.
Altenmüller, H., «Opfer», in: *Lexikon der Ägyptologie*, Band IV, Wiesbaden: Otto Harrassowitz, 1982, Sp. 579 ff.
Altenmüller, H., «Pyramidentexte», in: *Lexikon der Ägyptologie*, Band V, Wiesbaden: Otto Harrassowitz, 1984, Sp. 14 ff.
Alvarez, L. W., Alvarez, W., Asaro, W., Michel, H. V., «Extraterrestrial Cause for the Cretaceous-Tertiary Extinction: Experiment and Theory», in: *Lawrence Berkeley Report (LBL-9666)*, University of California, 1979.
Alvarez, L. W., Alvarez, W., Asaro, W., Michel, H. V., «Extraterrestrial Cause for the Cretaceous-Tertiary Extinction», in: *Science*, Bd. 208, 1980.
Amiet, P., *La glyptique Mésopotamienne archaique*, Paris, Editions du Centre National de la Reserche Scientifique, 1980.
Andersen, W., «Nordasiatische Flutsagen», in: *Acta and Commentationes Universitatis Dorpatensis. B. Humaniora*, Bd. 4, 1923.
Andree, R., *Die Fluthsagen*, Braunschweig: Friedrich Vieweg, 1891.
Annibali, F., *Guida al museo civico di Assisi e agli scavi archeologici della città*, Assisi: Editrice Minerva, 1995.
Arctic Institute of North America (Hg.), *Studies in Siberian Shamanism*, Antropology of the North: Translation from Russian Sources, Toronto: Toronto University Press, 1963.
Aristoteles, *Fragmente*.
Aristoteles, *Metaphysik*.
Ashby, G. W., *Sacrifice: Its Nature and Purpose*, London: SCM, 1988.
Augustinus, *De Civitate Dei*.
Baader, F. v., *Vorlesungen über eine zukünftige Theorie des Opfers oder des Kultus. Zugleich eine Einleitung und Einladung*, Münster: Theissing, 1836.

Baal, J. van, «Offering, Sacrifice and Gift», in: *Numen*, Bd. 23, Dezember 1976.
Babylonischer Talmud, «Traktat Sanhedrin».
Babylonischer Talmud, «Traktat Sabbat».
Baillie, M. G. L., *A Slice Through Time: Dendro-Chronology and Precision Dating*, London: Batsford, 1995.
Bailey, M. E., «Recent Results in Cometary Astronomy: Implication for the Ancient Sky», in: *Vistas in Astronomy*, Bd. 39, 1996.
Bailey, M. E., Clube, S. V. M., Napier, W. M., *The Origin of Comets*, New York: Pergamon, 1990.
Bass, R., «Planetary Distances Explained? 230-Year Old Mystery Solved?», Dokument für KRONIA-E-Mail Discussion Group, 20. Januar 1997.
Baumann, H., *Schöpfung und Urzeit des Menschen im Mythus der afrikanischen Völker*, Berlin: Dietrich Reimer, 1936.
Beaumont, C. W. (alias Appian Way), *The Riddle of the Earth*, New York: Brentano's, 1925.
Beaumont, C. W., *The Mysterious Comet. Or: The Origin, Building up, and Destruction of Worlds by Means of Cometary Contacts*, London: Rider, 1932.
Beaumont, C. W., *The Riddle of Pre-Historic Britain*, London und New York: Rider, 1946.
Becq-Giraudon, J.-F., Rouzeau, O., Goachet, E., Solages, S., «Impact hyperveloce d'une météorite géante à l'origine de la depression circulaire d'Aorounga au Tchad (Afrique)», in: *C. R. Acad. Sci.*, Paris, Bd. 315, Serie II, 1992, S. 83 ff.
Béland, P., Roy, J.-R., Russell, D., «Chains of events Leading to Mass Extinctions: Two Synopses», in: P. Béland et al. [The K-TEC Group] (Hg.), *Cretaceous-Tertiary Extinctions and Possible Terrestrial and Extraterrestrial Causes*, Ottawa: The National Museums of Canada, Syllogeus No. 12, 1977.
Bellamy, H. S., *Moons, Myths and Man*, London: Faber & Faber, 1936.
Beltz, W., *Gott und die Götter: Biblische Mythologie* (1975) München: dtv, 1980.
Ben-Sasson, H. H. (Hg.), *A History of the Jewish People* (1969), Cambridge/MA: Harvard University Press, 1976.
Benton, M. J., «Late Triassic Extinctions and the Origin of the Dinosaurs», in: *Science*, Bd. 260, 1993.
Berger, W. H., Labeyrie, L. D. (Hg.), *Abrupt Climatic Change: Evidence and Implication*, Dordrecht: Kluwer C., 1987.
Berggren, W. A., Couvering, J. A. (Hg.), *Catastrophes and Earth History*, Princeton: Princeton University Press, 1984.
Bergmann, M. S., *In the Shadow of Moloch: The Sacrifice of Children and its Impact on Western Religions*, New York: Columbia University Press, 1992.
Bergquist, B., «Bronze Age Sacrificial *Koine* in the Eastern Mediterranean», in: J. Quaegebeur (Hg.), *Ritual and Sacrifice in the Ancient Near East: Proceedings of the International Conference Organized by the Katholieke Universiteit Leuven from the 17th to 20th of April 1991*, Leuven: Uitgeverij Peeters & Department Orientalistiek Leuven, 1993.
Bibel, *Die Bibel oder die ganze Heilige Schrift des Alten und Neuen Testaments nach der Übersetzung Martin Luthers mit Apokryphen, Revidierter Text*, Stuttgart: Württembergische Bibelanstalt, 1973.
Black, J., Green, A., *Gods, Demons and Symbols of Ancient Mesopotamia: An Illustrated Dictionary*, London: The Trustees of the British Museum, 1992.
Blegen, C., *Troy and the Trojans*, London: Thames and Hudson, 1963.

Blöss, C., *Planeten, Götter, Katastrophen: Das neue Bild vom kosmischen Chaos*, Frankfurt am Main: Eichborn, 1991.

Bonfante, L., «Daily Life and Afterlife», in: Idem (Hg.), *Etruscan Life and Afterlife: A Handbook of Etruscan Studies*, Detroit: Wayne State University Press, 1986, S. 232 ff.

Borhegyi, S. F., *The Pre-Columbian Ballgame, a Pan-Mesoamerican Tradition*, Milwaukee: Public Museum, 1980.

Bötticher, C., *Der Baumkult der Hellenen*, Berlin: Weidmannsche Buchhandlung, 1856.

Bottéro, J., *Mesopotamia: Writing, Reasoning and the Gods* (1987, 1992), Chicago: University of Chicago Press, 1995.

Boulanger, N.-A., «Deluge», in: D. Diderot et al. (Hg.), *L'Encyclopédie* [1751–80], Bd. 4, Paris: Briasson et al., 1764.

Boulanger, N.-A., *Das durch seine Gebräuche aufgedeckte Altertum: Oder Kritische Untersuchung der vornehmsten Meynungen, Ceremonien und Einrichtungen der verschiedenen Völker des Erdbodens in Religions- und bürgerlichen Sachen* (1766), Greifswald: Anton Ferdinand Rösens Buchhandlung, 1767.

Braulik, G., «Das Deuteronium und die Geburt des Monotheismus», in: E. Haag (Hg.), *Gott, der einzige. Zur Entstehung des Monotheismus in Israel*, Freiburg et al.: Herder, 1985.

Broad, W. J., «Collision Course: The Search for Asteroids», in *The International Herald Tribune*, 16. Mai 1996, S. 11.

Broad, W. J., «Venus's Remade Face Offers Hints of Cataclysm: Earth's Twin Planet, with its Surface Radically Remade by Inner Heat, is no Twin After All», in: *The New York Times / Science Times*, 16. Juli 1996, S. B5 f.

Board, W. J., «Earth Is Target for Space Rocks at Higher Rate than Thought», in: *The New York Times / The Science Times*, 6. Januar 1997.

Broder, H. M., *Der ewige Antisemit*, Frankfurt am Main: S. Fischer, 1986.

Broszat, M., «Enthüllung? Die Rauschning-Kontroverse» (1985), in: Ders., *Nach Hitler: Der schwierige Umgang mit unserer Vergangenheit* (1986), München: dtv, 1988, S. 249 ff.

Browe, P., «Die Hostienschändungen der Juden im Mittelalter», in: *Römische Quartalsschrift*, Bd. XXXIV, 1926.

Browne, M. W., «Skepticism Over Dinosaur DNA», in: *International Herald Tribune*, 22. Juni 1995.

Brugsch, H., *Die neue Weltordnung nach Vernichtung des sündigen Menschengeschlechts nach einer altägyptischen Untersuchung*, Berlin: Calvary u. Co., 1881.

Brumlik, M., «Die Angst vor dem Vater: Judenfeindliche Tendenzen im Umkreis neuer sozialer Bewegungen», in: A. Silbermann, J. H. Schoeps (Hg.), *Antisemitismus nach dem Holocaust. Bestandsaufnahme und Erscheinungsformen in deutschsprachigen Ländern*, Köln: Wissenschaft und Politik, 1986.

Buckland, W., *Reliquiae diluvianae: Observations on the Organic Remains Contained in Caves, Fisures, and Diluvial Gravel, and Other Geological Phenomena, Attesting the Action of an Universal Deluge*, London: John Murray, 1823.

Bürkle, H., «Die religionsphänomenologische Sicht des Opfers und ihre theologische Relevanz», in: R. Schenk (Hg.), *Zur Theorie des Opfers: Ein interdisziplinäres Gespräch*, Stuttgart-Bad Cannstatt: Frommann-Holzboog, 1995.

Burkert, W., *Homo Necans: Interpretationen altgriechischer Opferriten und Mythen*, Berlin und New York: Walter de Gruyter, 1972.

Burkert, W., *Griechische Religion der archaischen und klassischen Epoche*, Stuttgart et al.: Kohlhammer, 1977.
Burkert, W., *Structure and History in Greek Mythology and Ritual*, Berkeley et al.: University of California Press, 1979.
Burkert, W., «Glaube und Verhalten: Zeichengehalt und Wirkungsmacht von Opferritualen», in: J. Rudhardt, O. Reverdin (Hg.), *Le Sacrifice dans L'Antiquité*, Genève: Vandœuvres, Foundation Hardt Pour l'Étude de L'Antiquité Classiques, Entretiens, Tome XXVII, 1981.
Burkert, W., *Anthropologie des religiösen Opfers: Die Sakralisierung der Gewalt*, München: Carl Friedrich von Siemens Stiftung, 1984.
Burkert, W., «Griechische Tragödie und Opferritual», in: Idem, *Wilder Ursprung: Opferritual und Mythos bei den Griechen*, Berlin: Wagenbach, 1990.
Burkert, W., *Creation of the Sacred: Tracks of Biology in Early Religions*, Cambridge/Mass. & London: Harvard University Press, 1996.
Butterfield, H., *The Origins of History*, New York: Basic Books, 1981.
Caduff, G. A., *Antike Sintflutsagen*, Göttingen: Vandenhoeck & Ruprecht, 1986.
Cameron, A. G. W. et al., «The Strange Density of Mercury: Theoretical Considerations», in: F. Vilas et al. (Hg.), *Mercury*, Tucson/AZ: The University of Arizona Press, 1988.
Campbell, J., *Historical Atlas of World Mythology. Volume II. Part 1: The Sacrifice*, New York et al.: Harper & Row, 1988.
Capelle, T., «Bildzeugnisse frühgeschichtlicher Menschenopfer», in: *Offa: Berichte und Mitteilungen des Museums vorgeschichtlicher Altertümer in Kiel*, Bd. 37, 1980.
Cardona, D., «The Kaaba», in: *Kronos*, Bd. XII, 1988.
Carli, G. N., *Lettres Américaines*, 2 Bde., Paris: Buisson, 1788.
Censorinus, *De die natali liber*.
Chaloner, W. G., Hallam, A. (Hg.), *Evolution and Extinction: Proceedings of a Joint Symposium of the Royal Society and the Linnean Society*, Cambridge: Cambridge University Press, 1994.
Chang, K., *The Archaeology of China*, New Haven und London: Yale University Press, 1963.
Chang, K. C., *Art, Myth, and Ritual: The Path to Political Authority in Ancient China*, Cambridge/Mass. und London: Harvard University Press, 1983.
Chang, T.-T., *Der Kult der Shang-Dynastie im Spiegel der Orakelschriften: Eine paläographische Studie zur Religion im archaischen China*, Wiesbaden: Otto Harrassowitz, 1970.
Chapman, C. R., Morrison, C. R., *Cosmic Catastrophes*, New York & London: Plenum Press, 1989.
Charvat, P., «Early Ur», in: *Archiv Orientalni*, Bd. 47, 1979.
Clark, G., *World Prehistory in New Perspective*, Cambridge et al.: Cambridge University Press, 1977.
Clube, S. V. M., «The Catastrophic Role of Giant Comets», in: V. Clube (Hg.), *Catastrophes and Evolution: Astronomical Foundations*, New York et al.: Cambridge University Press, 1989.
Clube, S. V. M. (Hg.), *Catastrophes and Evolution: Astronomical Foundations*, New York et al.: Cambridge University Press, 1989.
Clube, S. V. M., Hoyle, F., Napier, W. M., Wickramasinghe, N. C., «Giant Comets, Evolution and Civilization: Climatic Cycles, Ice Epochs, Mass Extinctions and Other

Global Disturbances May Be Attributed to Episodes of Bombardment by Giant Comets. Such Bodies Now in Chaotic Orbits Beyond Jupiter Present the Most Serious Current Celestial Hazard», paper submitted to *Science*, 1996, Computer-Printout.
Clube, S. V. M., Napier, W. M., «Spiral Arms, Comets and Terrestrial Catastrophism», in: *Quarterly Journal of the Royal Astronomical Society*, Bd. 23, 1982.
Clube, S. V. M., Napier, W. M., *The Cosmic Serpent: A Catastrophist View of Earth History*, London: Faber & Faber, 1982.
Clube, S. V. M., Napier, W. M., «The Microstructure of Terrestrial Catastrophism», in: *Monthly Notices of the Royal Astronomical Society*, Vol. 211, 1984.
Clube, S. V. M., Napier, W. M., *The Cosmic Winter*, Oxford: Basil Blackwell, 1990.
Cohen, H., *Religion der Vernunft aus den Quellen des Judentums* (1919), Wiesbaden: Fourier, 1978.
Cohn, N., *Cosmos, Chaos and the World to Come: The Ancient Roots of Apocalyptic Faith*, New Haven und London: Yale University Press, 1993.
Coleman, K. M., «Fatal Charades: Roman Executions Staged as Mythological Reenactments», in: *Journal of Roman Studies*, Bd. 130, 1990.
Collier, K. B., *Cosmogonies of Our Fathers: Some Theories of the Seventeenth and Eighteenth Centuries*, New York: Octagon Books, 1968.
Collinet-Guérin, M., *Histoire du nimbe des origines aux temps modernes*, Paris: Nouvelles Éditions Latines, 1961.
Conzelmann, H., *Heiden–Juden–Christen: Auseinandersetzungen in der Literatur der hellenistisch-römischen Zeit*, Tübingen: J. C. B. Mohr, 1981.
Cooper, J. S., «Heilige Hochzeit. B. Archäologisch», in: *Reallexikon der Assyriologie*, Bd. 4, Berlin und New York: Walter de Gruyter, 1972–75.
Cuvier, G., *Discours sur les révolutions de la surface du globe, et sur les changements qu'elles ont produits dans le règne animal* (1821), Paris: G. Dufour & E. d'Ocagne, 1825[3].
Dalfes, N., Kukla, G., Weiss, H. (Hg.), *Third Millennium BC Climate Change and Old World Social Collapse*, Berlin: Springer, 1997.
Dalley, S., *Myths from Mesopotamia: Creation, The Flood, Gilgamesh, and Others* (1989), Oxford u. New York: Oxford University Press, 1991.
Darwin, C., *On the Origin of Species by Means of Natural Selection, or, the Preservation of Favored Races in the Struggle for Life*, London: John Murray, 1859.
Daum, W., *Ursemitische Religion*, Stuttgart et al.: Kohlhammer, 1985.
Davila, J. R., «The Flood Hero as King and Priest», in: *Journal of Near Eastern Studies*, Bd. 54, Nr. 3, 1995.
Davis, M., «Cosmic Dancers on History's Stage. The Permanent Revolution of the Earth Sciences», in: *New Left Review*, Nr. 217, 1966, S. 48 ff.
Davis, N., *Human Sacrifice in History and Today*, London und Basingstoke: Macmillan, 1981.
Dayton, J., *Minerals, Metals, Glazing and Man*, London: Harrap, 1978.
De Laet, S. J. et al. (Hg.), *History of Humanity. Volume I: Prehistory and the Beginnings of Civilization*, Paris: United Nations Educational, Scientific and Cultural Organization (UNESCO) und London: Routledge, 1994.
De Moor, J. C., *The Rise of Yahwism: The Roots of Israelite Monotheism*, Leuven: University Press/Uitgeverij Peeters, 1990.
Del Olmo Lete, G., «Royal Aspects of the Ugaritic Cult», in: J. Quaegebeur (Hg.), *Ritual and Sacrifice in the Ancient Near East: Proceedings of the International Conference Organized by the Katholieke Universiteit Leuven from the 17th to 20th*

of April 1991, Leuven: Uitgeverij Peeters & Department Orientalistiek Leuven, 1993.
Dequeker, L., «Darius the Persian», in: J. Quaegebeur (Hg.), *Ritual and Sacrifice in the Ancient Near East: Proceedings of the International Conference Organized by the Katholieke Universiteit Leuven from the 17th to 20th of April 1991*, Leuven: Uitgeverij Peeters & Department Orientalistiek Leuven, 1993.
Derchain, P., *Rites Ègyptiens. I: Le sacrifice de l'oryx*, Bruxelles: Fondation ‹Egyptologique Reine Èlisabeth, 1962.
Dever, W. G., «Recent Archaeological Confirmation of the Cult of Ashera in Ancient Israel», in: *Hebrew Studies*, Bd. 23, 1982, S. 37 ff.
Dickie, J., Pye, E. M., «Religious Dress and Vestments», in: *The New Encyclopedia Britannica: Macropedia*, Bd. 26, Chicago et al: Encyclopedia Britannica Inc., 1991.
Dickinson, O., *The Aegean Bronze Age*, Cambridge: Cambridge University Press, 1994.
Donnelly, I., *Ragnarok: The Age of Fire and Gravel* (1883), New York: University Books, 1970.
Donovan, S. K. (Hg.), *Mass Extinctions*, Stuttgart: Enke, 1989.
Drews, R., *The End of the Bronze Age: Changes in Warfare and the Catastrophe ca. 1200 B. C.*, Princeton: Princeton University Press, 1993.
Durkheim, E., *Die elementaren Formen des religiösen Lebens* (1915), Frankfurt am Main: Suhrkamp, 1981.
Edzard, D. O., «Keilschrift», in: *Reallexikon der Assyriologie*, Bd. 5, Berlin und New York: Walter de Gruyter, 1976-80.
Eisenstadt, S. N. (Hg.), *The Origins and Diversity of Axial Age Civilizations*, New York: State University of New York Press, 1986.
Eisenstadt, S. N. (Hg.), *Kulturen der Achsenzeit: Ihre Ursprünge und ihre Vielfalt. Teil 2. Spätantike, Indien, China, Islam* (1986), Frankfurt/M.: Suhrkamp, 1987.
Eitrem, S., *Opferritus und Voropfer der Griechen und Römer*, Kristiania: J. Dybwad, 1915; Reprint Hildesheim & New York: Georg Olms, 1977.
Eldredge, N., Gould, S. J., «Punctuated Equilibria: An Alternative to Phyletic Gradualism», in: T. S. M. Schopf (Hg.), *Models in Paleobiology*, San Francisco: Freeman, Cooper and Co., 1972.
Eldredge, N., *Wendezeiten des Lebens: Katastrophen in Erdgeschichte und Evolution* (1991), Heidelberg et al.: Spektrum Akademischer Verlag, 1994.
Eliade, M., *Geschichte der religiösen Ideen. I: Von der Steinzeit bis zu den Mysterien von Eleusis* (1976), Freiburg et al.: Herder, 1978.
Eliade, M. (Hg.), *The Encyclopedia of Religion*, New York u. London: Macmillan/Collier Macmillan, 1987.
Ellenberger, H. F., *Die Entdeckung des Unbewussten*, Bern, Stuttgart & Wien; Hans Huber, 1973.
Elliot, D. K. (Hg.), *Dynamics of Extinction*, New York: John Wiley & Sons, 1986.
Elvin, M., «Hat es in China einen transzendentalen Durchbruch gegeben?» (1986), in: S. N. Eisenstadt (Hg.), *Kulturen der Achsenzeit: Ihre Ursprünge und ihre Vielfalt. Teil 2. Spätantike, Indien, China, Islam* (1986), Frankfurt/M.: Suhrkamp, 1987.
Encyclopaedia Judaica, Bd. 1, Berlin: Eschkol A.-G., 1928.
Engelhardt, W. v., «Phaetons Sturz - ein Naturereignis?», *Sitzungsberichte der Heidelberger Akademie der Wissenschaften. Mathematisch-Naturwissenschaftliche Klasse*, 1979.

Epikur, *Fragmente*.
Evans, A. J., «The Mycenaean Tree and Pillar Cult and its Mediterranean Relations», in: *The Journal of Hellenic Studies*, Bd. 21, 1901.
Faherty, R. H., «Sacrifice», in: *The New Encyclopedia Britannica: Macropedia*, Bd. 26, Chicago et al: Encyclopedia Britannica Inc., 1991.
Feder, K. L., Park, M. A., *Human Antiquity: An Introduction to Physical Anthropology and Archaeology*, Mountain View/CA: Mayfield, 1989.
Finet, A., «Le sacrifice de l'âne en Mésopotamie», in: J. Quaegebeur (Hg.), *Ritual and Sacrifice in the Ancient Near East: Proceedings of the International Conference Organized by the Katholieke Universiteit Leuven from the 17th to 20th of April 1991*, Leuven: Uitgeverij Peeters & Department Orientalistiek Leuven, 1993.
Finley, M. I., *Die frühe griechische Welt* (1970, 1981²), München: C. H. Beck, 1982.
Flannery, K. V., Marcus, J. (Hg.), *The Cloud People: Divergent Evolution of the Zapotec and Mixtec Civilizations*, New York und London: Academy Press, 1983.
Flusser, D., «No Temple in the City», in: Idem, *Judaism and the Origins of Christianity*, Jerusalem: The Magnes Press, The Hebrew University, 1988.
Flusser, D., «A New Sensitivity in Judaism and the Christian Message», in: Idem, *Judaism and the Origins of Christianity*, Jerusalem: The Magnes Press, The Hebrew University, 1988.
Flusser, D., *Judaism and the Origins of Christianity*, Jerusalem: The Magnes Press, The Hebrew University, 1988.
Fontenrose, J., *Python: A Study of Delphic Myth and its Origins* (1959), Berkeley et al.: University of California Press, 1980.
Frankfort, H., *Kingship and the Gods: A Study of Ancient Near Eastern Religion as the Integration of Society and Nature* (1948), Chicago und London: University of Chicago Press, 1978.
Frazer, J. G., *Folklore in the Old Testament: Studies in Comparative Religion, Legend and Law*, Bd. I, London: Macmillan, 1919.
Freedman, D. N., «Yahwe of Samaria and his Asherah», in: *Biblical Archaeologist*, Bd. 50, Nr. 4, 1987, S. 241 ff.
Freud, S., «Trauer und Melancholie» (1916), in: Idem, *Gesammelte Werke*, Bd. X, Frankfurt/M.: S. Fischer, 1946.
Freud, S., «Jenseits des Lustprinzips» (1920), in: Idem, *Gesammelte Werke*, Bd. XIII, Frankfurt/M.: S. Fischer, 1947.
Freud, S., «Neue Folge der Vorlesungen zur Einführung in die Psychoanalyse» (1933), in: Idem, *Gesammelte Werke*, Bd. XV, Frankfurt am Main: S. Fischer, 1950.
Friedmann, R. E., *Who Wrote the Bible?* (1987), New York et al.: Harper & Row, 1989.
Fritsch, T., *Handbuch der Judenfrage: Die wichtigsten Tatsachen zur Beurteilung des jüdischen Volkes*, Leipzig: Hammer Verlag, 1933.
Gallant, R. L. C., *The Bombarded Earth: An Essay on the Geological and Biological Effects of Huge Meteorite Impacts*, London: J. Baker, 1964.
Gamble, C., *The Palaeolithic Settlement of Europe*, Cambridge University Press, 1986.
Ganapathy, J., «The Tunguska Explosion of 1908: Discovery of Meteoric Debris Near the Explosion Site and the South Pole», in: *Science*, Bd. 220, 1983.
Gaster, T. H., *Thespis: Ritual, Myth and Drama in the Ancient Near East* (1950, 1961), New York: Harper Torchbooks, 1966.
Geel, B. van, Buurman, J., Waterbolk, H. T., «Archaeological and Palaeological Indications of an Abrupt Climate Change in the Netherlands, and Evidence for Climatolo-

gical Telecommunications around 2650 BP», in: *Journal of Quaternary Science,* Bd. 11, 1996.

Geertz, C., «Religion as a Culture System», in: M. Banton (Hg.)., *Anthropological Approaches to the Study of Religion,* London: Tavistock, 1966.

Geffcken, J., «Der Bilderstreit des heidnischen Altertums», in: *Archiv für Religionswissenschaft,* Bd. 19, 1919.

Gehrels, T. H., *Hazards Due to Comets and Asteroids,* Tucson: University of Arizona Press, 1994.

Gehrels, T., «Collisions with Comets and Asteroids: The Chances of a Celestial Body Colliding with the Earth Are Small, But the Consequences Would Be Catastrophic», in: *Scientific American,* Nr. 3, 1996.

Geisau, H. v., «Iasion», in: *Der Kleine Pauly. Lexikon der Antike in fünf Bänden* (1975), München: dtv, 1979, Bd. 2.

Gerlitz, P., «Opfer: I. Religionsgeschichte», in: *Theologische Realenzyklopädie,* Bd. XXV, Berlin und New York: de Gruyter, 1995.

Germer, R., «Salbe», in: *Lexikon der Ägyptologie,* Wiesbaden: Otto Harrassowitz, Bd. V, 1984.

Gibson, M., «Kis. B. Archäologisch», in: *Reallexikon der Assyriologie,* Bd. 5, Berlin und New York: Walter de Gruyter, 1976–80.

Ginzberg, L., *The Legends of the Jews. Vol. I: Bible Times and Characters from the Creation to Jacob* (1937), Philadelphia: The Jewish Publication Society of America, 1968.

Girard, R., *La violence et le sacré,* Paris: Bernard Grasset, 1972.

Girard, R., *Das Heilige und die Gewalt* (1972), Zürich: Benziger, 1987.

Girard, R., *Der Sündenbock* (1982), Zürich: Benziger, 1988.

Girard, R., «Interview», in: *Diacritics,* März, 1978.

Glass, B., Temkin, B., Straus Jr., W. L. (Hg.), *Forerunners of Darwin: 1745–1859,* Baltimore: Johns Hopkins Press, 1959.

Gould, J., «On Making Sense of Greek Religion», in: P. E. Easterling, J. V. Muir (Hg.), *Greek Religion and Society,* Cambridge et al.: Cambridge University Press, 1985.

Graefe, E., «Die Deutung der sogenannten ‹Opfergaben›», in: J. Quaegebeur (Hg.), *Ritual and Sacrifice in the Ancient Near East: Proceedings of the International Conference Organized by the Katholieke Universiteit Leuven from the 17th to 20th of April 1991,* Leuven: Uitgeverij Peeters & Department Orientalistiek Leuven, 1993.

Grant, M., *Paulus: Apostel der Völker* (1976), Bergisch-Gladbach: Gustav Lübbe Verlag, 1978.

Grazia, A. de, *The Velikovsky Affair: Scientism versus Science* (1966[1]), London: Sphere Books, 1978.

Grazia, A. de, *Immanuel Velikovsky. Die Theorie der kosmischen Katastrophen* (1978[2]), München: Wilhelm Goldmann, 1979.

Grazia, A. de, *Chaos and Creation: An Introduction to Quantavolution in Human and Natural History,* Princeton et al.: Metron Publications, 1981.

Grazia, A. de, *Cosmic Heretics: A Personal History of Attempts to Establish and Resist Theories of Quantavolution and Catastrophe in the Natural and Human Sciences 1963 to 1983,* Princeton/NJ: Metron Publications, 1984.

Grazia, A. de, *The Burning of Troy,* Princetion/NJ: Metron, 1984.

Green, A. R. W., *The Role of Human Sacrifice in the Ancient Near East,* Missoula/Montana: Scholars Press, 1975.

Greisch, J., «Homo Mimeticus: Kritische Überlegungen zu den anthropologischen Voraussetzungen von René Girards Opferbegriff, in: R. Schenk (Hg.), *Zur Theorie des Opfers: Ein interdisziplinäres Gespräch*, Stuttgart-Bad Cannstadt: Frommann-Holzboog, 1995.
Gressmann, H. et al. (Hg.), *Altorientalische Texte zum Alten Testament*, Berlin und Leipzig: Walter de Gruyter & Co., 1926.
Gribbin, J., Gribbin, M., *Fire on Earth: Doomsday, Dinosaurs and Humankind*, New York: St. Martin's Press, 1996.
Griffiths, J. G., «Menschenopfer», in: *Lexikon der Ägyptologie*, Band IV, Wiesbaden: Otto Harrassowitz, 1982, Sp. 64f.
Grinnell, G., «Catastrophism and Uniformity: A Probe into the Origin of the 1833 Gestalt Shift in Geology», in: *Kronos*, Bd. 1, Nr. 4, 1976.
Haas, V., «Ein hurritischer Blutritus», in: B. Janowski, K. Koch, G. Wilhelm (Hg.), *Religionsgeschichtliche Beziehungen zwischen Kleinasien, Nordsyrien und dem Alten Testament: Internationales Symposium Hamburg 17.–21. März 1990*, Freiburg/Schweiz: Universitätsverlag sowie Göttingen: Vandenhoeck & Ruprecht, 1993, S. 67ff.
Hägg, R., «Epiphany in Minoan Ritual», in: *Bulletin of the Institute of Classical Studies*, Bd. 30, 1983, S. 184f.
Hänel, W., *Hermann Rauschnings «Gespräche mit Hitler»: Eine Geschichtsfälschung*, Ingolstadt: Veröffentlichungen der Zeitgeschichtlichen Forschungsstelle Ingolstadt, 1980.
Hallam, A., *Great Geological Controversies*, Oxford: Oxford University Press, 2nd edition, 1989.
Hamel, J., «Die Kometen im Weltbild der Antike und des Mittelalters», in: *Die Sterne: Zeitschrift für alle Gebiete der Himmelskunde*, Bd. 60, 1984.
Hamel, J., «Die Kometen in der Kleinliteratur um 1600», in: *Die Sterne: Zeitschrift für alle Gebiete der Himmelskunde*, Bd. 71, 1995.
Hammerton-Kelly, R. G., *Violent Origins: Walter Burkert, René Girard, and Jonathan Z. Smith on Ritual Killing and Cultural Formation*, Stanford/CA: Stanford University Press, 1986.
Hampton, J., *Nicolas-Antoine Boulanger et la science de son temps*, Genève: Droz, 1955.
Harrison, J. E., *Epilegomena to the Study of Greek Religion* (1912, 1927^2), New York: University Books, 1962.
Hartung, J., «Was the Formation of a 20-km-Diameter Impact Crater on the Moon Observed on June 18, 1178?», in: *Meteoritics*, Nr. 11, 1976.
Haussherr, R., «Kruzifixus», in: E. Kirschbaum (Hg.), *Lexikon der christlichen Ikonographie*, Rom et al: Herder, 1970, Zweiter Band.
Hawkes, N., «Raining Death and Dark Ages: Theories that the Earth Is Shaped by Cosmic Catastrophes Are Gaining Ground», in: *The Times*, 19. September 1994.
Hawkes, N., «How Great Is the Threat from Comets? Danger from Deep Space», in: *The Times*, 2. Oktober, 1995.
Hecker, K., Lambert, W. G., Müller, G. G. W., Soden, W. v., Ünal, A., *Texte aus der Umwelt des Alten Testaments. Band III. Lieferung 4: Weisheitstexte, Mythen und Epen II*, Gütersloh: Gütersloher Verlagshaus, 1994.
Heinrich, K., *Dahlemer Vorlesungen 2: Anthropomorphe*, Basel und Frankfurt: Stroemfeld/Roter Stern, 1986.
Heinsohn, G., «Theorie des Tötungsverbotes und des Monotheismus bei den Israeliten

sowie der Genese, der Durchsetzung und der welthistorischen Rolle der christlichen Familien- und Fortpflanzungsmoral», in: J. Müller, B. Wassmann (Hg.), *L'invitation au voyage zu Alfred Sohn-Rethel* (Festschrift für Alfred Sohn-Rethel zum 80. Geburtstag), Bremen: Unibuchladen Wassmann, 1979, Beitrag Nr. 7.

Heinsohn, G., «Über die heiße Venus, das dunkle Zeitalter Griechenlands und das Zittern im akademischen Lehrgebäude: Leben und Forschungen Immanuel Velikovskys», in: *Freibeuter*, Bd. I, Nr. 2, Dezember 1979.

Heinsohn, G., «The Israelite Origins of Monotheism and the Prohibition of Killing» (englisch und hebräisch 1977), in: *Catastrophism and Ancient History*, Bd. IV, Nr. 1, 1982.

Heinsohn, G., *Menschenopfer, Monotheismus, Tötungsverbot, Apokalyptik, Judenhaß: Zur Überwindung von Kindestötung und Menschenopfer an Himmelskörper durch den Eingottglauben und die Beschneidung bei den Juden*, Bremen: Universität, Mai 1984, unveröff. Typoskript, 174 S.

Heinsohn, G., *Privateigentum, Patriarchat, Geldwirtschaft. Eine sozialtheoretische Rekonstruktion zur Antike*, Frankfurt am Main: Suhrkamp, 1984.

Heinsohn, G., *Kollektive Verdrängung und die zwanghafte Wiederholung des Menschenopfers / Collective Amnesia and the Compulsive Repetition of Human Sacrifice*, Basel: P. A. F. Verlag, 1984 (mit C. Marx).

Heinsohn, G., «Wie kam es zur Erfindung der Opfer und der Götter? Oder: Was machte eigentlich ein Heros?», in: *Gesellschaft für die Rekonstruktion der Menschheits- und Naturgeschichte / Bulletin*, Bd. 2, Nr. 3, 1986, München.

Heinsohn, G. «Monotheismus und Antisemitismus: Auf immer unerklärbar?», in: R. Erb und M. Schmidt (Hg.), *Antisemitismus und jüdische Geschichte. Studien zu Ehren von Herbert A. Strauss (Direktor des «Zentrums für Antisemitismusforschung» der Technischen Universität Berlin)*, Berlin: Wissenschaftlicher Autorenverlag, 1987.

Heinsohn, G., *Was ist Antisemitismus? – Der Ursprung von Monotheismus und Judenhaß. – Warum Antizionismus?*, Frankfurt/M.: Eichborn Verlag/Reihe Scarabäus, 1988.

Heinsohn, G., «Destruction Layers in Archaeological Sites: The Stratigraphy of Armageddon», in: M. Zysman, C. Whelton (Hg.), *Catastrophism 2000*, Toronto: Heretic Press, 1990.

Heinsohn, G., «Jüdische Geschichte und die Illig-Niemitzsche Verkürzung der christlichen Chronologie des Mittelalters», in: *Vorzeit – Frühzeit – Gegenwart*, Bd. 3, 1991, Nr. 5.

Heinsohn, G., «Was ist Judentum? Altisraelitentum/Christentum und jüdischer Monotheismus: Differenz und Konflikt», in: *Zeitschrift für Religions- und Geistesgeschichte*, Bd. 43, Nr. 4, 1991.

Heinsohn, G., «The Rise of Blood Sacrifice and Priest-Kingship in Mesopotamia: A ‹Cosmic Decree›?», in: *Religion*, Bd. 22, 1992.

Heinsohn, G., «Astronomical Dating and Calendrics», Vortrag auf dem *22nd Annual Meeting der* International Society for the Comparative Study of Civilizations (ISCSC), University of Scranton/Pennsylvania, 3.–6. Juni 1993.

Heinsohn, G., «Jewish Ethics and Universal Values or: What is Judaism?», Vortrag auf der *Internationalen Tagung Remembering for the Future II*, Berlin, 13.–17. März 1994.

Heinsohn, G., *Warum Auschwitz? Hitlers Plan und die Ratlosigkeit der Nachwelt*, Reinbek: Rowohlt, 1995.

Heinsohn, G., «The Restoration of Ancient History. Did the Historians of Classical Greece Merely Leave Us Lies and Fantasies About All the Major Empires, Nations and Events of Antiquity? Or: How to Reconcile Archaeologically-missing Historical Periods with Historically-unexpected Archaeological Strata of the Ancient World», Vortrag vor der *Society of Historical Research*, New York, 8. Juli 1995, Computerausdruck.

Heinsohn, G., «Imaginary and Expected Catastrophes: Apokalyptic Desire and Scientific Prognosis», in: *Chronology and Catastrophism Review*, Bd. XVII, 1995 Special Issue «Cosmic Catastrophism», 1996, S. 22 ff.

Heinsohn, G., *Wie alt ist das Menschengeschlecht? Stratigraphische Grundlegung der Paläoanthropologie und Vorgeschichte* (1991[1]), Gräfelfing: Mantis, 1996[2].

Heinsohn, G., «Auschwitz ohne Hitler?», in: *Lettre International*, Heft 33, Sommer 1996.

Heinsohn, G., *Was wollte Hitler? Auschwitz und die Lehre von den drei Weltzeitaltern*, Bremen: Raphael-Lemkin-Institut für Xenophobie und Genozidforschung/ Uni-Druck, 1996.

Heinsohn, G., «Cyrus the Mardian/Amardian», Dethroner of the -6th Century Medes, and «Aziru the Martu/Amurru», Dethroner of the -14th Century Mitanni, Vortrag auf dem *Symposium on Cosmic Catastrophism and Ancient History*, Deerfield Beach, Florida, 12.–14. Juli 1996, 55 S.

Heinsohn, G., *Assyrerkönige gleich Perserherrscher! Die Assyrienfunde bestätigen das Achämenidenreich*, Gräfelfing: Mantis, 1996.

Heinsohn, G., Illig, H., *Wann lebten die Pharaonen? Archäologische und technologische Grundlagen für eine Neuschreibung der Geschichte Ägyptens und der übrigen Welt*, Frankfurt am Main: Eichborn, 1990.

Heinsohn, G., Knieper, R., Steiger, O., *Menschenproduktion: Allgemeine Bevölkerungstheorie der Neuzeit*, Frankfurt/M.: Suhrkamp, 1979.

Heinsohn, G., Steiger, O., *Eigentum, Zins und Geld: Ungelöste Rätsel der Wirtschaftswissenschaft*, Reinbek: Rowohlt, 1996.

Helck, W., *Betrachtungen zur großen Göttin und den ihr verbundenen Gottheiten*, München und Wien: R. Oldenbourg, 1971.

Helck, W., «Isis», in: *Der Kleine Pauly. Lexikon der Antike in fünf Bänden* (1975), München: dtv, 1979, Bd. 2, Sp. 1463 ff.

Helck, W., «Opfertier», in: *Lexikon der Ägyptologie*, Band IV, Wiesbaden: Otto Harrassowitz, 1982, Sp. 594 ff.

Hennecke, E., Schneemelcher, W., *Neutestamentliche Apokryphen in deutscher Übersetzung*, Tübingen: J. C. B. Mohr, 4. Aufl., 1968.

Hennessy, J. B., «Thirteenth Century B. C. Temple of Human Sacrifice at Amman», in: *Studia Phoenicia III: Phoenicia and Its Neighbours*, Leuven: Uitgeverij Peeters, 1985.

Henninger, J., «Sacrifice», in: M. Eliade (Hg.), *The Encyclopedia of Religion*, New York u. London: Macmillan/Collier Macmillan, 1987, Bd. 12.

Henrichs, A., «Human Sacrifice in Greek Religion», in: J. Rudhardt, O. Reverdin (Hg.), *Le Sacrifice dans L'Antiquité*, Genève: Vandœuvres, Foundation Hardt Pour l'Étude de L'Antiquité Classiques, Entretiens, Tome XXVII, 1981.

Herodot, *Historien*.

Hesiod, *Frauenkatalog*.

Hitler, A., *Mein Kampf* (1925/27), einbändige Volksausgabe, München: Franz Eher Nachfolger, 1930.

Hörig, M., *Dea Syria: Studien zur religiösen Tradition der Fruchtbarkeitsgöttin in Vorderasien*, Kevelaer: Butzon & Bercker sowie Neukirchen-Vluyn: Neukirchner Verlag, 1979.
Homer, *Odyssee*.
Hoyle, F., *The Origin of the Universe and the Origin of Religion*, Anshen Transdisciplinary Lectureships in Art, Science and the Philosophy of Culture, Monograph 2, Wakefield/RI und London: Moyer Bell, 1993.
Hoyle, F., Wickramasinghe, N. C., *Diseases from Space*, London et al.: J. M. Dent & Sons, 1979.
Hsu, Cho-Yun, «Historische Bedingungen für die Entstehung und Herauskristallisierung des konfuzianischen Systems», in: S. N. Eisenstadt (Hg.), *Kulturen der Achsenzeit: Ihre Ursprünge und ihre Vielfalt. Teil 2. Spätantike, Indien, China, Islam* (1986), Frankfurt/M.: Suhrkamp, 1987.
Hubert, H., Mauss, M., *Sacrifice: Its Nature and Function* (1898), mit einem Vorwort von E. E. Evans-Pritchard, Chicago: The University of Chicago Press, 1964.
Huggett, R., *Cataclysms and Earth History*, Oxford: Clarendon Press, 1989.
Huggett, R., *Catastrophism: Systems of Earth History*, Kondon: Arnold, 1990.
Hughes, D. D., *Human Sacrifice in Ancient Greece*, London & New York: Routledge, 1991.
Huizinga, J., *Homo Ludens: Versuch einer Bestimmung des Spielelementes der Kultur* (1938), Basel: Akademische Verlagsanstalt Pantheon, 1944.
Humphreys, S. C., «Dynamics of the Greek Breakthrough: the Dialogue Between Philosophy and Religion», in: S. N. Eisenstadt (Hg.), *The Origins and Diversity of Axial Age Civilizations*, New York: State University of New York Press, 1986.
Huss, W., *Die Karthager* (1990), München: Beck, 1994[2].
Hut, P. et al., «Comet Showers As a Cause of Mass Extinctions», in: *Nature*, Bd. 329, 1987.
Iamblichos, *De vita pythagorica liber*.
Illig, H., *Chronologie und Katastrophismus: Vom ersten Menschen bis zum drohenden Asteroideneinschlag*, Gräfelfing: Mantis, 1992.
Irwin, A., «Scientist Calls for Meteor Monitor», in: *The Times Higher Education Supplement*, 6. Oktober 1995.
Jacobsen, T., *The Sumerian King List*, Chicago: University of Chicago Press, 1939.
Jacobsen, T., «Mesopotamia», in: H. Frankfort et al. (Hg.), *The Intellectual Adventure of Ancient Man: An Essay on Speculative Thought in the Ancient Near East*, Chicago und London: University of Chicago Press, 1972.
Jacobsen, T., *Treasures of Darkness: A History of Mesopotamian Religion*, New Haven und London: Yale University Press, 1976.
Jacobsen, T., *The Harps that once ...*, New Haven und London: Yale University Press, 1987.
James, E. O., *Myth and Ritual in the Ancient Near East: An Archaeological and Documentary Study*, London: Thames & Hudson, 1958.
Janowski, B., Koch, K., Wilhelm, G. (Hg.), *Religionsgeschichtliche Beziehungen zwischen Kleinasien, Nordsyrien und dem Alten Testament: Internationales Symposium Hamburg 1.-21. März 1990*, Freiburg/Schweiz: Universitätsverlag sowie Göttingen: Vandenhoeck & Ruprecht, 1993.
Jaspers, K., *Vom Ursprung und Ziel der Geschichte*, München: Piper, 1949.
Jastrow Jr., M., *Die Religion Babyloniens und Assyriens*, II Bde. in 3 Büchern, Gießen: Ricker, 1905 (Bd. I) u. Alfred Töpelmann, 1912 (Bde. II,1 u. II,2).

Jeanloz, R., Mitchell, D. L., Sprague, A. L., de Pater, I., «Evidence for a Basalt-Free Surface on Mercury and Implications for Internal Heat», in: *Science*, Bd. 268, 1995.
Jelinek, A. J., «Western Asia during the Middle Palaeolithic», in: S. J. De Laet et al. (Hg.), *History of Humanity. Volume I: Prehistory and the Beginnings of Civilization*, Paris: United Nations Educational, Scientific and Cultural Organization (UNESCO) und London: Routledge, 1994.
Jensen, A. E., *Das religiöse Weltbild einer frühen Kultur*, Stuttgart: Schröder, 1948.
Jensen, A. E., *Die getötete Gottheit: Weltbild einer frühen Kultur* (1948), Stuttgart et al.: Kohlhammer, 1966 (früherer Titel: *Das religiöse Weltbild einer frühen Kultur*).
Jensen, A. E., *Mythos und Kult bei den Naturvölkern: Religionswissenschaftliche Betrachtungen* (1951), m. e. Geleitwort v. E. Haberland, München: dtv, 1991.
Jensen, P., *Die Kosmologie der Babylonier: Studien und Materialien. Mit einem mythologischen Anhang und 3 Karten*, Strassburg: Karl J. Trübner, 1890.
Jeremias, A., *Das Alte Testament im Lichte des Alten Orients*, 4. völlig erneuerte Auflage, Leipzig: J. C. Hinrichs'sche Buchhandlung, 1930.
Johns, C., *Sex or Symbol: Erotic Images of Greece and Rome* (1982), London: British Museum Press, 1989.
Joseph, M., «Circumcision» (1941), in: *The Universal Jewish Encyclopedea*, New York: Universal Jewish Encyclopedea Inc., 1948, Bd. III.
Julien, M. «Burial in the Palaeolithic», in: C. Flon (Hg.), *The World Atlas of Archaeology*, London: Portland House 1985.
Junker, H., «Die Schlacht- und Brandopfer im Tempelkult der Spätzeit», in: *Zeitschrift für ägyptische Sprache und Altertumskunde*, Bd. 47, 1910, S. 69 ff.
Kauffman, E. G., Walliser, O. H. (Hg.), *Extinction Events in Earth History*, Berlin et al.: Springer, 1990.
Kaufmann, F.-X., «Macht Zivilisation das Opfer überflüssig?», in: R. Schenk (Hg.), *Zur Theorie des Opfers: Ein interdisziplinäres Gespräch*, Stuttgart-Bad Cannstadt: Frommann-Holzboog, 1995.
Kautzsch, E. (Hg.), *Die Apokryphen und Pseudoepigraphen des Alten Testaments*, Bd. 2, Tübingen: J. C. B. Mohr, 1900.
Keegan, J., *A History of Warfare*, New York: Alfred A. Knopf, 1993.
Keilhack, K., «Das Rätsel der Lößbildung», in: *Zeitschrift der deutschen geologischen Gesellschaft*, Bd. 72, Nr. 6 und 7, 1920.
Kerr, R. A., «Second Crater Points to Killer Comets», in: *Science*, Bd. 259, 1993.
Kerr, R. A., «Impact Craters All in a Row?», in: *Science*, Bd. 272, 5. April 1996.
Kirk, G. S., *Myth: Its Meaning and Function in Ancient and Other Cultures*, Berkeley und Chicago: University of California Press, 1970.
Kirk, G. S., «Some Pitfalls in the Study of Ancient Greek Sacrifice (in Particular)», in: J. Rudhardt, O. Reverdin (Hg.), *Le Sacrifice dans L'Antiquité*, Genève: Vandœuvres, Foundation Hardt Pour l'Étude de L'Antiquité Classiques, Entretiens, Tome XXVII, 1981.
Klausner, J., *Jesus von Nazareth: Seine Zeit, sein Leben und seine Lehre*, Berlin: Jüdischer Verlag, 1930.
Knapp, M., *Pentagramma Veneris: Eine historisch-astronomische Studie zum Verständnis alter astronomischer Symbole und ihrer Anwendung*, Basel: Helbing und Lichtenhahn, 1934.
Knaust, M., «Das rituelle Ballspiel der präkolumbianischen Völker Mesoamerikas», in: *Vorzeit – Frühzeit – Gegenwart*, Bd. 6, 1994, Nr. 2.

Knight, S., «Watching Out for Doomsday: An Asteroid Heads Towards the Earth. Sarah Knight Meets the Scientists Who Are Watching the Sky», in: Élan, 26.–28. Juli 1991.

Korpel, M. C. A., «Stone», in: K. van der Toorn, B. Becking, P. W. van der Horst (Hg.), *Dictionary of Deities and Demons in the Bible (DDD)*, Leiden et al.: E. J. Brill, 1994, Sp. 1547 ff.

Kovacs, M. G., *The Epic of Gilgamesh*, Stanford: Stanford University Press, 1989.

Kramer, S. N., *History Begins at Sumer: Thirty-Nine Firsts in Man's Recorded History*, Philadelphia: University of Pennsylvania Press, 1981.

Kretschmar, G., *Die Offenbarung des Johannes: Die Geschichte ihrer Auslegung im 1. Jahrtausend*, Stuttgart: Calwer, 1985.

Krinov, E. L., «The Tunguska and Sikhote-Alin Meteorites», in: B. M. Middlehurst, G. P. Kuiper (Hg.), *The Moon, Meteorites, and Comets*, Chicago: The University of Chicago Press, 1963.

Kühne, C., «Voropfer im alten Anatolien», in: B. Janowski, K. Koch, G. Wilhelm (Hg.), *Religionsgeschichtliche Beziehungen zwischen Kleinasien, Nordsyrien und dem Alten Testament: Internationales Symposium Hamburg 17.–21. März 1990*, Freiburg/Schweiz: Universitätsverlag sowie Göttingen: Vandenhoeck & Ruprecht, 1993, S. 225 ff.

Kugler, F. X., *Sibyllinischer Sternkampf und Phaethon in naturgeschichtlicher Beleuchtung*, Münster i. W.: Aschendorffsche Verlagsbuchhandlung, 1927.

Labrique, F., *Stylistique et théologie à Edfou: Le rituel de l'offrande de la campagne. Étude de la composition*, Leuven: Uitgeverij Peeters & Department Orientalistiek, 1992.

Lamb, H. H., *Climate, History and the Modern World*, London & London: Methuen, 1982.

Lambert, W. G., «Trees, Snakes and Gods in Ancient Syria and Anatolia», in: *Bulletin of the School of Oriental and African Studies*, Bd. 48, 1985.

Lambert, W. G., «Donations of Food and Drink to the Gods in Ancient Mesopotamia», in: J. Quaegebeur (Hg.), *Ritual and Sacrifice in the Ancient Near East: Proceedings of the International Conference Organized by the Katholieke Universiteit Leuven from the 17th to 20th of April 1991*, Leuven: Uitgeverij Peeters & Department Orientalistiek Leuven.

Lambert, W. G., Millard, A. R., *Atra-Hasis: The Babylonian Story of the Flood*, Oxford: Clarendon Press, 1969.

Lanczkowski, G., «Apokalyptik/Apokalypsen I», in: *Theologische Realenzyklopädie*, Berlin und New York: de Gruyter, Bd. III, 1978.

Lanczkowski, G., «Bilder I», in: *Theologische Realenzyklopädie*, Berlin und New York: de Gruyter, Bd. VI, 1980.

Landmann, M., *Das Tier in der jüdischen Weisung*, Heidelberg: Lambert Schneider, 1959.

Lausch, E., «Vorwärts über Katastrophen: Verheerende Ergebnisse prägen die Erdgeschichte. Auch der Mensch verdankt seine Existenz einem Großunfall», in: *Die Zeit/Wissen*, 9. August 1996.

Lawick-Goodall, J. v., *Wilde Schimpansen*, Reinbek: Rowohlt, 1971.

Leeming, D. A., «Virgin Birth» in: M. Eliade (Hg.), *The Encyclopedia of Religion*, New York und London: Macmillan/Collier Macmillan, 1987, Bd. 15.

Lees, G. M., Falcon, M. L., «The Geographical History of the Mesopotamian Plains», in: *Geographical Journal*, Bd. CXVIII, Teil I, 1952.

Leeuw, G. van der, *Phänomenologie der Religion*, Tübingen: J. C. B. Mohr, 1933.
Leeuw, G. van der, *Phänomenologie der Religion* (1956²), Tübingen: J. C. B. Mohr, 1970.
Lehmann-Nitsche, R., «Tezcatlipoca und Quetzalcoatl. Ihre ursprüngliche Sternnatur», in: *Zeitschrift für Ethnologie*, Bd. 70, 1938.
Leisegang, H., *Die Gnosis* (1924), Stuttgart: Kröner, 1985.
León-Portilla, M., *Pre-Columbian Literatures of Mexico* (1969), Norman und London: University of Oklahoma Press, 1986.
Leroi-Gourhan, A., «The Evolution of Palaeolithic Art», in: *Scientific American*, Bd. 218, Nr. 2, 1968.
Liagre Böhl, F. M. T. de, «Das Menschenopfer bei den alten Sumerern» (1929), in: Idem, *Opera Minora*, Groningen: J. B. Wolters, 1953.
Lichtheim, M., *Ancient Egyptian Literature. Volume I: The Old and Middle Kingdoms* (1973), Berkeley et al.: University of Chicago Press, 1975.
Limet, H., «Le sacrifice **siskur**», in: J. Quaegebeur (Hg.), *Ritual and Sacrifice in the Ancient Near East: Proceedings of the International Conference Organized by the Katholieke Universiteit Leuven from the 17th to 20th of April 1991*, Leuven: Uitgeverij Peeters & Department Orientalistiek Leuven, 1993.
Lienhardt, G., *Divinity and Experience: The Religion of the Dinka*, Oxford: Clarendon Press, 1961.
Litterscheid, C. (Hg.), *Aus der Welt der Azteken: Die Chronik des Fray Bernardino de Sahagún*, m. e. Vorwort v. J. Rulfo, Frankfurt am Main: Insel, 1989.
Loisy, A. F., *Essai historique sur le sacrifice*, Paris: E. Nourry, 1920.
Lommel, H., «Die Sonne das Schlechteste?», in: B. Schlerath (Hg.), *Zarathustra*, Darmstadt: Wissenschaftliche Buchgesellschaft, 1970.
Lovell, Sir B., «Will a Space Rock Destroy the World?», in: *The Times*, 26. September 1994.
Lucas, L., *Zur Geschichte der Juden im vierten Jahrhundert: Der Kampf zwischen Christentum und Judentum*, Hildesheim et al.: Georg Olms, 1985.
Luckenbill, D. D., *Ancient Records of Assyria and Babylonia* (1927), Bd. II, London: Histories & Mysteries of Man Ltd., 1989.
Lukian, *De Dea Syria*.
Lukian, *Salt*.
Lyell, C., *The Principles of Geology: Being an Attempt to Explain the Former Changes of the Earth's Surface, by Reference to Causes Now in Operation*, London: John Murray, 3 Bände, 1830, 1832, 1833.
Lyell, C., *The Principles of Geology: Being an Attempt to Explain the Former Changes of the Earth's Surface, by Reference to Causes Now in Operation* (1830–1833), London: John Murray, 3 Bände, 12. Auflage, 1875, Bd. I.
Maccoby, H., *The Sacred Executioner: Human Sacrifice and the Legacy of Guilt*, London: Thames and Hudson, 1982.
McKirahan, R. D., Jr., *Philosophy Before Socrates*, Indianapolis/Cambridge: Hackett, 1994.
Maier, J., Schubert, K., *Die Qumran-Essener*, München/Basel: Ernst Reinhardt (UTB), 1982.
Maisels, C. K., *The Emergence of Civilization*, London und New York: Routledge, 1990.
Mallowan, M. E. L., «Noahs Flood reconsidered», in: *Iraq*, Bd. XXVI, 1964.
Mallowan, M. E. L., «The Early Dynastic Period in Mesopotamia», in: *The Cambridge*

Ancient History. Third Edition. Volume I. Part 2: Early History of the Middle East (1971), Cambridge et al.: Cambridge University Press, 1980.
Malycheff, V., «Analyse des Limons de Kish et d'Ur», in: *L'Anthropologie*, Bd. XLI, 1931.
Manuel, F. E., *The Eighteenth Century Confronts the Gods*, Cambridge/MA: Harvard University Press, 1959.
Marinatos, N., «Role and Sex Division in Ritual Scenes of Aegean Art», in: *Journal of Prehistoric Religion*, Bd. 1, 1987, S. 23 ff.
Mayr, E., *The Growth of Biological Thought*, Cambridge/Mass.: Belknap Press, Harvard, 1982.
Mayr, E., *One Long Argument*, Harmondsworth: Penguin, 1991.
McCown, D. E., Haines, R. C., Hansen, D. P., *Nippur I: Temple of Enlil, Scribal Quarter, and Soundings*, Chicago: The University of Chicago Press, 1967.
Meggers, B. J., «The Transpacific Origin of Mesoamerican Civilization: A Preliminary Review of the Evidence and its Theoretical Implications», in: *American Anthropologist*, Bd. 77, 1975.
Ménant, J., «Le sacrifice humain», in: *Recherches sur la Glyptique Orientale*, Bd. 1, 1887.
Merkelbach, R., *Mithras*, Königstein/Ts.: Hain, 1984.
Merkelbach, R., *Die Hirten des Dionysos: Die Dionysos-Mysterien der römischen Kaiserzeit und der bukolische Roman des Longus*, Stuttgart: B. G. Teubner, 1988.
Meuli, K., «Die Baumbestattung und die Ursprünge der griechischen Göttin Artemis», in: Idem, *Gesammelte Schriften*, hgg. von T. Gelzer, Bd. II, Basel: Schwabe & Co., 1975.
Meuli, K., «Griechische Opferbräuche» (1946), in: Idem, *Gesammelte Schriften*, hgg. von T. Gelzer, Bd. II, Basel: Schwabe & Co., 1975.
Meuli, K., «Biographisches Nachwort» (1964), in: Idem, *Gesammelte Schriften*, hgg. von T. Gelzer, Bd. II, Basel: Schwabe & Co., 1975.
Meuli, K., «Die gefesselten Götter» (1964), in: Idem, *Gesammelte Schriften*, hgg. von T. Gelzer. Bd. II, Basel: Schwabe & Co., 1975.
Meyer, E., *Ursprung und Anfänge des Christentums. Erster Band. Teil II: Die Entwicklung des Judentums und Jesus von Nazaret* [1923], Gütersloh o. J.
Mieses, M., *Der Ursprung des Judenhasses*, Berlin und Wien: Benjamin Harz, 1923.
Miller, M., Taube, K., *The Gods and Symbols of Ancient Mexico and the Maya: An Illustrated Dictionary of Mesoamerican Religion*, London und New York: Thames and Hudson, 1993.
Morrison, P., «Wonders: Doing the Poincaré Shuffle. The Unpredictable Reshuffling of the Planets», in: *Scientific American*, Bd. 276, Januar 1997.
Mosca, P., *Child Sacrifice in Canaanite and Israelite Religion*, Cambridge/Mass: Harvard University Dissertation, 1975.
Moscati, S., *Gli adoratori di Moloch: Indagine su un celebre rito cartaginese*, Milano: Jaca Books, 1991.
Most, G. W., «Strenge Erforschung wilder Ursprünge: Walter Burkert über Mythos und Ritus», in: W. Burkert, *Wilder Ursprung: Opferritual und Mythos bei den Griechen*, Berlin: Wagenbach, 1990.
Mullen, W., «The Mesoamerican Record», in: *Pensée*, Bd. 4, Nr. 4, 1974.
Müller-Karpe, H., *Geschichte der Steinzeit*, München: Beck, 1974.
Müller-Karpe, H., *Handbuch der Vorgeschichte. Vierter Band: Bronzezeit. Dritter Teilband. Tafeln*, München: Beck, 1980.

Murray, G., «Excursus on the Ritual Forms Preserved in Greek Tragedy» (1927), in: J. E. Harrison, *Epilegomena to the Study of Greek Religion* (1912, 1927²), New York: University Books, 1962.

Napier, W. M., Clube, S. V. M., «A Theory of Terrestrial Catastrophism», in: *Nature*, Bd. 282, 1979.

Nestle, W., *Vom Mythos zum Logos: Die Selbstfindung des griechischen Denkens von Homer bis auf die Sophistik und Sokrates* (1941²), Stuttgart: Kröner, 1975.

Neukum, B., Ivanov, B., «Crater Size Distributions and Impact Probabilities on Earth from Lunar, Terrestrial-Planet, and Asteroid Cratering Data», in: T. Gehrels (Hg.), *Hazards Due to Comets and Asteroids*, Tucson: University of Arizona Press, 1994.

N. N., «The Threat from Space» in: *The Economist*, 11.–17. September 1993.

N. N., «Erdgeschichte: Öko-Katastrophen steuern die Evolution», in: *Der Spiegel*, Nr. 19, 8. Mai 1995.

Nicholson, H. B., «Mesoamerican Iconography», in: M. Eliade (Hg.), *The Encyclopedia of Religion*, New York und London: Macmillan/Collier Macmillan, 1987, Bd. 7.

Nietzsche, F., «Die fröhliche Wissenschaft» (1882), in: Idem, *Werke*, hgg. v. K. Schlechta, Darmstadt: Wissenschaftliche Buchgesellschaft, 1966, Zweiter Band.

Nietzsche, F., «Zur Genealogie der Moral» (1887), in: Idem, *Werke*, hgg. v. K. Schlechta, Darmstadt: Wissenschaftliche Buchgesellschaft, 1966, Zweiter Band.

Nietzsche, F., *Werke*, hgg. v. K. Schlechta, Darmstadt: Wissenschaftliche Buchgesellschaft, drei Bände, 1966.

Nitecki, M. H. (Hg.), *Extinctions*, Chicago: The University of Chicago Press, 1984.

Norden, E., *Die Geburt des Kindes: Geschichte einer religiösen Idee*, Leipzig: Teubner, 1924.

Nützel, W., «The Climate Changes of Mesopotamia and Bordering Areas», in: *Sumer*, Bd. XXXII, Nos. 1–2, 1976.

Oden Jr., R. A., *Studies in Lucian's Dea Syria*, Missoula/Montana: Scholars Press for Harvard Semitic Museum, 1971.

Oppenheim, A. L., *Ancient Mesopotamia*, revised edition completed by E. Reiner, Chicago: University of Chicago Press, 1977.

Ovid, *Metamorphosen*.

Pallis, S. A., *The Babylonian Akitu Festival*, Copenhagen: Höst, 1926.

Palmer, T., «Uniformitarianism, Catastrophism and Evolution», in: *Chronology and Catastrophism Review*, 1996, Bd. XVIII.

Panoff, M., Perrin, M., *Taschenwörterbuch der Ethnologie*, hgg. v. J. Stagl, Berlin: Dietrich Reimer, 1982.

Parke, H. W., *Festivals of the Athenians* (1977), Ithaca, N. Y.: Cornell University Press, 1986.

Parke, H. W., *Sibyls and Sibylline Prophecy in Classical Antiquity*, hgg. von B. C. McGing, London und New York: Routledge, 1988.

Parkes, J., *The Conflict of the Church and the Synagogue: A Study in the Origins of Antisemitism* (1934), New York: Atheneum. A Temple Book, 1981.

Pasztory, E., «Shamanism and North American Indian Art», in: Z. P. Mathews, A. Jonaitis (Hg.), *Native North American Art History*, Palo Alto/CA: Peek Publications, 1982.

Pausanias, *Periegesis*.

Peiser, B. J., *Das Dunkle Zeitalter Olympias: Kritische Untersuchungen der histori-*

schen, archäologischen und naturgeschichtlichen Probleme der griechischen Achsenzeit am Beispiel der antiken Olympischen Spiele, Frankfurt am Main et al.: Peter Lang, 1993.

Peiser, B. J., «Catastrophism and Anthropology: The Influence of Scientific Neo-Catastrophism on the Interpretation of Flood Legends and Rituals», in: B. Newgrosh (Hg.), *Evidence that the Earth Has Suffered Catastrophes in Historical Times*, Manchester: SIS, 1994.

Peiser, B. J., *Der Ursprung des mesoamerikanischen Ballspiels*, Liverpool: John Moores University / School of Human Sciences, 1995, Computerausdruck.

Peiser, B. J., «Was the Cambridge Conference a Flop? Evidence for Multiple Catastrophes in Historical Times», in: *Chronology and Catastrophism Review*, Bd. 15, 1995.

Peiser, B. J., «The Divine Child in Ancient Greek Athletics», in: *The Sports Historian: The Journal of the British Society of Sports History*, Nr. 15, Mai 1995.

Peiser, B. J., «Cosmic Catastrophism and the Ballgame of the Sky Gods in Mesoamerican Mythology», in: *Chronology and Catastrophism Review*, Band XVII, Special Issue, 1995.

Peiser, B. J., «Die kosmische Symbolik des mesoamerikanischen Ballspiels: Eine naturgeschichtliche Interpretation», in: F. van der Merve (Hg.), *Sport as Symbol, Symbols in Sport*, Sankt Augustin: Akademia, 1996.

Peiser, B. J., «Catastrophe Games: Playful Re-enactment of Traumatic Events», in: G. Pfister, T. Niewerth, G. Steins (Hg.), *Games of the World Between Tradition and Modernity*, Sankt Augustin: Akademia, 1996.

Penniston, J. B., «Note on the Origin of Loess», in: *Popular Astronomy*, Bd. 39, 1929.

Penniston, J. B., «Additional Note on the Origin of Loess», in: *Popular Astronomy*, Bd. 51, 1943.

Pfister, O., «Instinktive Psychoanalyse unter den Navaho-Indianern», in: *Imago*, Band 18, 1932, Nr. 1, S. 81 ff.

Philo von Alexandria, *De specialibus legibus*.

Picard, G. C., Picard, C., *Carthage: A Survey of Punic History and Culture from its Birth to the Final Tragedy* (1968), London: Sidgwick & Jackson, 1987.

Picart, B., *The Religious Ceremonies and Customs of the Various Nations of the Known World* (1732 ff.), London: Claude Du Bosc, 1733–1739, 7 Bände.

Pindar, *Scholien*.

Plato, *Critias*.

Plato, *Timaeus*.

Plutarch, *Numa*.

Poliakov, L., *Geschichte des Antisemitismus. Band I: Von der Antike bis zu den Kreuzzügen*, Worms: Georg Heinz, 1977.

Poliakov, L., *Geschichte des Antisemitismus. Band V: Die Aufklärung und ihre judenfeindliche Tendenz*, Worms: Georg Heinz, 1983.

Pompeius Trogus, *Weltgeschichte von den Anfängen bis Augustus im Auszug des Justin*.

Porada, E., «The Relative Chronology of Mesopotamia. Part I. Seals and Trade (6000–1600 B. C.)», in: R. W. Ehrich (Hg.), *Chronologies in Old World Archaeology*, Chicago und London: The University of Chicago Press, 1965.

Porada, E., *Man and Images in the Ancient Near East*, Wakefield/RI and London: Moyer Bell, 1995.

Portmann, H., *Kardinal von Galen: Ein Gottesmann seiner Zeit – Mit einem Anhang: Die drei weltberühmten Predigten* (1948), Münster: Aschendorff, 1961.
Pritchard, J. B. (Hg.), *Ancient Near Eastern Texts Relating to the Old Testament*, Princeton: Princeton University Press, 1969.
Quaegebeur, J. (Hg.), *Ritual and Sacrifice in the Ancient Near East: Proceedings of the International Conference Organized by the Katholieke Universiteit Leuven from the 17th to 20th of April 1991*, Leuven: Uitgeverij Peeters & Department Orientalistiek Leuven, 1993.
Raikes, R. L., «The Physical Evidence of Noah's Flood», in: *Iraq*, Bd. XXVIII, 1966.
Ranke-Heinemann, U., *Eunuchen für das Himmelreich*, Hamburg: Hoffmann und Campe, 1988.
Rasmussen, K. L., «Historical Accretionary Events from 800 BC to AD 1750: Evidence for Planetary Rings around the Earth?», in *Quarterly Journal of the Royal Astronomical Society*, Bd. 32, 1991.
Raup, D. M., *Der schwarze Stern: Wie die Saurier starben. Der Streit um die Nemesis-Hypothese* (1986), Reinbek: Rowohlt, 1990.
Raup, D. M., *Extinction: Bad Genes of Bad Luck?*, New York: W. W. Norton & Co., 1991.
Raup, D. M., Sepkoski, J. J., «Periodicity of Extinctions in the Geologic Past», in: *Proceedings of the National Academy of Sciences in the USA*, Bd. 81, 1984.
Rauschning, H., *Gespräche mit Hitler* (1938[1]), Wien: Europaverlag 1988.
Redman, C. L., *The Rise of Civilization: From Early Farmers to Urban Societies in the Ancient Near East*, San Francisco: W. H. Freeman and Company, 1978.
Reichert, A., «Massebe», in: K. Galling (Hg.), *Biblisches Reallexikon*, Tübingen: J. C. B. Mohr, 1977[2], S. 206 ff.
Renfrew, C., *The Archaeology of Cult: The Sanctuary at Phylakopi*, London: Thames and Hudson, 1985.
Renger, J., «Heilige Hochzeit. A. Philologisch», in: *Reallexikon der Assyriologie*, Bd. 4, Berlin und New York: Walter de Gruyter, 1972–75, S. 251 ff.
Ribi, T., «Altertumswissenschaft als Kulturanthropologie: Ein Symposium für den Gräzisten Walter Burkert», in: *Neue Zürcher Zeitung: Feuilleton*, 23./24. 3. 1996, S. 46.
Riem, J., *Die Sintflut in Sage und Wissenschaft*, Hamburg: Rauhes Haus, 1925.
Rind, M. M., *Menschenopfer: Vom Kult der Grausamkeit*, Regensburg: Universitätsverlag Regensburg, 1996.
Robertson, J. M., *Die Evangelienmythen*, Jena: Eugen Diederichs, 1910.
Römer, W. H. Ph., Edzard, D. O., *Texte aus der Umwelt des Alten Testaments. Band III. Lieferung 3: Weisheitstexte, Mythen und Epen I*, Gütersloh: Gütersloher Verlagshaus, 1993.
Rohde, E., *Psyche: Seelencult und Unsterblichkeitsglaube der Griechen* (1890/94), 2 Bände, Tübingen: J. C. B. Mohr, 1903[3].
Róheim, G., «The Flood Myth as Vesical Dream» (1952), in: A. Dundes (Hg.), *The Flood Myth*, Berkeley et al.: University of California Press, 1988.
Ross, J., «Griechische Passion: Walter Burkerts Anthropologie des Opfers in der Antike», in: *Frankfurter Allgemeine Zeitung: Geisteswissenschaften*, 27. 3. 1996, S. N 5.
Rudhardt, J., Reverdin, O. (Hg.), *Le Sacrifice dans L'Antiquité*, Genève: Vandœuvres, Foundation Hardt Pour l'Étude de L'Antiquité Classiques, Entretiens, Tome XXVII, 1981.

Rudolph, K., «Zarathustra – Priester und Prophet. Neue Aspekte der Zarathustra- bzw. Gatha-Forschung», in: B. Schlerath (Hg.), *Zarathustra*, Darmstadt: Wissenschaftliche Buchgesellschaft, 1970.
Rutkowski, B., *The Cult Places of the Aegean*, New Haven und London: Yale University Press, 1986.
Ruz, A., *Chichen Itza*, Mexico D. F.: Instituto Nacional de Antropologia e Historia, 1981.
Sahagun, B. de, *Historia General de las Cosas de Nueva Espana* (1590), Mexico City: Editorial Nueva Espana, 1946, drei Bände.
Sakellarakis, Y., Sapouna-Sekellarakis, E., «Drama of Death in a Minoan Temple», in: *National Geographic*, Nr. 2 (Februar), 1981.
Sandars, N. K., *The Epic of Gilgamesh*, Revised Edition, Harmondsworth: Penguin Books, 1972.
Schaeffer, C. F., *Stratigraphie comparée et chronologie de l'Asie Occidentale (IIIe et IIe millénaires)*, London: Oxford University Press, 1948.
Schefold, K., M. v. F. Jung, *Die Göttersage in der klassischen und hellenistischen Kunst*, München: Hirmer, 1981.
Schefold, K., M. v. F. Jung, *Die Urkönige Perseus, Bellerophon, Herakles und Theseus in der klassischen und hellenistischen Kunst*, München: Hirmer, 1988.
Schele, L., Miller, M. E., *The Blood of Kings: Dynasty and Ritual in Maya Art*, Fort Worth: Kimbell Art Museum, 1986.
Schenk, R. (Hg.), *Zur Theorie des Opfers: Ein interdisziplinäres Gespräch*, Stuttgart-Bad Cannstadt: Frommann-Holzboog, 1995.
Schieder, T., *Hermann Rauschnings «Gespräche mit Hitler» als Geschichtsquelle*, Opladen: Westdeutscher Verlag, 1972.
Schimmel, A., «Opfer. I. Religionsgeschichtlich», in: *Die Religion in Geschichte und Gegenwart: Handwörterbuch für Theologie und Religionswissenschaft*, 3. völlig neu bearb. Aufl., Vierter Band, Tübingen: J. C. B. Mohr, 1966.
Schindewolf, O. H., *Fragen der Abstammungslehre*, Frankfurt am Main: Kramer, 1947.
Schindewolf, O. H., «Neokatastrophismus?», in: *Zeitschrift der Deutschen Geologischen Gesellschaft*, Bd. 114, 1962 (erschienen 1963/64).
Schlechta, K., *Nietzsche-Index zu den Werken in drei Bänden*, München: Carl Hanser, 1965.
Schlerath, B. (Hg.), *Zarathustra*, Darmstadt: Wissenschaftliche Buchgesellschaft, 1970.
Schlette, F., Kaufmann, S. (Hg.), *Religion und Kultur in ur- und frühgeschichtlicher Zeit*, Berlin: Akademieverlag, 1989.
Schmidt, W. H., «Gott II», in: *Theologische Realenzyklopädie*, Bd. XIII, Berlin und New York: de Gruyter, 1984.
Schmuhl, H. W., *Rassenhygiene, Nationalsozialismus, Euthanasie: Von der Verhütung zur Vernichtung «lebensunwerten Lebens», 1890–1945* (1987[1]), Göttingen: Vandenhoeck und Ruprecht, 1992.
Schneider, H., *Kultur und Denken der Babylonier und Juden*, Leipzig: J. C. Hinrichs'sche Buchhandlung, 1910.
Schoske, S., «Vernichtungsrituale», in: *Lexikon der Ägyptologie*, Band VI, Wiesbaden: Otto Harrassowitz, 1986, Sp. 1009 ff.
Schott, S., *Mythe und Mythenbildung im alten Ägypten*, Leipzig: 1945.
Schwenn, F., *Gebet und Opfer: Studien zum griechischen Kultus*, Heidelberg: Carl Winter, 1927.

Scullard, H. H., *Römische Feste: Kalender und Kult* (1981), Mainz am Rhein: Philipp von Zabern, 1985.
Selbmann, S., *Der Baum: Symbol und Schicksal des Menschen*, Karlsruhe: Badische Landesbibliothek Karlsruhe, 1984.
Seler, E., «Xippe ycuic, totec (yaollavana): Der Gesang unseres Herrn des Geschundenen (des Nachttrinkers)», in: Idem, *Gesammelte Abhandlungen zur amerikanischen Sprach- und Altertumskunde*, Berlin: Asher & Co., Zweiter Band, 1904.
Seler, E., *Gesammelte Abhandlungen zur amerikanischen Sprach- und Altertumskunde*, Berlin: Asher & Co., 5 Bände, 1902–1923, Nachdruck mit zusätzlichem Registerband Graz: Akademische Druck- und Verlagsanstalt, 1960–67.
Sepkoski, J. J., «Periodicity in Extinction and the Problem of Catastrophism in the History of Life», in: *Journal of the Geological Society, London*, Bd. 146, 1989.
Sethe, K., *Dramatische Texte zu altägyptischen Mysterienspielen. II. Der dramatische Ramesseumpapyrus: Ein Spiel zur Thronbesteigung des Königs*, Leipzig: Hinrichs, 1928.
Seton-Williams, M. V., *Babylonien: Kunstschätze zwischen Euphrat und Tigris*, Hamburg: Hoffmann und Campe, 1981.
Sharpton, V. L., Ward, P. D. (Hg.), *Global Catastrophes in Earth History: An Interdisciplinary Conference on Impacts, Volcanism, and Mass Mortality*, Boulder/CO: The Geological Society of America, Special paper 247, 1990.
Shaw, H. R., *Craters, Cosmos and Chronicles: A New Theory of Earth*, Stanford/CA: Stanford University Press, 1994.
Shulman, D., «The Tamil Flood Myths and the Cankam Legend» (1978), in: A. Dundes (Hg.), *The Flood Myth*, Berkeley et al.: University of California Press, 1988.
Shulman, D., *The Hungry God: Hindu Tales of Filicide and Devotion*, Chicago und London: The University of Chicago Press, 1993.
Silbermann, A., Schoeps, J. H. (Hg.), *Antisemitismus nach dem Holocaust: Bestandsaufnahme und Erscheinungsformen in deutschsprachigen Ländern*, Köln: Wissenschaft und Politik, 1986.
Silver, L. T., Schultz, P. H. (Hg.), *Geological Implications of Large Asteroids and Comets on the Earth*, Boulder/CO: The Geological Society of America, Special Paper 190, 1982.
Simon, M., *Verus Israel*, Paris: E. de Boccard, 1948.
Simri, U., «The Religious and Magical Function of Ball Games in Various Cultures», in: *Proceedings of the First International Seminar on the History of Physical Education and Sport*, Netanya/Israel, 1969.
Smith, J. Z., «Dying and Rising Gods», in: M. Eliade (Hg.), *The Encyclopedia of Religion*, New York und London: Macmillan/Collier Macmillan, 1987, Bd. 4.
Smith, J. Z. et al. (Hg.), *The Harper Collins Dictionary of Religion*, San Francisco: Harper Collins, 1995.
Smith, M., «Jewish Religious Life in the Persian Period», in: W. D. Davies, L. Finkelstein (Hg.), *The Cambridge History of Judaism*, Volume One, Cambridge et al.: Cambridge University Press, 1984.
Smith, W. B., *Der vorchristliche Jesus nebst weiteren Vorstudien zur Entstehungsgeschichte des Urchristentums*, Gießen: Alfred Töpelmann, 1906.
Smith, W. R., *Lectures of the Religion of the Semites. First Series: The Fundamental Institutions* (1889), London: A. & C. Black, 1894².
Soles, J. S., «Social Ranking in Prepalatia Cemeteries», in: E. B. French, K. A. Wardle (Hg.), *Problems in Greek Prehistory*, Bristol: Bristol Classical Press, 1988, S. 49ff.

Stager, L. E., «The Rite of Child Sacrifice at Carthage», in: J. G. Pedley (Hg.), *New Light on Ancient Carthage: Papers of a Symposium by the Kelsey Museum of Archaeology, the University of Michigan, Marking the Fiftieth Anniversary of the Museum*, Ann Arbor/Michigan: University of Michigan Press, 1980.

Steel, D. I., «Our Asteroid-Pelted Planet», in: *Nature*, Bd. 354, 1991.

Steel, D. I., *Rogue Asteroids and Doomsday Comets*, London: Wiley & Sons, 1995.

Steel, D. I., «The Limitations of NEO [Near Earth Objects] – Uniformitarianism», in: *Earth, Moon and Planets*, Bd. 72, 1996.

Stern, E., «The Persian Empire and the Political and Social History of Palestine in the Persian Period», in: W. D. Davies, L. Finkelstein (Hg.), *The Cambridge History of Judaism*, Volume One, Cambridge et al.: Cambridge University Press, 1984.

Stern, M., *Greek and Latin Authors on Jews and Judaism. Volume One: From Herodotus to Plutarch*, Jerusalem: The Israel Academy of Sciences and Humanities, 1976.

Stern, M., *Greek and Latin Authors on Jews and Judaism. Volume Two: From Tacitus to Simplicius*, Jerusalem: The Israel Academy of Sciences and Humanities, 1980.

Stewart, G. R., «A Violent Birth of Mercury?», in: *Nature*, Bd. 335, 1988.

Stiebing, W. H., *Out of the Desert? Archaeology and the Exodus Conquest Narratives*, Buffalo/NY: Prometheus Books, 1979.

Stockton, E. D., «Phoenician Cult Stones», in: *The Australian Journal of Biblical Archaeology*, Bd. 2/3, 1974/75.

Strobel, A., «Apokalypse des Johannes», in: *Theologische Realenzyklopädie*, Bd. III, Berlin und New York: de Gruyter, 1978.

Stucken, E., *Astralmythen: Religionsgeschichtliche Untersuchungen* (1896–1907), Leipzig: Eduard Pfeiffer, 1907.

Tacitus, *Germania*.

Tacitus, *Historiae*.

Tadmor, H., «The Period of the First Temple, the Babylonian Exile and the Restoration», in: H. H. Ben-Sasson (Hg.), *A History of the Jewish People* (1969), Cambridge/MA: Harvard University Press, 1976.

Taladoire, A., *Les terrains de jeu de balle*, Mexico City: Mission archéologique et éthnologique française au Mexique, 1981.

Taube, K. (Hg.), *Aztec and Maya Myths*, London: Trustees of the British Museum by British Museum Press, 1993.

Tcherikover, V., *Hellenistic Civilization and the Jews* (1959), New York: Atheneum/A Temple Book, 1982.

Tertullian, *Apologeticum*.

Theophrastos, *Über die Frömmigkeit*.

Tobias, F., «Auch Fälschungen haben lange Beine: Des Senatspräsidenten Rauschnings ‹Gespräche mit Hitler›» (1988), in: Corino, H. (Hg.), *Gefälscht!* Frankfurt/M.: Eichborn, 1990, S. 91 ff.

Tollmann, E., Tollmann, A., *Und die Sintflut gab es doch: Vom Mythos zur historischen Wahrheit*, München: Droemer Knaur, 1993.

Toorn, K. van der, «Yahwe», in: K. van der Toorn, B. Becking, P. W. van der Horst (Hg.), *Dictionary of Deities and Demons in the Bible (DDD)*, Leiden et al.: E. J. Brill, 1994, Sp. 1711 ff.

Toorn, K. van der, Becking, B., Horst, P. W. van der (Hg.), *Dictionary of Deities and Demons in the Bible (DDD)*, Leiden et al.: E. J. Brill, 1994.

tr. [i. e. T. Ribi], «Die Astrobleme von Aorounga», in: *Neue Zürcher Zeitung: Forschung und Wissenschaft*, 5. Juni 1996.
Trachtenberg, J., *The Devil and the Jews: The Medieval Conception of the Jew and its Relation to Modern Anti-Semitism*, New Haven: Yale University Press, 1943.
Treml, M., «Animalisches Erbe in den Religionen: Walter Burkerts Gifford Lectures in Buchform», in: *Neue Zürcher Zeitung / Internationale Ausgabe*, 18. / 19. Januar 1997, S. 50.
Tylor, E. B., *Die Anfänge der Kultur: Untersuchungen über die Entwicklung der Mythologie, Philosophie, Religion, Kunst und Sitte* (1865), Leipzig: C. F. Winter'sche Verlagshandlung, 1873.
Urey, H. C., «Cometary Collisions and Geological Periods», in: *Nature*, Bd. 242, 1973.
Usener, H., *Die Sintfluthsagen*, Bonn: Friedrich Cohen, 1899.
Valeri, V., *Kingship and Sacrifice: Ritual and Sacrifice in Ancient Hawaii*, Chicago und London: University of Chicago Press, 1985.
Valoch, K., «Europe (Excluding the Former USSR) in the Period of *Homo sapiens neandertheralensis* and Contemporaries», in: S. J. De Laet et al. (Hg.), *History of Humanity. Volume I: Prehistory and the Beginnings of Civilization*, Paris: United Nations Educational, Scientific and Cultural Organization (UNESCO) und London: Routledge, 1994.
Van Flandern, T. C., *Dark Matter, Missing Planets and New Comets: Paradoxes Resolved, Origins Illuminated*, Berkeley / CA: North Atlantic Books, 1993.
Van Flandern, T. C., Harrington, R. S., «A Dynamical Investigation of the Conjecture that Mercury is an Escaped Satellite of Venus», in: *Icarus*, Bd. 28, 1976.
Velde, H. te, «Seth», in: *Lexikon der Ägyptologie*, Band V, Wiesbaden: Otto Harrassowitz, 1984, Sp. 908 ff.
Velikovsky, I., *Worlds in Collision*, New York: Macmillan, 1950.
Velikovsky, I., *Welten im Zusammenstoß* (1950), Stuttgart: Kohlhammer, 1951 sowie Frankfurt am Main: Umschau, 1978.
Velikovsky, I., *Earth in Upheaval*, Garden City / N. Y.: Doubleday, 1955.
Velikovsky, I., *Erde im Aufruhr* (1955), Frankfurt am Main: Umschau, 1980.
Vermeule, E., *Greece in the Bronze Age*, Chicago und London: The University of Chicago Press, 1972.
Vermeule, E., *Aspects of Death in Early Greek Art and Poetry* (1979), Berkeley et al.: University of California Press, 1981.
Vogel, P., «Opfer durch Selbstenthauptung, darstgestellt in indischen Höhlentempeln», in: *Bulletin of the School of Oriental Studies [London]*, Bd. 6, 1931.
Vries, J. de, *Perspectives in the History of Religion*, Berkeley et al.: University of California Press, 1977.
Wakeman, M. K., *God's Battle with the Monster: A Study in Biblical Imagery*, Leiden: E. J. Brill, 1973.
Walker, G. B., *The Hindu World: An Encyclopedic Survey of Hinduism*, New York: Praeger, 1968.
Wall, S. M., Musgrave, J. H., Warren, P. M., «Human Bones from a Late Minoan IB House at Knossos», in: *Annual of the British School of Archaeology at Athens*, Bd. 81, 1986, S. 333 ff.
Wallace, A. R., *Contributions to the Theory of Natural Selection: A Series of Essays*, London & New York: Macmillan, 1870.
Ward, W. H., «Human Sacrifice on Babylonian Seals», in: *American Journal of Archaeology*, 1889, Nr. 5.

Warren, P. M., *Minoan Religion as Ritual Action*, Göteborg: Göteborg University, 1988.
Wasilewska, E., «Organization and Meaning of Sacred Space in Prehistoric Anatolia», in: J. Quaegebeur (Hg.), *Ritual and Sacrifice in the Ancient Near East: Proceedings of the International Conference Organized by the Katholieke Universiteit Leuven from the 17th to 20th of April 1991*, Leuven: Uitgeverij Peeters & Department Orientalistiek Leuven, 1993.
Watkins, T., «Kharabeh Shattani: An Halaf culture exposure in Northern Iraq», in: Centre National de la Reserche Scientifique (Hg.), *Préhistorie de la Mésopotamie*, Paris: Edition du Centre National de la Recherche Scientifique, 1987.
Weber, M., «Die Entstehung des jüdischen Pariavolkes» (1920), in: Idem: *Gesammelte Aufsätze zur Religionssoziologie III: Das antike Judentum*, Tübingen: J. C. B. Mohr, 1963.
Weber, M., «Die Pharisäer» (1920), in: Idem: *Gesammelte Aufsätze zur Religionssoziologie III: Das antike Judentum*, Tübingen: J. C. B. Mohr, 1963.
Weber, M., *Wirtschaft und Gesellschaft: Grundriß der verstehenden Soziologie* (1925, 1956[4]), Studienausgabe hgg. v. J. Winckelmann, Köln und Berlin: Kiepenheuer & Witsch, 1964[5].
Weiss, H. et al., «The Genesis and Collapse of Third Millennium North Mesopotamian Civilization», in: *Science*, Bd. 261, 20. August 1993.
Wellhausen, J., «Israelitisch-Jüdische Religion», in: *Die christliche Religion mit Einschluß der Israelitisch-Jüdischen Religion*, Berlin und Leipzig: B. G. Teubner, 1906.
Werblowsky, R. J. Z., Wigoder, G. (Hg.), *The Encyclopedia of the Jewish Religion*, New York et al.: Holt, Rinehart and Winston, 1966.
Werner, E., «Melito of Sardes, the First Poet of Deicide», in: *Hebrew Union College Annual*, Bd. XXXVII, 1966.
Whewell, W., *History of the Inductive Sciences*, London: Parker, 2 Bände, 1837.
Whiston, W., *Astronomical Principles of Religion, Natural and Revealed*, London: J. Senex, 1717.
Willems, H., «Crime, Cult and Capital Punishment (Mo'alla Inscription 8)», in: *Journal of Egyptian Archaeology*, Bd. 76, 1990, 27 ff.
Winternitz, M., «Die Fluthsagen des Altertums und der Naturvölker», in: *Mittheilungen der anthropologischen Gesellschaft*, Wien, Bd. XXI, 1901.
Wolkstein, D., Kramer, S. N., *Inanna: Queen of Heaven and Earth. Her Stories and Hymns from Sumer*, New York et al.: Harper & Row, 1983.
Woodward, S. R., Weyand, N. J., Bunnell, M., «DNA Sequence from Cretaceous Period Bone Fragments», in: *Science*, Bd. 266, 18. November 1994.
Woolley, L., *Ur Excavations. Vol. II: The Royal Cemetery*, Oxford: Oxford University Press, 1934.
Woolley, L., *Ur Excavations. Vol. IV: The Early Periods*, Oxford: Oxford University Press, 1955.
Woolley, L., *Ur «of the Chaldees». The Final Account: Excavations at Ur*, revised and updated by P. R. S. Moorey, London: The Herbert Press, 1982.
Wüst, E., «Wer war Polyxene?», in: *Gymnasium: Zeitschrift für Kultur der Antike und humanistische Bildung*, Bd. 56, 1949, S. 205 ff.
Xenophanes, *Die Fragmente*, hgg. v. E. Heitsch, München und Zürich: Artemis/Sammlung Tusculum, 1983.
Yeomans, K. D., «Killer Rocks and the Celestial Police: The Search for Near-Earth Asteroids», in: *The Planetary Report*, Bd. 11, Nr. 6 (November/Dezember), 1991.

Zysman, M. B., «The Greater and Lesser Swarms. Crustal Formation: A Meteoric Hypothesis», Vortrag auf dem *Symposium on Cosmic Catastrophism and Ancient History*, Deerfield Beach, Florida, 12.–14. Juli 1996.

Zysman, M. B., Whelton, C. (Hg.), *Catastrophism 2000*, Toronto: Heretic Press, 1990.

Register

Abführmittel 9, 85, 90
Abraham 150f., 154, 158, 161, 164, 168
Absalom 45, 199
Abydos 27
Achilles 18f., 170
Achsenzeit 102, 124, 126, 176, 200, 203
Achter Lebenstag 150
Ackroyd, P. R. 205
Adler, J. 184
Adonai 131
Adonis 45
Aedon 45
Aegina 38
Ägypten 27, 35, 40, 48, 81, 87, 91, 105, 119, 121, 126, 135f., 142, 166, 179, 205
Ägyptologie 30, 173, 179, 196, 203
Afrika 24, 58
Agdistis 45
Ager, D. 184
Aggression 10, 21, 31f., 78, 85, 90, 138f., 167
Aggressivität 32
Agrippa 152
Ahlström, G. W. 198
Aiakos 76
Aigle 91
Aigospotamoi 91
Aischylos 98, 196
Akkades 92
Aktualismus 51
Alaca Hüyük 60
Albright, W. F. 201
Albritton, C. C. 183
Alexander der Große 143
Algonquin 76
Allan, D. S. 183
Altägypten 88
Altäre 76, 97, 130
Altenmüller, H. 173, 179
Altisrael 76, 90, 127, 131, 139, 141, 152, 154f., 162, 167, 169

Altorientalisten 75
Altsteinzeit 18f.
Alvarez, L. W. 181
Amerika 53f., 116, 166, 177
Amiet, P. 172
Amman 173
Amos 77, 192, 206
Amulett 122
Anat 45, 198
Anatolia 175
Anatomie 55
Anbetung 10, 20f., 90, 100, 112, 116, 130, 152
Andersen, W. 185
Andree, R. 185, 192
Angriff 10, 18, 52, 77f., 81, 85, 157, 168
anikonische Darstellung 100
Annibali, F. 198
Annunaki 68f., 74, 188, 191
anthropologische Konstanten 18
Anthropomorphisierung 44, 198f.
antiapokalyptisch 131, 157, 161
Antike 10, 24, 36, 40, 44, 106, 121, 136, 144f., 164, 170, 172, 177, 179, 198, 203, 211
Antisemitismus 141, 144, 169, 203, 210, 212
Antisthenes 139
Antisindianer 109
Anu 69, 74, 191
Aorounga 56, 63, 183, 186
Aphrodite 45
Apion 165, 208
Apokalyptik 169
Apokalyptiker 105, 155, 157, 159
Apollo 45, 62, 125
Apollodor 170
Apollonius Molon 165, 208
Apophis 40, 88f., 167, 177
Apostelgeschichte 153, 195, 209
Arabien 40, 117

239

Aramäer 135
Archäologie 14, 18, 40, 52, 176, 200, 203 f.
Argos 38
Aristoteles 38, 57, 91
Arizonakrater 53
Artemis 45, 113, 118 ff., 179, 201
Asag 44
Asaro, W. 181
Asche 9, 85, 87 f., 90, 129, 188
Aschendorff 206
Aschera 45, 90, 128, 130, 204
Asien 24
Assur 39 f., 44, 80, 147
Assurbanipal 36
Assyriologie 34, 176, 187, 208
Astarte 45, 129
Asteroide 10
Astralkostüm 10
Astralmythen 49, 200
Astrologie 160
Astrophysik 54 ff., 61 f., 157, 159
Atargatis 45
Atheisten 144
Athen 38, 45, 84, 87 f., 119 f., 180, 209, 211 f.
Athene 84, 87 f., 98, 119
Atra-Hasis 67, 188
Attis 45, 104, 198 f.
Auferstehung 154
Augustinus 36, 176
Augustus 125, 203
Australien 58
Azteken 42, 102, 110, 114, 200

Baal 45, 104, 106, 128 f., 146, 199
Baal, J. van 174
Babylon 58, 127, 133, 142 f., 172, 176 f., 195, 201, 205 ff.
Bactrien 145
Bailey, M. E. 183, 186
Baillie, M. G. L. 185
Ballspiel 24, 43, 48, 115, 171, 178, 200
Banton, M. 175
Basileus 101
Bass, R. 61, 186
Baumann, H. 185
Baumkreuz 111
Bauopfer 13

Beaumont, C. W. 52, 86, 181, 194
Becking, B. 195
Becq-Giraudon, J.-F. 186
Beichte 138
Beil 100
Béland, P. 181
Bellamy, H. S. 58, 185
Belti 45
Beltz, W. 204
Ben-Sasson, H. H. 205
Benton, M. J. 182
Berger, W. H. 185
Berggren, W. A. 182
Bergmann, M. S. 203
Bergquist, B. 97, 196 f., 199
Beschneidung 146, 150, 168 f.
Bethel 128
Betrug 101, 212
Beweinung 10, 23, 86, 105 ff., 116, 120 f.
Bild 19 f., 24, 29, 62, 64, 66, 73, 82, 84, 90, 99 f., 103, 119 ff., 124 f., 128, 130, 142, 197, 203, 206
bildende Kunst 97
Bilderverbot, [jüdisches] 124
Biologie 32, 54 f.
Bittgebet 23
Black, J. 172, 176, 188, 208
Blegen, C. 59, 185
Blendung 95
Blitz 38, 57, 68 f., 77, 99, 102, 117, 138, 156
Blöss, C. 197
Blumen 18
Blutopfer 9, 13, 16, 20, 24 f., 30, 32 f., 38, 47, 60, 81, 88, 90, 93, 100, 118, 121, 125 f., 134, 136, 138, 144, 149 ff., 154, 157, 159, 162 f., 168, 172, 174, 178
Blutrache 32
Blutritual 23, 95, 122
Blutungen, weibliche 21
Board, W. J. 181, 209
Bock 88, 93, 96 f., 104
Bötticher, C. 199
Bogenschießen 32
Bohuslän 197
Bollenhagen, S. 106 ff., 127
Bombardierung 53
Bonfante, L. 170

Bottéro, J. 178
Boulanger, N.-A. 35f., 38, 49, 58, 73ff., 81, 156, 175ff., 179, 185f., 190ff., 209
Brand der Welt 38
Brandopfer 35, 97, 133f., 145, 164, 175, 177, 194, 196
Brandt, W. 141
Braulik, G. 205
Broad, W. J. 181, 184
Broder, H. M. 209
Bronzezeit 10, 13, 16, 21, 23, 26, 33, 36, 46f., 49, 56ff., 60, 65, 70f., 76, 80, 90, 97f., 101, 116, 126, 155ff., 160, 198f.
Broszat, M. 212
Browe, P. 212
Browne, M. W. 184
Brugsch, H. 192
Brumlik, M. 211
Bruno, G. 70
Buckland, W. 51, 180
Buddhismus 33, 125, 139
Bühne 33, 82, 98, 133
Bürkle, H. 210
Bunnell, M. 184
Burkert, W. 30ff., 87, 90, 92f., 98, 172ff., 177, 192ff., 200f., 204, 208
Butterfield, H. 207
Buurman, J. 184, 190
Byblos 60

Caduff, G. A. 177
Caesar 125
Cameron, A. G. W. 198
Campbell, J. 199
Cardona, D. 195
Carli, G. N. 58, 185
Cassius Dio 208
Censorinus 179
Chafadschi 37
Chaldäa 76
Chalkolithikum 48
Chaloner, W. G. 183
Chang, K. 178, 194
Chang, T.-T. 178, 203
Chaos 34, 52, 185, 198, 209
Chapman, C. R. 182
Charvat, P. 197

Chicomeocoatl 110
China 18, 47, 58, 76, 85, 126, 176, 178, 194, 203
Choreographie 96
Chorgesang 98
Cho-Yun Hsu 203
Cromagnon 21
Christen 15, 44, 105, 111f., 125, 135f., 153ff., 158f., 161ff., 165f., 168f., 205, 207f., 210f.
Christus 44, 83, 116, 154, 163
Clark, G. 179
Clube, S. V. M. 54, 62, 182f., 186, 192
Cohen, H. 203, 206, 208
Cohn, N. 209
Coleman, K. M. 198, 200
Collier, K. B. 180
Collinet-Guérin, M. 199
Collon, D. 172
Conzelmann, H. 161, 210
Cooper, J. S. 208
Corino, H. 212
Couvering, J. A. 182
Critias 179, 184
Cuvier, G. 51, 54ff., 56, 180

Dämonen 29, 87
Dalfes, N. 189
Dalley, S. 178, 191
Damaskuserlebnis 152
Damokritus 165
Daniel 128, 164, 207
Darius der Große 126
Darwin, C. 9, 14, 36, 51, 54, 175, 179f.
Daum, W. 200
David 116, 140, 199
Davies, W. D. 205
Davis, M. 195
Davis, N. 199
Dayton, J. 186
Dea Syria 45, 197
Denkmal 19, 50
Dequeker, L. 205
Derchain, P. 194
Desaster 58, 160
Deukalion 40, 49, 76, 81
Deutero-Sacharja 105
Dever, W. G. 204
Devon 63

Diana 90, 113
Dichtung 95
Dickie, J. 199
Dickinson, O. 178f., 199f.
Diderot, D. 185
Diffusion 58
Dinosaurier 9, 54, 56, 182, 184
Diodor 76, 192
Dionysos 45, 88, 97, 104, 130, 198
DNA 56
do ut des 16, 150
Donnelly, I. 52, 56, 180
Donner 38, 69, 77f., 91, 138
Donovan, S. K. 182
Dornenkrone 116, 200
Drachen 29, 76, 130
Drama 16, 86, 95f., 116, 120, 173, 196, 201
Drews, R. 185
«Du sollst nicht töten» 137
Dumuzi 45, 145
Dundes, A. 180, 192, 197
Durchbohrung 106f.
Durkheim, E. 194

Easterling, P. E. 193
Ebioniten 158
Edelman, D. 198, 204
Edzard, D. O. 176, 187, 191
Ehrenbezeugungen 23
Eidechse 32
Einschlagkrater 53, 63, 92
Eisenstadt, S. N. 203
Eisenzeit 30, 33, 49, 97, 101, 117
Eitrem, S. 194
Eldredge, N. 54, 56, 181
Eliade, M. 177, 180, 193
Ellenberger, H. F. 195
Elliot, D. K. 182
Eltern 24, 142, 162
Elvin, M. 203
Empfängnis 44
Engelhardt, W. v. 188
Enki 44
Enlil 46, 198
Entblößung 78
Enthauptung 24
Entsühnungsrituale 102
Epheser 211

Epheserbrief 163
Ephesus 90
Epikur 163ff.
Erion 45
Erlöser 45, 71, 82, 107, 154, 159
Erlösung 78, 82, 108, 141, 154
Eros [Lebenstrieb] 29
Erosion 51, 56
Esagilla 143
Essener 159
Esther 45, 207
Etana 74
Eteokles 98
Euphrat 40, 65
Europa 24, 212
Evans, A. J. 200
Evolutionismus 14, 51, 75, 175
Exkremente 77
Exodus 62, 91, 186

Fabelwesen 82
Faherty, R. H. 172, 195
Falcon, M. L. 187
Feder, K. L. 182
Feierlichkeiten 16
Fesseln 118, 121
Festspiele 38
Festus 153
Fetisch 122
Feueranzünden am Sabbat 149
Finet, A. 173
Finkelstein, L. 205
Finley, M. I. 179, 185
Finsternis 68, 75
Flannery, K. V. 178
Flavius Claudius Julianus 149
Flavius Clemens 144
Flöte 43f.
Flon, C. 170
Flucht 10, 77, 81, 157
Flusser, D. 206, 210
Flutsagen 36, 58, 64, 75f., 185, 192
Flutschicht 65
Fontenrose, J. 173, 178, 192, 201
Frankfort, H. 74f., 191
Frazer, J. G. 185, 192
Freedman, D. N. 204
Freia 45

Fremdenliebe 135
French, E. B. 170
Freud, S. 29, 38, 77f., 81, 171, 192f.
Friedmann, R. E. 207
Fritsch, T. 207
Fruchtbarkeit 21, 197

Gabe 16ff., 23, 32, 101, 126, 133, 150, 163, 174
Galen, C. A. von 137, 206
Galilei, G. 91
Gallant, R. L. C. 181
Galling, K. 195
Gamble, C. 171
Ganapathy, J. 190
Gaster, T. H. 96, 196, 201
Geburt 23, 44, 62, 96, 98, 151, 177, 193, 205
Geburtenkontrolle 136
Geburtstag 169, 206
Geel, B. van 184, 190
Geertz, C. 175
Geffcken, J. 206
Gefolgschaftsopfer 16, 18, 27
Gehirn 18
Gehrels, T. 181, 184, 210
Geisau, H. v. 197
Geister 20
Gelis, G. 11
Geologie 54f.
Gerechtigkeit 134ff., 139f., 144, 154, 161f.
Gerlitz, P. 201, 203
Germanen 96
Germer, R. 203
Gesang 96, 177
Geschenk 16, 133
Geschichte 140f., 179f., 193, 197, 199, 203, 207, 210f.
Geschichtsbesessenheit, jüdische 141
Geschichtsschreibung 47, 140, 212
Gestirn 23, 29, 57, 68, 95, 102, 106, 117
Gewitter 75ff.
Gibson, M. 187
Giganten 29
Gilgamesch 44, 68
Ginzberg, L. 211
Girard, R. 31, 33, 35, 173f., 203
Glass, B. 175, 179

Gnade 23, 122, 133
Goachet, E. 186
Gobiwüste 184
Götterbilder 9, 25, 116, 120f., 132, 139
Götterdämmerung 75
Götterstatuen 10, 19, 100, 110, 125f.
Götzendienst 124
Goldenes Kalb 130
Goliath 140
Gorgo 45, 106, 198
Gottesdarsteller 116
Gottesmord 166, 211
Gottesopfer 13, 15f.
Gottesspieler 109
Gottheit 24, 26, 29, 41, 44f., 47, 57, 68, 82, 90, 93, 98, 108, 116f., 119f., 130f., 134, 149, 153, 174
Gould, S. J. 54, 56, 181, 193
Grab 17ff., 27, 29, 106, 108, 110
Gräberstatuen 110
Gräberstatuen, jungsteinzeitliche 19
Graefe, E. 173, 200
Grant, M. 209
Grazia, A. de 181, 185
Green, A. R. W. 172, 176, 188, 208
Greisch, J. 174
Gressmann, H. 189
Gribbin, J. 183
Gribbin, M. 183
Griechenland 18, 36, 38, 60, 124, 139f., 181
Griffiths, J. G. 172
Grinnell, G. 182
Grundbedürfnis, religiöses 18
Guan Ye-fu 126

Ha Schem 131
Haar 87, 90, 194, 199
Haas, V. 195
Hadad 45, 106, 198
Hägg, R. 201
Hänel, W. 212
Hagel 91
Haines, R. C. 198
Haiti 58
Hale-Bopp-Komet 72
Hallam, A. 180, 183
Haman 142
Hamel, J. 179

Hammerton-Kelly, R. G. 173
Hampton, J. 175
Hannahannas 45
Hansen, D. P. 198
Harndrangträume 103
Harrington, R. S. 198, 204
Harrison, J. E. 196
Hartung, J. 190
Hathor 67
Haussherr, R. 198
Haut 41, 45, 53, 110
Hawkes, N. 183f., 190
Hazor 129
Hebräer 211
Hebräerbrief 163
Hecker, K. 178, 189
Hedges, S. B. 184
Heiden 210
heilen 10, 20, 23, 80ff., 85, 101, 113, 118, 139
heilige Scheu 108
heilig-heilen 32
Heiligtümer 74
Heilsbringer 31, 108
Heilung 74, 76, 101
Heinrich, K. 24, 172, 195
Heitsch, E. 179
Hekatäus von Abdera 136, 208
Hekate 45
Helck, W. 173, 189, 196, 198
Helios 57
Hellenismus 143, 147
Hennecke, E. 210
Hennessy, J. B. 173
Henninger, J. 177
Henrich, D. 210
Henrichs, A. 210
Hephaistos 129
Hera 38, 40, 45, 84, 106, 117, 129, 184, 198, 203
Herakleitos 139
Herakles 45
Hermes 45, 83, 103 ff., 108, 146, 148, 192
Herodot 96, 109, 196, 199, 206, 208, 211
Heroen 29, 76, 78, 80, 100f., 169
Herzentfernung 24, 42f.
Hesekiel 204
Hesiod 120, 201

Hierapolis 40
Hilkia 128
Hillel 135
Himmel 128, 130, 147
Himmelsgötter 10, 14, 28, 69, 103, 140
Himmelskönigin 66, 83, 120, 143, 145, 151
Himmelskörper 9f., 20, 40ff., 44ff., 52f., 57, 61, 63, 66, 80ff., 88, 93f., 97, 102, 114, 116, 118, 120, 128ff., 133f., 139f., 143, 146, 151, 153, 157, 160f., 169, 200f.
Himmelslicht 153
Himmelsschlange 66
Himmler, H. 141
Himmlischer Friede 126
Hindu-Historiker 47
Hinrichtung 100, 101
Hirten 100
Hirtenvölker 30
Hitler, A. 137, 141, 161, 167, 207, 210, 212
Hochkulturbeginn 47
Hochzeit 85, 145f.
Hochzeit, Heilige 107f., 147, 208
Hörig, M. 197
Hörner 23, 37, 41, 87, 97, 120, 124
Holocaust 88, 211
Holozän 63
Homer 87f., 196, 202
homo sapiens neanderthalensis 18
homo sapiens sapiens 18, 21
Horner, J. R. 184
Horst, P. W. van der 195, 204
Horus 87f., 95
Hosea 134, 144, 205f., 209, 212
Hostien 166
Hoyle, F. 62, 183, 186, 190
Huber, H. 10
Hubert, H. 201
Huggett, R. 182
Huizinga, J. 73, 97, 190, 196
Humanismus 135
Humbaba 45
Humphreys, S. C. 202
Hurriter 93
Huss, W. 195, 198
Hut, P. 186
Huwawa 44

244

Huygens, C. 91
Hydrophorien 38
Hypolitus 45

Iamblichos 203
Iblis 164
Igigi 74
ikarisch 44
Ikonographie 82
Ilias 194 f.
Illig, H. 179, 205
Impakte 58
Inachos 38
Inanna 45, 66 f., 70, 189
Inaras 45
Indien 47, 58, 76, 102, 142, 145, 203
Indonesien 58
Infantizid 151
Iris 45, 83
Irwin, A. 190
Isaak 117, 150
Ischtar 45, 57, 66 ff., 71, 129, 145, 147
Isis 45, 95, 105, 109, 198
Island 58
Itys 45
Ivanov, B. 181

Jacobsen, T. 75, 92, 175, 186 f., 191 f., 195, 201
Jägertheorie des Opfers 30
Jagd 30 ff., 48
Jakob 90, 117, 200
James, E. O. 170
Janowski, B. 194 f.
Jaspers, K. 197
Jastrow, M. 195
Jeanloz, R. 204
Jelinek, A. J. 170
Jensen, A. E. 171, 177, 190, 193
Jensen, P. 177
Jeremia 143, 204, 207, 209
Jeremias, A. 189, 199 f., 204, 207
Jerusalem 105, 127, 132, 143, 153, 157, 165, 169, 206 ff., 210 f.
Jesaja 124, 134, 156, 203 ff., 208, 210 f.
Jesus Christus 45, 105
Jesus-Juden 158 f.
Jesuskind 83
Jochanan ben Zakkai 144

Johannes 105, 198, 200, 209 ff.
Johannes Chrystomos 165
Johns, C. 193, 197, 199, 208
Jonaitis, A. 171
Joseph, M. 212
Josia 127
Juda 128, 133, 140, 143, 160, 205 ff., 211
Juden 33, 127, 131 ff., 135 f., 138 ff., 149, 152 ff., 156 ff., 203, 205 ff., 210 ff.
Judenhass 163 s. a. Antisemitismus
Judentum 15, 33, 131, 141, 144 f., 152, 159, 167 ff., 208
Judith 45
Jüngling 41 f., 45, 82, 104, 111, 116, 158, 199
Julien, M. 170
Jung, M. v. F. 193
Jungfrau 44, 71, 82, 119, 199
Jungsteinzeit 19, 60, 67, 179
Junker, H. 175, 177, 194, 196
Jupiter 46, 55, 62, 72, 113, 183

Kaaba 91, 195
Karmel 77
Karneval 96
Karthago 104, 203
Kastration 9, 85, 87, 95 f., 102 ff., 107 f., 145
Kataklysmos 9 f., 14, 33, 40, 49, 56, 62, 70, 73, 77 f., 96, 99
Katastrophen 9, 57, 157, 200
Katastrophenspiele 81
Katastrophentheorie 54 f.
kathartisch 85
Kato Syme 97
Kauffman, E. G. 182
Kaufmann, F.-X. 210
Kaukasus 60
Kautzsch, E. 211
Keegan, J. 207
Keilhack, K. 72, 187
Keilschrift 36, 47, 64, 71, 176
Kepler J. 91
Kerr, R. A. 184, 186
Kharabeh Schattani 187
Kidron 128
Killerkometen 57, 157
Kind 33, 36, 44 ff., 71, 77 ff., 82 f., 97 f.,

245

106, 110, 126f., 130, 134ff., 143, 150, 155f., 160, 164, 168, 171, 177, 189, 193, 198, 203
Kinderspiel 77
Kindertherapie 80
Kindesopfer 126, 150f.
Kindestötung, Verbot der 146, 151
King Lear 82
Kingu 117
Kirk, G. S. 174f.
Kisch 36, 65, 71, 74
Klassenkämpfe 57
Klausner, J. 208
Kleidermode 97
Klima 60, 70, 184
Knapp, M. 203
Knaust, M. 171
Knieper, R. 206
Knight, S. 190
Knossos 105, 198, 209
Koch, K. 194f.
Königsliste, sumerische 36
Königtum 35f., 64, 74, 101
Kollektivtherapie 94
Kometen 20, 61, 66, 70, 87f., 91, 115, 125, 152, 155, 179
Komödie 96
Konstantin der Große 137
Kopernikus 91
Kopfbestattungen 18f.
Kore 45
Korpel, M. C. A. 195
kosmische Katastrophen 54, 62
Kostüm 41, 97
Kovacs, M. G. 188, 192
Kramer, S. N. 177, 186, 189, 191
Kreta 105, 119, 150, 196, 200
Kretschmar, G. 210
Kreuz 105
Krieg 141, 146, 212
Krinov, E. L. 190
Kritik 132, 174
Krokodil 117
Krone 74, 154, 157
Krummstab 74
Kruzifix 105, 111, 164, 166, 198, 211
Kubaba 45
Kühne, C. 194
Künstler 81, 97f., 118

Kugler, F. X. 68, 188
Kuiper, G. P. 190
Kukla, G. 189
Kultplätze 74
Kultstifter 100
Kultur 48
Kulturraum 47
Kultzentren 65
Kur 44, 62
Kurden 93
Kybele 45, 102

Labeyrie, L. D. 185
Labrique, F. 177
Laerkes 23
Laet, S. J. de 170
Lamb, H. H. 186
Lambert, W. G. 172, 178, 188f., 198
Lanczkowski, G. 197, 203, 210
Landmann, M. 204
Lausch, E. 182f.
Lavater, J. K. 161
Lawick-Goodall, J. v. 192
Lebensheiligkeit 135, 138, 140, 147
Leeming, D. A. 193
Lees, G. M. 187
Leeuw, G. van der 14, 170f., 196, 201
Lehmann-Nitsche, R. 177
Leichen 10, 19, 23, 100, 108ff., 112, 120, 126
Leisegang, H. 209
León-Portilla, M. 179
Leroi-Gourhan, A. 171
Leto 45
Liagre Böhl, F. M. T. 172
Lichtheim, M. 205
Liebesgebote 134ff., 157
Lienhardt, Godfrey 33, 175
Limet, H. 172
Litauen 58
Literatur 10, 24, 47, 97, 120, 179, 205, 210, 212
Litterscheid, C. 172
Löwe 67f., 112
Loisy, A. F. 80, 193
Lommel, H. 203
Los Alamos National Laboratory 53
Lovell, B. 184
Lucas, L. 208

Luckenbill, D. D. 176
Lugal 101
Lukas 206, 209 f.
Lukian 40, 81, 176, 193
Lustprinzip 78 f., 192 f.
Luzifer 161
Lyell, C. 9, 14, 51, 54, 180
Lygodesma 121

Maccoby, H. 197
Madonna 44, 71
Magellan-Sonde 52
Mahlgemeinschaft 162
Maia 45, 83
Maier, J. 210
Maisels, C. K. 178
Makkabäer 207
Malaysia 58
Maler 86, 99, 148
Mallowan, M. E. L. 187, 189
Malta 50
Malycheff, V. 187
Manu 76
Manuel, F. E. 175
Marcus, J. 178
Marduk 44 f., 117, 130, 145
Maria 44 f., 83
Marinatos, N. 199
Markus 209 f.
Marshallinseln 153
Marx, C. 169, 209
Masken 19, 41, 97
Mathews, Z. P. 171
Matthäus 158, 206
Mayr, E. 180
McCown, D. E. 198
Meander 164
Medusa 45, 106
Meer 13, 40, 50 f., 60, 65 f., 69, 77, 84, 137
Megara 90
Megaros 76
Meggers, B. J. 178
Megiddo 97, 106
Melanesien 58
Melkart 45, 106
Ménant, J. 172
Mendelssohn, M. 161
Menschengeschlecht 81, 192
Menschenopfer 9, 13, 18, 26 f., 41, 47, 93, 113, 125 f., 152 f., 156, 169 f., 172 ff., 197, 209
Merkelbach, R. 193, 198, 203
Merkur 44 f., 53, 62 f., 90, 103, 105, 108, 128 ff., 146, 148, 198
Merve, F. van der 171
Mesoamerika 48, 110, 171, 176, 178
Mesopotamien 35 f., 40, 65 f., 74
Messer 43, 100
Metaphysiker 75
Meteoriten 9, 61, 90 f., 155
Meuli, K. 30, 38, 120 f., 172 ff., 176, 197, 200 f.
Mexiko 24, 41, 58, 94
Meyer, E. 132, 205, 207
Micha 134, 206
Michel, H. V. 181
Middlehurst, B. M. 190
Mieses, M. 206
Mikronesien 58
Millard, A. R. 188
Miller, M. 178
Miller, M. E. 197
Miniplaneten 61, 63
Mischwesen 10, 24, 29, 120
Mißernten 122
Mitchell, D. L. 204
Mithras 81, 193, 203
Mittelalter 49, 111, 166 f., 179, 185, 205, 212
Moloch 127, 203
Mond 29, 53, 61, 68, 70, 81 f., 96, 128, 155, 171
Mongolei 58
Monotheismus 127, 129 ff., 146, 149, 152, 159, 162, 169, 203 ff.
Monotheisten 139, 155, 201
Monster 29, 100, 204
Moor, J. C. de 204
Morgenstern 67 f., 116, 124, 154, 156, 164
Morrison, D. 182
Morrison, P. 61, 186
Mosca, P. 209
Moscati, S. 203
Mose 129, 135, 140, 150, 161, 170, 192, 195, 201, 204 ff.
Most, G. W. 173
Mountain Chant 94
Müller, G. G. W. 178, 189

Müller-Karpe, H. 170, 198 f.
Münchhausen, K. von 10
Muir, J. V. 193
Mullen, W. 171
Murray, G. 196
Muschel 50
Musgrave, J. H. 209
Musik 98, 212
Mutation 72
Mutterkult 21
Mysterienspiele 196
Mythos 14, 29, 45, 49, 52, 63, 67, 71, 74 f., 81, 122, 129, 171, 173 f., 177, 183, 190, 193 f., 196, 199, 203

Nabu 45
Nachspielen 86, 88, 91, 200
Nachttrinker 41, 177
Nächstenliebe 136
Nanaboush 76
Napier, W. M. 54, 62, 182 f., 186, 192
NASA 57, 63
Naturkatastrophe 14, 155
Navaho 94, 195
Nazarener 158 f.
Neberu 46
Nebukadnezar 127 f., 142
Neokatastrophismus 55, 62, 182
Neolithikum 47, 126
Neoptolemos 18 f.
Nephthys 95
Nero 125, 152, 156
Nestle, W. 203
Neuhaus, D. 10
Neukum, B. 181
Neuzeit 14, 49, 206
Newgrosh, B. 176
Newton, I. 91
Nicholson, H. B. 177
Nichts 130, 140, 151
Niederlande 70
Nietzsche, F. 167, 212
Nike 45
Nimbus 111
Nimrod 164
Ninive 36
Ninurta 44, 90
Nippur 107, 198
Nitecki, M. H. 182

Noah 18, 76, 131, 155, 187, 189
Nordamerika 76
Norden, E. 177, 193
Novacek, M. 184
Nützel, W. 185
Numa 125, 203
Numa Pompilius 126

Oden Jr., R. A. 197
Odyssee 23, 194 ff.
Ölung, letzte 121
Olympiade 49
olympische Opfer 30
Opfer 10, 47, 110, 117, 125, 131, 164
Opferbaum 113
Opferforschung 18, 35, 85, 87, 90, 98
Opferkritik 33, 133, 135, 143 ff., 157, 163 f., 167
Opferkulte 30, 60, 70, 76, 81 f., 131, 143
Opferverwerfung 163
Opochtli 41
Oppenheim, A. L. 175, 177 f., 193, 197
Orkan 117
Orpheus 45
Orthia 45, 118
Oscillum 113
Osiris 45, 95, 105, 109, 199
Ovid 192
Ovidus 73

Palästina 60
Palmer, T. 180
Pan 43 ff., 77 f., 86, 98, 155
Pandion 84
Panik 10
Panoff, M. 174
Pantheon 121, 190, 196
Pariavolk 144, 205, 207
Park, M. A. 182
Parke, H. W. 180, 188
Parkes, J. 212
Paros 50
Pater, I. de 204
Paulus 125, 152 f., 155 f., 209
Pausanias 121, 176
Pedley, J. G. 203
Peiser, B. J. 10, 171, 176, 178, 183, 198, 200, 203
Penniston, J. B. 72, 187

248

Perrin, M. 174
Persephone 45
Perseus 76, 98, 148, 193
Persien 58, 81, 145, 176
Pfahl 110
Pfister, G. 176
Pfister, O. 195
Phaedra 45
Phaeton 57, 188
Phallosverehrung 85 ff.
Pharao 41, 119
Pharisäer 157, 205, 207 f.
Pharmakos 93
Pheredykes 125
Philemon und Baucis 76
Philister 135
Philo aus Alexandria 75, 136, 206, 208
Philosoph 30, 57, 139
Philostratus 145
phönizisch 130
Phylacopi 117
Picard, C. 203
Picard, G. C. 203
Picart, B. 110, 199
Pieta 84
Pistis Sophia 153
Planeten 10, 20, 53, 55, 61, 63, 128, 139 f., 143 ff., 148, 197, 205, 209
Planke 121
Plato 49, 57 f.
Plutarch 203, 206, 208, 211
Plutos 45
Polarstern 91
Poliakov, L. 210 f.
Polis 124
Polynesien 58
Polyxene 18 f., 170
Polyxo 170
Pompeius Trogus 203
Porada, E. 171, 189
Portmann, H. 206
Poseidon 38
Potiphar 45
Priamos 18
Priester 10, 21, 26 f., 36, 40 f., 43 f., 46 f., 65, 70 f., 74 ff., 80, 95, 100 ff., 108, 110, 124, 126 ff., 131 ff., 142, 144, 149, 158, 163, 178 f., 203
Pritchard, J. B. 177, 187 f., 191 f.

Propheten 124, 131, 134 f., 138 f., 144, 158 f., 162, 205
Prosklystios 38
Protestantismus 44
Psychoanalyse 29 f., 167, 171, 195
Ptolemäus 139
Puabi 17
Pye, E. M. 199
Pyramidentexte 48, 179
Pythagoras 125

Quaegebeur, J. 172 f., 175, 196 f., 199 f., 205
Quetzalcoatl 102, 177

Rabbi Natan 207
Rabbiner 142, 144, 155 ff.
Rache 16, 89, 98, 135
Rahab 130
Raikes, R. L. 187
Ramesseum 95, 196
Ranke-Heinemann, U. 44, 177
Rasmussen, K. L. 183
Rassedünkel 134, 136
Ratlosigkeit der Forschung 9, 24, 29, 47, 92, 99, 117, 122, 171, 212
Raup, D. M. 54, 182
Rauschning, H. 212
Ravenna 166
Rechtsgelehrte 75
Redman, C. L. 178
Regina Coelis 44
Reichert, A. 195
Reiner, E. 175, 177 f., 193, 197
Religionswissenschaft 13 f., 24 f., 26, 171, 177, 190, 193, 203, 206 f.
Renfrew, C. 200
Renger, J. 208
Reverdin, O. 173 ff., 195, 210
Ribi, T. 172, 183
Riem, J. 185
Rimmon 106
Rind, M. M. 170, 173 f., 197
Ringkämpfe 32
Robertson Smith, J. M. 33, 201
Römer, W. H. Ph. 187, 191
Rogers, A. 184
Rohde, E. 20, 170
Róheim, G. 180, 197

249

Rolle im Ritual 23, 38, 48, 76, 79 ff., 87, 89, 122, 126, 178, 206
Rollefson, G. O. 198
Rollsiegel 26
Rom 81, 113, 125 f., 144 f., 153, 159, 193, 197 ff., 208
Roman 198, 200
Ross, J. 172
Rouff, A. 10
Rouzeau, O. 186
Roy, J.-R. 181
Rudhardt, J. 173 ff., 195, 210
Rudolph, K. 203
Rulfo, J. 172
Russell, D. 181
Rutkowski, B. 200
Ruz, A. 200

Sabbat 146, 149 f., 206, 209
Sabbatai Zwi 131
Sacharja 198
Sachmet 68, 76, 88
Säule 112
Sahagun, B. de 172, 177
Saignes, M. A. 177
Sakellarakis, Y. 173
Samothrak 76
Sandars, N. K. 187
Santa Prisca 81
Sapouna-Sekellarakis, E. 173
Saqqara 27
Sardes 211
Satan 156, 164
Sautter, R. 137
Schaber, G. 53
Schächter 149
Schaeffer, C. F. 58 ff., 185, 189
Schamanen 20 f., 126
Schamlippen 99
Schauspiel 33, 38, 41, 46, 95, 97, 113, 119 f., 163
Schefold, K. 193
Scheiterhaufen 44, 117, 164
Schele, L. 197
Schenk, R. 174, 210
Scherenberg-Psalter 111
Schieder, T. 212
Schildkröten 88
Schimmel, A. 203, 207

Schindewolf, O. 52, 55, 181 f.
Schlachtopfer 10, 18, 30, 33, 76, 97, 112 f., 116, 119, 149
Schlange 41, 45, 77, 88
Schlechta, K. 212
Schlerath, B. 203
Schmidt, W. H. 203
Schmuhl, H. W. 206
Schneemelcher, W. 210
Schneider, H. 207
Schoeps, J. H. 211
Schopenhauer, A. 142
Schopf, T. S. M. 181
Schoske, S. 177, 201
Schott, S. 179
Schrecken 20, 23, 68, 110, 117, 154, 156
Schubert, K. 210
Schuldgefühl 10, 20 f., 100, 108, 122, 138, 165, 167
Schultz, P. H. 182
Schurrupak 66, 71
Schwarzer Tod (1348-52) 70
Schweif 102
Schweifstern 9, 116
Schweifverlust 86 f., 102, 104, 107 f., 145
Schwert 116, 154, 156
Scullard, H. H. 199, 201
Sechszackstern 128, 148
Seele 14, 20, 23, 29, 33, 58, 78, 88, 92 f., 132, 164, 168, 170
Selbmann, S. 199
Selbstenthauptung 102, 197
Selbstgeißelung 102
Selbstheilung 77 f.
Selbstkastration 102
Selbstverstümmelung 102
Seler, E. 177
Seneca 73
Sennacherib 40, 81
Sepkoski, J. J. 182
Seth 40, 87 ff., 167, 196
Sethe, K. 196
Seton-Williams, M. V. 176
Shang-Dynastie 76
Sharpton, V. L. 182
Shaw, H. R. 183
Shoemaker-Levy-Komet 55
Shulman, D. 192

Sibyllinische Orakel 68
Sichelschwert 67
Silbermann, A. 211
Silt 65 f.
Silur 63
Silver, L. T. 182
Simon, M. 211
Simri, U. 171
Sinai 138, 168
Sintflut 9, 38, 40, 45, 51, 58, 62, 66 f., 69, 75, 80, 93, 121, 130, 154 f., 177, 183, 185, 192
Sisera 57
Smith, J. Z. 170, 173, 193, 209
Smith, M. 205
Smith, W. B. 209
Smith, W. R. 31, 174
Soden, W. v. 178, 189
Sokar 95
Solages, S. 186
Soles, J. S. 170
Sonne 29, 43, 49, 51 ff., 61, 68, 72, 75, 81, 87, 96, 111, 128, 130, 152 f., 155, 171, 203
Sparta 118 f., 121
Speisopfer 132, 134
Sphinx 45
Spiel nach S. Freud 78
spielen 10, 42, 46, 79 f., 82, 88, 93, 95, 97, 102, 104, 114, 119 f., 141, 145 f., 151, 167
Sport 96, 118
Sprague, A. L. 204
Stab 104 f., 154, 157
Stähle, E. 137
Stager, L. E. 203
Stagl, J. 174
Stammesgesellschaften 20, 46
Staub 70, 72, 75
Steel, D. I. 183
Steiger, O. 203, 206
Stein, G. 176
Steine 9, 36, 59, 81, 90 f.
Steinköpfe 48
Steinmesser 43
Steinzeit 46, 49, 71, 99, 170, 180
Stern 37, 41, 46 f., 57 f., 68, 88, 91, 93, 99, 114, 116, 120, 124, 130, 155, 160 f., 172, 177, 179, 182, 188, 200

Stern, E. 205
Stern, M. 206 ff., 211
Stewart, G. R. 198, 204
Stiebing, W. H. 186
Stier 41, 69, 81 f., 87 f., 95 f., 109, 117, 125, 130 ff., 203
Stockfechten 32
Stockton, E. D. 195
Stolle, U. 10
Stoßgebet 157
Straus Jr., W. L. 175, 179
Strauss, H. A. 169
Strobel, A. 210
Stucken, E. 179, 193
Stufenturm 92
Sturzsee 117
Südamerika 58
Sündenbocksuche 162
Sündflut 50
Sumerer 47, 172
Susa 145
Synagoge 133, 142, 149, 156, 159, 161, 166
Syrakus 50
Syria 176
Syrien 40, 60
Szepter 74

Tacitus 96, 136, 196, 206 f.
Tadmor, H. 205
Tänze 38, 81, 96
Taladoire, A. 197, 200
Tammuz 45, 145, 198 f.
Tanit 45, 90, 104
Tarpeia 45
Taube, K. 177 f.
Tauris 113
Tcherikover, V. 211
Temkin, O. 175, 179
Tempel 36, 40 f., 43, 47 f., 71 f., 76, 84, 88, 90, 93, 95, 109, 117, 125, 127 f., 131 ff., 143 ff., 150, 158 f., 165, 168, 175, 177 f., 194, 196, 204
Tepe Hissar 59 f.
Tereus 90
Tertullian 198
Thanatos [Todestrieb] 29
Tharah 164
Theoderich der Große 166

Theogonie 96, 201
Theologie 64, 134, 156, 203, 207, 211
Theophrastos 38, 125, 132, 139, 176
Thora 135, 138
Thot 45, 95
Thrasymedes 98
Tiamat 40, 44 f., 81, 117
Tiara 64, 74
Tierköpfe 117
Tieropfer 33, 143, 149
Timaeus 184
Titius-Bode-Gesetz 61
Titus 133, 143 f.
Tobias, F. 212
Töten 10, 23, 26, 30, 33, 73, 90, 165
Tötungsverbot 136, 169, 206
Tollmann, A. 183
Tollmann, E. 183
Tolteken 42, 115
Toorn, K. van der 195, 204
Totec 41, 44
Trachtenberg, J. 211
Träume 20
Tragödie 38, 96, 173 f., 194, 196
Trankopfer 143
Transsilvanien 58
Trauma 10, 77, 101, 176
Treml, M. 174
Troja 18, 59 f., 185
Tropaion 119
Tunguska 70, 190
Turell, D. 52
Tylor, E. B. 20, 170
Tzompantli 109, 114, 116

Ünal, A. 178, 189
Ugarit 59 f.
Uniformitarismus 51
Unschuldskomödie 100
Upis 45
Ur 17 f., 65 f., 71, 170, 172 f., 187, 193, 197
Urey, H. C. 181
Urnen 203
Ursprung 169, 171, 178, 201, 203, 205
Urteil 211
Uruk 65, 70 f.
Usener, H. 192
Utnapischtim 76

Vaginalkulte 21
Valeri, V. 80, 174, 193
Valoch, K. 170
Van Flandern, T. C. 183, 204
Varro 49
Velde, H. te 196
Velikovsky, I. 52, 54, 56, 60, 62, 181, 186, 195, 203, 209
Venus 44, 52 f., 62 f., 67 f., 102 f., 119, 128 f., 148, 181, 198, 204
Verdoppelung 123
Vergeltung 18, 21, 101, 159, 165, 167
Vergottung 20, 119
Vermeule, E. 179, 200
Versöhnung 10, 21, 106, 109, 112 f., 118, 120 f.
Vitlycke 197
Vogel, P. 197
Volk des Buches 141
Vollzeitpriester 48
Vries, J. de 169, 171
Vulkan 13, 51, 119, 133, 160
Vulvaporträts 22

Wakeman, M. K. 204
Wales 58
Walker, G. B. 178, 203
Wall, S. M. 209
Wallace, A. R. 180
Walliser, O. H. 182
Ward, P. D. 182
Ward, W. H. 172
Wardle, K. A. 170
Warren, P. M. 196, 200
Wasilewska, E. 175
Waterbolk, H. T. 184, 190
Watkins, T. 187, 189
Weber, M. 144 f., 205, 207 f.
Wehklagen 110
Weiber 146
Weihrauch 109, 132
Weiss, H. 189
Wellhausen, J. 204
Weltalter 49
Weltenbrand 80, 102
Weltverschwörung 145
Werblowsky, R. J. Z. 210
Werner, E. 211
Westeuropa 18

Wetter, F. 211
Weyand, N. J. 184
Whelton, C. 169, 183, 189
Whewell, W. 180
Whiston, W. 58, 185
Wickramasinghe, N. C. 183, 190
Widder 88, 95, 104, 107, 119, 134
Wigoder, G. 210
Wilhelm, G. 194 f.
Willems, H. 173, 194, 212
Winternitz, M. 185
Wolkstein, D. 189
Woodward, S. R. 184
Woolley, L. 26, 65, 170, 172, 187
Wotan 129
Wüst, E. 170
Wut 10, 77 f., 81, 85, 100 f., 133, 164 f.

Xenophanes 50, 139, 179
Xipe 41, 44

Yahwe 45, 90, 105, 129 ff., 148, 204
Yeomans, D. K. 184

Zarathustra 126, 203
Zentralamerika 49
Zerstörungsschichten 14, 59
Zeus 41, 45, 102, 117, 129, 198
Ziegen 88, 95, 107, 119
Zippora 150
Ziusudra 76
Zivilisation 46
Zölibat 102
Zugochse 17
Zweikämpfe 46, 82
Zysman, M. B. 72, 169, 183, 189